# Fuhrpark und Flotte
## Praxishandbuch für Entscheider

D1731291

# Fuhrpark und Flotte

## Praxishandbuch für Entscheider

Siegfried W. Kerler

2. Auflage 2008

VERLAG HEINRICH VOGEL

© 2003 Verlag Heinrich Vogel, München – in der Springer Transport Media GmbH,
Neumarkter Str. 18, 81673 München

**2. Auflage**
**Stand Februar 2008**

Umschlaggestaltung: Bernd Walser
Titelbild: photocase/tjaalso
Lektorat: Ulf Sundermann
Herstellung: Markus Tröger
Satz & Layout: satz-studio gmbh, Bäumenheim
Druck: Kessler Druck+Medien, Bobingen
Die Springer Transport Media GmbH ist Teil der Fachverlagsgruppe
Springer Science+Business Media.

Das Werk, einschließlich aller seiner Teile, ist urheberrechtlich geschützt. Jede Verwertung
außerhalb der engen Grenzen des Urheberrechtsgesetzes ist ohne Zustimmung des Verlages unzulässig und strafbar. Das gilt insbesondere für Vervielfältigungen, Übersetzungen, Mikroverfil-
mungen und die Einspeicherung und Verarbeitung in elektronischen Systemen.

Das Werk ist mit größter Sorgfalt erarbeitet worden. Eine rechtliche Gewähr für die Richtigkeit
der einzelnen Angaben kann jedoch nicht übernommen werden.

**ISBN 978-3-574-26010-0**

# Vorwort

Die Kostenspirale des Pkw- und Lkw-Fuhrparks dreht sich immer schneller nach oben. Der Staat verursacht über direkte und indirekte Steuer- und Abgabenerhöhungen wie die der entfernungsabhängigen Maut und der Ökosteuer den Löwenanteil an dieser Entwicklung.

Dies zwingt die Unternehmensleitungen, auch von Unternehmen die den Fuhrpark nicht als Kernbereich ihrer Tätigkeit ansehen, diesen Kostenfaktor genauer unter die Lupe zu nehmen.

Zu dem Kostenproblem kommt hinzu, dass der Gesetzgeber und dessen Vollzugsorgane (Polizei, Bundesamt für Güterverkehr, Verkehrsbehörden sowie Richter) die Fuhrpark-Verantwortlichen bei Verstößen immer mehr in die Pflicht nehmen und nicht mehr allein den Fahrzeugführer bestrafen.

Im Gegenteil, europaweit sind die Strafen für die Fuhrpark-Verantwortlichen inzwischen erheblich höher als die für das Fahrpersonal.

Um das Kostenproblem in den Griff zu bekommen und Verstöße gegen die Wahrnehmung von Verantwortlichkeiten erst gar nicht aufkommen zu lassen, ist es notwendig, die Prozesse des Fuhrpark- und Flottenmanagements ständig zu kontrollieren und zu optimieren.

Das zentrale Ziel dieses Werkes ist es, dem Leser eine praxisnahe Hilfestellung bei der Lösung dieser Problemstellungen zu geben. Unterstützen sollen dabei zahlreiche Checklisten, Formulierungsvorschläge und Vertragsmuster. Hinzu kommen umfangreiche Gegenüberstellungen von Vor- und Nachteilen zur Entscheidungsfindung bei strittigen Fragen.

Bewusst wurde auf theoretisch-wissenschaftliche Modellbetrachtungen verzichtet, da der Leitspruch „Aus der Praxis für die Praxis", wie bei allen meinen Werken, immer im Mittelpunkt steht.

Siegfried W. Kerler

# Inhaltsverzeichnis

# Einführung

Fuhrpark- und Flottenmanagement ist ein weites Feld, denn unter diesen Begriff fallen die unterschiedlichsten Tätigkeiten, Arbeitsbereiche und Kompetenzen. Daher wird es in der Betriebspraxis sehr unterschiedliche Fuhrparkverwaltungen geben. Auch deshalb, weil der Fuhrpark oder die Flotte selbst sehr unterschiedlich ausgeprägt sein können: ein Nutzfahrzeug-Fuhrpark in der Güter- oder Personenbeförderung, ein Fuhrpark für den Werkverkehr als betrieblicher Nebenzweig oder eine Pkw-Flotte für die Mitarbeiter des Hauses. Und doch haben alle Mitarbeiter des Fuhrpark- oder Flottenmanagements etwas gemeinsam: Sie verwalten und betreuen, sie organisieren und verantworten Fahrzeuge und Fahrer.

Das bedeutet für dieses Buch, dass nicht alle Teilbereiche jedes Mitarbeiters in einer Fuhrparkverwaltung im Detail behandelt sein können. Der Anspruch dieses Werkes ist es aber, alle zentralen Tätigkeiten und Entscheidungsbereiche abzubilden, zu den dortigen Problemen Stellung zu nehmen und Lösungsansätze zu bieten.

Damit ein schneller Zugriff gewährleistet ist – denn man sollte dieses Buch auch als Nachschlagewerk nutzen können – haben wir eine **Gliederung nach Tätigkeitsbereichen** vorgenommen.

Am Anfang steht die **Beschaffung** des Fuhrparks. Nach der Planung und den Grundlagen finden Sie einen Überblick über die unterschiedlichen Finanzierungs- und Beschaffungsformen. Die Finanzierung der Fahrzeugbeschaffung ist für viele Unternehmen nach den Kreditrichtlinien der Banken – Stichwort Basel II – noch schwieriger geworden. Daher liegt ein Schwerpunkt auf der Erklärung sowie den Bewertungskriterien dieser Richtlinie, und wie Sie Ihr Unternehmen für das Rating fit machen können.

Im zweiten Teil des Buches geht es in weiten Teilen um die Frage: **Outsourcing** – ja oder nein? Neben dem eigentlichen Fuhrpark können schließlich auch Tankstellen, Werkstätten und Wartung in fremder Hand liegen. Vor- und Nachteile der jeweiligen Handhabung sollen Ihre Entscheidung erleichtern.

Als Entscheidungsgrundlage dazu ist aber auch ein Blick in die **Kostenrechnung** und das **Controlling** Ihres Fuhrparks wichtig. Aufbau und Aufgaben dieser Bereiche sind daher ebenso dargestellt wie die klassischen Aufgaben der **Verwaltung** (z. B. An- und Abmeldung). In Zeiten, in denen immer mehr Länder die **Mauterhebung** als Einnahmequelle nutzen, bietet dieses Kapitel auch dazu Informationen.

Viele **Vorschriften**, hohe Strafen und häufige Kontrollen sind im nationalen wie internationalen Verkehr an der Tagesordnung (Lenk- und Ruhezeiten, Fahrverbote). Dabei ist der Fuhrparkmitarbeiter für die Einhaltung der Regelungen verantwortlich. Was zu beachten ist und welche **Verantwortlichkeiten** es gibt, kann man hier nachlesen und damit den Überblick bewahren.

Der letzte Teil betrachtet das sogenannte **Riskmanagement** und die damit verbundenen Einsparmöglichkeiten in Ihrem Fuhrpark. Welche Methoden und Prinzipien sich hinter diesem Schlagwort verbergen, das vermittelt dieses Kapitel.

Im Anhang finden Sie v. a. **Hilfen für Ihre Personalarbeit**. Muster für Dienstanweisungen und Arbeitsverträge können nützliche Tipps liefern und direkt umgesetzt werden.

Da sich dieses Buch sowohl an Mitarbeiter im Werkverkehr als auch in der Fuhrparkverwaltung von Speditionen sowie Transport- und Personenbeförderungsunternehmen wendet, gelten die Aussagen in der Regel für beide Gruppen. Ist nur eine Adressatengruppe gemeint, so wird dies ausdrücklich erwähnt. Auch die Unterscheidung zwischen Lkw- und Pkw-Fuhrpark wird nur dort ausdrücklich vorgenommen, wo sie notwendig erscheint.

Der besseren Übersicht wegen haben wir besonders wichtige Stellen jeweils mit Piktogrammen hervorgehoben. Dabei stehen die folgenden Symbole für

 **Wichtig**

 **Praxistipp**

 **Formel**

# Fuhrparkbeschaffung

## 1. Planung

### 1.1 Bedarfsplanung

Fahrzeugbeschaffung darf schon aus Finanzierungs- und Kostengründen nicht aus dem „Bauch" heraus vollzogen werden. Die Fuhrparkleitung sollte in Abstimmung mit der Finanzplanung eine ständig modifizierte Planung des Bedarfs durchführen.

Gegenstand der Bedarfsplanung ist die Bestimmung des Fahrzeugbedarfs nach Art, Menge und Zeitpunkt: Wann muss was in welcher Menge vorhanden sein? Die Bedarfsplanung ist die Grundlage für die sich anschließende Fahrzeugbeschaffung; es ist sicherzustellen, dass die zu beschaffenden Fahrzeuge den gestellten Anforderungen entsprechen.

Zunächst sollte folglich ein möglichst detaillierter *Anforderungskatalog* erstellt werden, der Bezug nimmt auf

⇨ den beabsichtigten Fahrzeugeinsatz:
  – horizontal: zum Beispiel Nahverkehr, Verteilerverkehr, Fernverkehr oder grenzüberschreitender Verkehr;
  – vertikal: zum Beispiel Umzugsverkehr, Transport von temperaturgestützten Gütern, Beförderung von schüttbaren Gütern oder von Schwergut;

⇨ das wirtschaftliche Nutzenpotenzial: zum Beispiel Kostenvorteile wie Wartungs- oder Reparaturkosten bei Neubeschaffungen, optimalere Einsatzmöglichkeit mit anderen Aufbauten;

⇨ die Repräsentation des Nutzers bzw. des Unternehmens (Firmenlogo, Firmenfarbe, Fremdwerbung);

⇨ den wirtschaftlichen Einsatz: zum Beispiel Beschaffungskosten von Verschleiß- und Ersatzteilen, Wartungsintervalle, Einrichtungen für Online-Verbindung mit dem Disponenten oder Sendungsverfolgung per Satellit;

⇨ die funktionalen Notwendigkeiten: schnellere Be- und Entladung durch Nutzung technischer Einrichtungen (Rollböden o. ä.);

⇨ Schadensreduzierung/Schadensmanagement:Fahrzeugausstattungen und Fahrzeugeinrichtungen, die möglichst vorbeugend Schäden am Transportgut, Fahrzeug, Technik und Personen verringern beziehungsweise verhindern, wie zum Beispiel Ladungssicherungseinrichtungen;

⇨ die Fahrzeugausstattung/Sonderausstattung: zum Beispiel Standheizung, Satellitennavigation, mobile Kommunikationseinrichtungen, Schlafkabine;

⇨ eventuelle steuerliche Problemstellungen: zum Beispiel Anhängerzuschlag auf die Zugmaschine, Abschreibungsmethode und Abschreibungsrhythmus, die Bildung oder Auflösung von stillen Reserven;

⇨ personalpolitische Grundsatzregelungen: zum Beispiel begrenzte Mitentscheidungsrechte des Fahrpersonals beim Zubehör oder Zuteilung neuer Fahrzeuge nur an erfahrenes Personal, das schon einige Zeit im Unternehmen arbeitet;

⇨ Motivationsnotwendigkeiten: zum Beispiel im Pkw-Bereich: wer hat Anspruch auf welche Fahrzeugklasse, gestaffelt nach Hierarchieanforderungen oder Leistungsanerkennung, verbunden mit Umsatz oder Ertragsleistungszielen (Handelsvertreter, Außendienstmitarbeiter);

⇨ die zu beschaffende Fahrzeugmenge: operative (kurzfristige) taktische (mittelfristige) und strategische Beschaffungsplanung in Verbindung mit der benötigten Anzahl der Ersatz- und/oder Neubeschaffung der Fahrzeuge;

⇨ Umwelt, Verbrauch, Energie: Treibstoffverbrauch, Ölwechselintervalle, Geräusch-Emissionseinstufungen (vor allem bei Lastkraftwagen, da nicht nur die Kraftfahrzeug-Steuerzahlungen sich daran orientieren, sondern auch die Straßenbenutzungegebühren und Fahrverbote);

⇨ Kundenwünsche sowie Kundenanforderungen: hierbei kann es zu Interessenkonflikten kommen, wenn sehr unterschiedliche Wünsche der Kunden vorhanden sind.

Nach Erstellen des Anforderungskataloges müssen bei konkurrierenden Eigenschaften hierarchische Einstufungen vorgenommen werden.

Hier bietet es sich an, die *Analysemethodik nach Pareto* (Vilfredo Pareto 1848 – 1923), auch als **ABC-Analyse** bekannt, einzusetzen. Bei dieser Hierarchieabstufung werden die Anforderungen in die Klassen A, B und C eingeteilt.

– *A–Anforderungen* sind Fuhrpark-Anforderungen mit höchster Priorität, sie *müssen* zwingend erfüllt werden, um auf dem gegenwärtigen und künftigen Markt bestehen zu können.

– *B–Anforderungen* sind Fuhrparkanforderungen mit Priorität, sie *sollen* nach Möglichkeit erfüllt werden, um den Anforderungen des Marktes gerecht zu werden.

– *C–Anforderungen* sind Fuhrparkanforderungen ohne Priorität, sie müssen *nicht sofort* und nur unter Rücksichtnahme auf *A* und *B* erreicht werden.

Diese hierarchischen Einstufungen müssen auch dann vorgenommen werden, wenn nicht genügend Mittel vorhanden sind, um sie sofort zu realisieren.

Es genügt nicht, alle paar Jahre einen solchen Katalog zu erstellen, er muss zumindest einmal jährlich aktualisiert werden. Des Weiteren sollte er vor größeren Beschaffungsvorhaben auf seine Aktualität hin überprüft werden.

Neben der Bedarfsplanung für Neuanschaffungen von Fahrzeugen wird der Ersatzbedarf für technisch oder wirtschaftlich überholte Fahrzeuge ermittelt. Ebenfalls ist der Bedarf von technisch notwendigen Änderungen an den Fahrzeugen, vor allem im Nutzfahrzeugbereich, festzustellen (Änderungsbedarf).

Mittel- und langfristig ist ein potenzieller Bedarf zu prognostizieren, um rechtzeitig Beschaffungsmaßnahmen einleiten sowie Budgetplanungen erstellen zu können. Werden beispielsweise neue Geschäftsfelder aufgebaut oder bestehende Geschäftsfelder ausgeweitet, was mit einem erhöhten oder neuen Bedarf an Fahrzeugen verbunden ist, verringert sich durch eine exakte Bedarfsermittlung das Risiko von Fehlanschaffungen erheblich.

## 1.2 Fahrzeugersatzbeschaffung

Technisch unbrauchbar gewordene und wirtschaftlich überholte Fahrzeuge müssen mittels Ersatzinvestitionen ersetzt werden. Generell sind Ersatzinvestitionen aufgrund eines tatsächlichen Bedarfs durchzuführen. Der technische Fortschritt als alleiniger Grund darf nicht zum Ersatz eines gegenwärtig genutzten Fahrzeugs führen. Dies wäre in der Regel auch nicht refinanzierbar.

Bei Nutzfahrzeugen wird in der Regel der Mix aus technischer Überalterung in Verbindung mit der Unwirtschaftlichkeit sowie einer Einsatzänderung als Motivation für Ersatzinvestitionen genannt. In der Regel ist das Ziel bei der Nutzfahrzeug-Ersatzinvestition eine Leistungssteigerung in Verbindung mit Kostenreduzierung.

Die reine Ersatzinvestition steht somit meist mit einer Erweiterungsinvestition in Verbindung und sichert so die Leistungsfähigkeit des Fuhrparks und den Bestand des Unternehmens auf dem Markt.

Bei Ersatzinvestitionen im Personenkraftwagenbereich kommen die Aspekte Motivation des Personals, Prestigedenken und Marketingüberlegungen hinzu.

Aber auch in diesem Bereich dient die Wirtschaftlichkeit bei Reparaturen und Wartung zunehmend als Motivation für Ersatzinvestitionen.

### 1.2.1 Bestimmung des Ersatzzeitpunktes

Der optimale Ersatzzeitpunkt ist der Zeitpunkt, zu dem es wirtschaftlich sinnvoll ist, ein altes aber technisch noch nutzbares Fahrzeug durch ein neues Fahrzeug zu ersetzen.

Der optimale Ersatzzeitpunkt eines Nutzfahrzeuges ergibt sich nach Ablauf der wirtschaftlichen Nutzungsdauer.

Der Zeitpunkt ist auch von den jährlich ansteigenden Reparatur- und den damit verbundenen Ausfallkosten des Fahrzeuges abhängig.

Ein weiterer Aspekt zur Ermittlung des Ersatzzeitpunktes ist die Höhe des Wertverlustes.

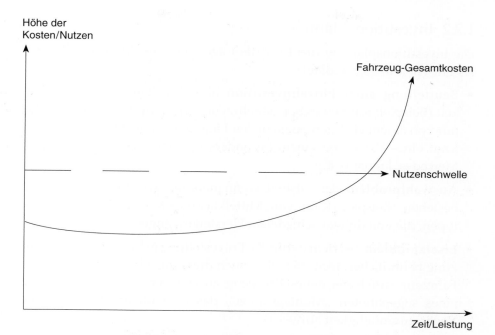

*Abbildung 1: Matrix zur Ermittlung des optimalen Beschaffungszeitpunktes*

Wie in der Abbildung dargestellt sinken die Gesamtkosten eines Fahrzeuges am Anfang bedingt durch Einfahr- und Routineeffekte etwas, um dann eine gewisse Zeit auf gleicher Höhe zu bleiben. Im Laufe der Nutzung steigen die Kosten bedingt durch die Ermüdung und Überalterung des Materials überproportional.

Die Aufgabe der Planung besteht nun darin, die Nutzenschwelle festzulegen, um das Fahrzeug durch ein neues bzw. neuwertiges Fahrzeug zu ersetzen. Da bei unterschiedlichen Fahrzeugen mit unterschiedlichem Nutzungsgrad und unterschiedlichen Qualitätsstandards eine pauschale Jahres- oder Kilometerzahl als Nutzenschwelle wenig sinnvoll ist, muss diese individuell für jedes Fahrzeug ermittelt werden. Dies ist nur möglich, sofern in der Buchhaltung für jedes Fahrzeug separate Kostenkonten geführt werden (Kostenträgergruppenkonten), damit die Fuhrparkleitung jederzeit die Kostenentwicklung verfolgen und auf dieser Basis ein individuelles Beschaffungsoptimum ermitteln kann.

## 1.2.2 Investitionsplanung

Die Investitionsplanung dient für die folgenden vier Problemstellungen als Entscheidungsgrundlage:

- **Beurteilung einer Einzelinvestition** hinsichtlich ihrer Vorteilhaftigkeit (Beispiel: Kauf eines Spezialfahrzeuges, Kranaufbau, Silo o. ä., das nur von einem einzigen potenziellen Lieferanten angeboten wird, oder Kauf eines Pkws von einem besonders prestigeträchtigen Hersteller, Mercedes, Jaguar o. ä.);

- **Auswahlproblem**, das entsteht, wenn mehrere Investitionsalternativen bestehen (Beispiel: Kauf von Mittelklasse-Pkw oder Nutzfahrzeugtypen, die von drei verschiedenen Herstellern angeboten werden);

- **Ersatzproblem**, bei dem es um die Fragestellung geht, wann ein in Nutzung befindliches, technisch aber noch durchaus weiter verwendbares Fahrzeug durch ein neues Fahrzeug zu ersetzen ist (Beispiel: Ersatz eines sogenannten „Montagsautos", das eine überdurchschnittliche Reparaturanfälligkeit aufweist);

- **Kapitalbereitstellungsproblem**, bei dem es um die Fragestellung geht, wie das Kapital für die Investitionen beschafft werden soll oder ob alternativ eine andere Finanzierungsmöglichkeit (wie zum Beispiel Leasing) in Betracht kommt.

Für die Investitionsrechnung für den Bereich Pkw stehen Einsatzzweck und Nutzermotivation im Vordergrund, allerdings muss zunehmend die Wirtschaftlichkeit mit in Betracht gezogen werden, da auch im Pkw-Bereich die Kosten ein Problem darstellen.

Für die Investitionsrechnung im Nutzfahrzeugbereich werden die erwarteten Erlöse aus dem Betrieb des Fahrzeugs und die absehbaren Kosten des Fahrzeugs ermittelt und bewertet.

Folgende Kosten, die mit der Betriebsbereitschaft des Fahrzeuges entstehen, sind dabei zu berücksichtigen:

- Anschaffungskosten
- Wertverlust verursacht durch Alterung
- Kraftfahrzeugsteuer, Autobahnbenutzungsgebühren (zeitabhängig)

- Kraftfahrzeugversicherungen
- Verwaltungskosten
- Fahrpersonalkosten, Fahrpersonaleinsatzkosten
- kalkulatorische Kosten

Diese Kosten werden auch als **Fixkosten** bezeichnet, da sie nicht nutzen-, sondern zeitabhängig sind.

Zusätzlich sind die Kosten zu bewerten, die in Abhängigkeit zu der erbrachten Fahrleistung stehen.
Hierzu zählen im Wesentlichen:

- Treibstoffe, Öl und Schmierstoffe
- Reifen
- Reparatur- und Wartungskosten
- Wertverlust verursacht durch die Kilometerleistung
- Autobahnbenutzungsgebühren (kilometerabhängig)

Diese Kosten sind von der Fahrleistung des Fahrzeuges abhängig und werden als **variable Kosten** bezeichnet.


### Finanzierungsprobleme

Die Finanzierungsplanung der Fuhrparkkosten bereitet den Verantwortlichen zunehmend mehr Kopfzerbrechen, da hier das Unternehmen finanziell in großem Umfang in die Vorlage gehen muss. Zu den üblichen Finanzproblemen im Zusammenhang mit der Einführung der Ratingbewertung durch die Banken im Rahmen von Basel II, den Zahlungsausfällen durch Konkurse und den verlängerten Zahlungszielen der Kunden kommt noch die Finanzierung der entfernungsabhängigen Maut hinzu.
Denn selbst wenn der Kunde bereit ist, die Mautkosten voll zu bezahlen, muss der Fuhrparkbetreiber bei der Finanzierung zunächst einmal in die Vorlage gehen.
Aus diesem Sachverhalt kann sehr schnell eine fatale Finanzkrise für das Unternehmen entstehen.

### Krisenprävention mit Hilfe der Finanzplanung

Die Finanzplanung ist ein wichtiges Mittel, um die Entstehung einer Krise rechtzeitig zu erkennen und Maßnahmen dagegen einzuleiten.

Deshalb sollte im Quartals-Rhythmus eine kurzfristige Finanzplanung durchgeführt werden. Darüber hinaus ist es zwingend erforderlich, mittel- und langfristige Finanzpläne zu erstellen, damit künftige Investitionen finanziell abgesichert werden können.

Hauptbestandteil des Finanzplanes ist eine Liquiditätsvorschau als Frühwarnindikator, um einen kommenden Engpass feststellen zu können. Die **Liquiditätsvorschau** verschafft einen Überblick über die zu erwartenden Eingänge und Ausgänge von Zahlungsmitteln.

Bei der Erstellung einer Liquiditätsvorschau sollten folgende Regeln beachtet werden:
- nur gesicherte reelle Zahlen, Daten und Fakten verwenden;
- die Vollständigkeit der Daten ist zwingend erforderlich und muss deshalb gründlich überprüft werden;
- zum erwarteten positiven Verlauf sollte alternativ ein negatives Szenario berechnet und kalkuliert werden (worst-case-Szenario), um „Überraschungen" zu vermeiden;
- die Liquiditätsvorschau sollte nicht nur für die Überprüfung der Zahlungsfähigkeit in Bezug auf die Maut erstellt werden, sondern im regelmäßigen Rhythmus, zumindest quartalsweise, am besten zum gleichen Termin;
- die Daten der Liquiditätsvorschau müssen so aufbereitet werden, dass die wesentlichen Ergebnisse sofort erkannt werden können;
- ein Vergangenheitsabgleich der Liquiditätsvorschau mit den Daten der letzten Periode ist notwendig, um eventuelle Abweichungen zu erkennen und die Struktur der Vorschau weiter zu entwickeln.

Nachfolgend ist ein Schema dargestellt, mit welchen Daten eine Liquiditätsvorschau eines Quartals erstellt werden könnte:

| | Σ III. Quartal | IV. Quartal | | |
| --- | --- | --- | --- | --- |
| | | Oktober | November | Dezember |
| **Geldbestand aus:**<br>Bankguthaben<br>Kassenbestand<br>Bargeldguthaben<br>noch nicht<br>eingelöste Schecks | | | | |
| **= Bestand 1** | | | | |
| **Geldzufluss aus:**<br>Erlösen<br>Darlehen<br>Einlagen<br>Zinsguthaben | | | | |
| **= Bestand 2** | | | | |
| **Zahlungsabflüsse aus:**<br>Lohnzahlungen<br>Sozialabgaben<br>Treibstoff/Öle/Fette<br>Wartungs-Reparaturkosten<br>Raumkosten<br>Verwaltung<br>Beiträge<br>Steuern<br>Versicherungen<br>Maut<br>Zinsen<br>Investitionen<br>Tilgungen<br>sonstige betriebliche<br>Aufwendungen | | | | |
| **Summe 3** | | | | |
| **Bestand 1** | | | | |
| **+ Bestand 2** | | | | |
| **= Gesamtzuflüsse** | | | | |
| **./. Summe 3** | | | | |
| **= Liquiditätsmarge** | | | | |

*Abbildung 2: Schema für eine Liquiditätsvorschau des vierten Quartals*

Diese Abbildung zeigt nur beispielhaft die Elemente für eine manuelle Liquiditätsvorschau. Idealerweise wird die Liquiditätsvorschau ein Bestandteil der Finanzbuchführung beziehungsweise der Kostenrechnung, wobei dann die vorhandenen Daten online „automatisch" dem EDV-Baustein Liquidität zugeordnet werden, um dann, mit Zukunftsdaten bestückt, dem Unternehmer die Liquiditätsvorschau regelmäßig zu liefern.

Im nächsten Schritt müssen die Plandaten des abgelaufenen Quartals mit den Ist-Daten, dem Cash-flow, abgeglichen werden. Treten Abweichungen zu den Planzahlen auf, müssen die Ursachen ermittelt werden.

Die Ergebnisse dieser Analyse werden dann in die laufende Liquiditätsvorschau einbezogen. Dies bedeutet, dass diese unter Umständen angepasst werden muss (Prinzip der roulierenden Planung).

### Die Cash-flow-Analyse

Mit Hilfe der Cash-flow-Analyse wird die Finanzkraft eines Unternehmens auf der Basis von Ist-Daten der Buchhaltung berechnet. Diese Analyse bildet die wichtigste Grundlage für die Bank bei der Vergabe von Krediten. Auch beim Rating/Basel II bildet die Cash-flow-Analyse den Kern der Unternehmensbewertung. Mit Hilfe der Cash-flow-Analyse kann festgestellt werden, inwiefern die Reserven des Unternehmens ausreichen, um die Vorfinanzierung der Fuhrparkkosten zu bewältigen (Betrachtung der Gegenwart).

**Wichtig:**

**Der Cash-flow beantwortet die Frage:** Wie viel Geld steht dem Unternehmen tatsächlich zur **Vorfinanzierung der Fuhrparkkosten, Schuldentilgung, Investitionsfinanzierung, Rücklagenbildung und Gewinnausschüttung zur Verfügung?**

**Cash-flow-Formel:**

Ergebnis der Periode (Gewinn oder Verlust)
+ AfA (Abschreibungen)
+ Rücklagenzufuhr
− Rücklagenauflösung

⇨ **Cash-flow I**


± Bestandsveränderungen
± Erhöhung/Verminderung von Forderungen
± Verminderung/Erhöhung von Verbindlichkeiten

⇨ **Cash-flow II**


− Ausschüttungen/Entnahmen
+ Einlagen

⇨ **Cash-flow III**

**CFU (Cash-flow-Umsatzrate):**

$$\frac{\text{Cash-flow I} \times 100}{\text{Umsatzerlöse}} \Rightarrow$$ wie viel Prozent der Umsätze hat das Unternehmen als Finanzmittel zur Verfügung?

 **DG-FUV (Deckungsgrad Finanzumlaufvermögen):**

$$\frac{(\text{Liquide Mittel} + \text{sichere kurzfristige Forderungen}) \times 100}{\text{kurzfristige Verbindlichkeiten} + \frac{1}{12} \text{Personalkosten}} \Rightarrow$$

⇨ zu wie viel Prozent kann das Unternehmen seinen kurzfristigen Verpflichtungen (bis zu einem Monat) nachkommen?

**Beseitigung eines Liquiditätsengpasses durch Finanzplanung**

Sofern das Unternehmen aufgrund der schlechten Auftragslage schon jetzt Probleme mit flüssigen Geldmitteln (mangelnde Liquidität) für die Fuhrparkkostenfinanzierung hat oder aufgrund seiner Liquiditätsvorschau einen Engpass erkennt, muss möglichst schnell gehandelt werden, um das Unternehmen nicht zu gefährden. Deshalb sollte auch in finanziell „soliden" Unternehmen jetzt schon darüber nachgedacht werden, wie ein derartiger Liquiditätsengpass bewältigt werden könnte, um erst gar nicht in eine Krisensituation zu kommen.

Dies kann zum Beispiel geschehen über:
- die Vereinbarung eines größeren Kreditrahmens mit möglichst günstigen Konditionen bei der Hausbank (Argument: Überleben der Firma durch Investitionen sichern),
- die Auflösung von stillen Reserven (zum Beispiel Verkauf von abgeschriebenen Fahrzeugen oder überflüssigem Anlagegut),
- die Reduzierung des Fuhrparks, vor allem bei mangelnder Akzeptanz von Mehrkosten durch den Kunden oder die mangelnde Mitwirkung der Hausbank,
- die Aufstockung von Beteiligungen bzw. die Erhöhung des Stammkapitals sofern die Kapitalgeber mitziehen wollen,

- das „Durchforsten" sämtlicher Kosten auf überflüssigen „Speck",
- die Selektion der Kunden nach der ABC-Analyse (A-Kunden= gute Kunden: **müssen** gehalten werden, B-Kunden = zufriedenstellende Kunden: **sollten** gehalten werden, C-Kunden = solche Kunden, auf die notfalls **verzichtet** werden kann),
- Überprüfung des Risikomanagements bei kostenintensiven Fracht- und Haftungsschäden,
- das Verschieben von nicht unmittelbar notwendigen Investitionen,
- die Beschleunigung des Forderungseingangs zum Beispiel über die Abtretung von Forderungen an Dritte (Factoring),
- die kurzfristige Auflösung von Aktienbesitz oder Festgeldern.

Die aufgeführten Beispiele sind nur „Oberflächenkosmetik" und können keinesfalls eine langfristige Maßnahme zur Liquiditätsstärkung ersetzen. Diese langfristigen Maßnahmen bestehen unter anderem darin, dass alle mit dem Fuhrpark verbundenen Kosten in die künftige Kostenrechnung einfließen müssen und letztendlich, dass die Eigenkapitalquote durch die Bildung von Rücklagen gestärkt werden muss. Diese Erhöhung der Eigenkapitaldecke ist natürlich nur möglich, wenn ein entsprechender Gewinn erwirtschaftet werden kann, und hier schließt sich der Kreis zur Kalkulation wieder.

## 1.3 Outsourcing des Planungsprozesses

Das Auslagern der Planungsarbeiten innerhalb des Fuhrparkmanagements wurde bislang selten realisiert. Dies liegt zum einen an dem Bedürfnis des Fuhrparkmanagements, den ganzen Ablauf von der Planung bis zur Verwertung des Fuhrparks administrativ in den eigenen Händen zu halten, dabei die eigenen Spezialerkenntnisse und Erfahrungen verwerten zu können und zum anderen der Mangel an qualifizierten unabhängigen Beratern in diesem Bereich.

Allerdings macht es sicherlich Sinn, zumindest einzelne Planbereiche, vor allem bei komplexen Fuhrparks, an erfahrene externe Berater auszulagern und sei es nur, um hin und wieder „frisches" Gedankengut in den Planungsprozess einzubringen.

## 2. Grundlagen der Fuhrparkbeschaffung

Bei der Beschaffung des Fuhrparks gibt es folgende grundlegende Aufgaben, die im Überblick dargestellt und in ihrem Wesen erläutert werden.

### Die Einholung von Angeboten

Die Ergebnisse der im ersten Teil dieses Kapitels beschriebenen Bedarfsplanung sollten Ihnen als Grundlage für die Einholung der Angebote dienen.

Die Höhe des Aufwandes für die Angebotseinholungen richtet sich nach der Anzahl der zu beschaffenden Fahrzeuge und dem damit verbundenen Kapitalbedarf. Durch die Prüfung der eingegangenen Angaben ermittelt man den für die gestellten Anforderungen günstigsten Lieferanten.

Die Angebote werden nach folgenden Kriterien bewertet:
- Erfüllung der an die Fahrzeuge gestellten Anforderungen
- Konditionen (z. B. Leasingbedingungen, Wartungsintervalle)
- Lieferanteneigenschaften (Liefertreue, Fahrzeugrücknahme, Lieferservice)
- Servicebereitschaft (Wartungen und Reparaturen auch abends oder an den Wochenenden?)
- Servicedichte (wie hoch ist die Werkstattdichte an den Fahrrouten)
- laufende Kosten
- Preis

### Rahmenverträge

Bei wiederkehrendem Bedarf an Fahrzeugen ist es empfehlenswert, mit dem Lieferanten einen Rahmenvertrag abzuschließen. Rahmenverträge eröffnen eine auf Dauer angelegte Geschäftsverbindung, die beiden Seiten Vorteile bieten kann. Die Pflege guter Lieferantenbeziehungen ist im Endergebnis oft kostengünstiger als der Wechsel zu einem weniger zuverlässigen Zulieferer, der einen – oft nur vorübergehenden – Preisvorteil in Aussicht stellt.

Rahmenverträge beinhalten nicht nur den Kauf von Fahrzeugen, sondern sind in der Regel auch verbunden mit Reparatur- und Wartungsverträgen. Weitere Bestandteile können sein: Kraftfahrzeughaftpflicht- und Kaskoversicherung, Fahrzeugreinigung und Reifenservice sowie Fahrzeugverwertung. Selbst die komplette Fuhrparkverwaltung wird inzwischen angeboten.

Einige Fahrzeughändler bieten einen langfristigen Rabattpool an. Der Kaufrabatt wird für eine bestimmte Fahrzeugmenge gewährt, die im Laufe einer vereinbarten Zeit abgenommen werden muss.

### Der Fahrzeugeinkauf

Der Einkauf als Organisationseinheit erfüllt folgende Funktionen:
– Angebotseinholung
– Preisverhandlungen
– Vorbereitung des Fahrzeugbeschaffungs- oder Kaufvertrags
– Bestellung
– Terminüberwachung und Bestellabwicklung
– Reklamationsabwicklung

Der Einkauf hat sicher zu stellen, dass die Fahrzeuge in richtiger Menge, richtiger Ausstattung und richtiger Qualität rechtzeitig und preisgünstig beschafft werden.

### Finanzierung

Bei der Finanzierung sind u. a. folgende Fragestellungen zu beachten (siehe dazu ausführlich S. 31 ff.):
– Ist Eigenkapital in ausreichender Menge vorhanden, um eine Eigenkapitalfinanzierung durchführen zu können?
– Macht die Eigenkapitalfinanzierung Sinn, oder sollte das vorhandene Kapital besser anderswo eingesetzt werden?
– Bei Fremdkapitaleinsatz: Welche Art von Kreditform ist für diese Investition die günstigste und sinnvollste?
– Welche Arten von Alternativbeschaffungsformen gibt es und welche Gesamtkosten entstehen durch sie?

27

– Sollten etwa Teile des Fuhrparks ausgegliedert oder gar der gesamte Fuhrpark an Dritte übergeben werden und die Fahrzeuge nur bei Bedarf angefordert werden?

## Eingangskontrollen/Abnahmen

Bei der Anlieferung des Fahrzeuges erfolgt eine technische Abnahme, die zunächst einen Abgleich zwischen bestellten Eigenschaften sowie Ausstattungen und dem tatsächlich Vorhandenen vornimmt. Des Weiteren wird die technische Funktionalität aller Bestandteile des Fahrzeugs überprüft.
Bei Fahrzeugen mit Sonderaufbauten ist zusätzlich während der Aufbauzeit eine technische Rohbau-Abnahme erforderlich, um negative Überraschungen zu vermeiden.
Abnahmen werden grundsätzlich mittels Abnahmeprotokoll festgehalten, um dem Abnehmer die geprüften Eigenschaften, die Ausstattung sowie das Abnahmedatum zu dokumentieren.

## Überführungen

Überführungen werden häufig vom Händler vorgenommen, alternativ sollte geprüft werden, ob sie nicht kostengünstiger mit Hilfe des eigenen Personals oder mit externen Dienstleistern vollzogen werden könnten, vor allem dann, wenn es sich um mehrere Fahrzeuge oder größere Nutzfahrzeuge handelt.

## Zulassung

Die Zulassung der Fahrzeuge erfolgt in der Regel durch einen Mitarbeiter der Firma oder durch den Fahrzeughändler. Es lohnt sich, vor allem bei umfangreicheren Zulassungen, einen Zulassungs-Service einzuschalten, um Kosten zu sparen.

Für die Fahrzeugzulassung sind notwendig:
– eine Vollmacht,
– der Handelsregisterauszug bzw. die Gewerbeanmeldung,

– der Fahrzeugbrief und

– die Versicherungsbestätigung (Doppelkarte bzw. Versicherungscode-
nummer).

Nachträgliche technische Änderungen sind neben der Eintragung in den
Fahrzeugbrief auch durch die Zulassungsstelle in den Fahrzeugschein einzutragen.

Alle mit dem Fahrzeug im Zusammenhang stehenden Behördengänge
und die jeweils erforderlichen Papiere finden Sie in Form von Checklisten
auf den Seiten 147 ff.

## Einweisung

Um den Fahrzeughalterpflichten nachzukommen, ist es notwendig, bei
der Übergabe des Fahrzeugs an den Nutzer bzw. Fahrzeugführer eine Einweisung durch einen Sachkundigen vorzunehmen.

Vorgeschrieben werden diese Einweisungen in erster Linie von den Be-
rufsgenossenschaften, um den Unfallschutz zu erhöhen.

Diese Einweisung bezieht sich auf:

– Arbeitsschutzvorschriften,

– Unfallverhütungsvorschriften,

– Garantieansprüche und

– besondere Hinweise zur Fahrzeughandhabung.

Bei jeder Einweisung muss zudem auf folgende *Pflichten* aufmerksam gemacht werden:

– Verbot jeglichen Genusses von Alkohol oder anderer berauschender
Mittel während der Dienst- und Lenkzeit;

– Meldungen an den örtlichen Vorgesetzten, sollte wegen Alkoholgenus-
ses am Vortag oder Krankheit die Fahrtätigkeit zweifelhaft sein;

– Mitführen der Fahrzeugpapiere, des Führerscheins sowie der EU-Kon-
trollblätter (Fahrtenblätter);

– Vorlage des/der Führerscheine einmal im Quartal beim verantwortlichen Fuhrparkleiter. Sofern im Arbeitsvertrag die Verpflichtung zur
Information des Arbeitgebers bei Führerscheinverlust eingetragen ist,
genügt die Vorlage zweimal jährlich (siehe auch im Anhang das Muster
eines Arbeitsvertrags);

- im Nutzfahrzeugbereich: Mitführen der Frachtpapiere wie Frachtbriefe oder Gefahrgut-Merkblätter, der Lizenz, der Versicherungsbestätigung, der Fahrerbescheinigung für Fahrer aus Drittstaaten;
- Einhaltung der Sicherheitsbestimmungen bei Betrieb des Fahrzeuges und der dazugehörigen Geräte;
- Verbot für Montage oder Demontage von Zusatzausrüstungen jeglicher Art mit Ausnahme einer schriftlichen Zustimmung des Verantwortlichen;
- Pflege und Wartung des Fahrzeuges gemäß der Betriebsvorschriften;
- Verbot der Mitnahme von betriebsfremden Personen;
- Einhaltung von Lenk- und Ruhezeiten;
- Informationspflicht des Fahrzeugsführers gegenüber dem Fuhrparkleiter bei besonderen Vorfällen.

Bei Spezialfahrzeugen erfolgt die Belehrung und Einweisung zum Einsatz des Nutzfahrzeuges vor Ort am Fahrzeug, meist schon bei der Auslieferung.

---

 **Wichtig:**

Die Einweisung muss, versehen mit Datum und Unterschrift der Beteiligten, alle Details der Einweisung enthalten, um diesen Vorgang dokumentieren zu können. Dies ist vor allem dann notwendig, wenn aufgrund von fahrlässigem Verhalten oder mangelhafter Handhabung ein Unfall mit Personenschaden entsteht.

Legt beispielsweise der Fahrer/Nutzer eines geschäftlich eingesetzten Fahrzeugs im Pannenfall auf der Fahrbahn nicht die vorgeschriebene Warnweste an, obwohl er auf die Pflicht hingewiesen wurde, steht der Betrieb außerhalb der Verantwortung, sollte die Berufsgenossenschaft bei Personenschäden nicht haften.

## 3. Finanzierungs- und Beschaffungsformen

### 3.1 Fuhrparkbeschaffung über den Kauf von Fahrzeugen (Kauffuhrpark)

Von einem Kauffuhrpark wird dann gesprochen, wenn Fahrzeuge vom Unternehmen gekauft werden und die Finanzierung über eigene oder fremde Mittel erfolgt.

Die wichtigsten *Vorteile* eines Kauffuhrparks sind:

- In der Regel **uneingeschränktes Eigentum** mit der Möglichkeit, das Fahrzeug abzumelden oder zu verkaufen, wenn es zu Auftragseinbrüchen oder finanziellen Engpässen kommt.
- Die Realisierung von so genannten **„stillen Reserven"**, wenn es zu finanziellen Engpässen kommt. „Stille Reserven" entstehen, wenn zum Beispiel ein neues Fahrzeug gekauft wird, dieses Fahrzeug steuerrechtlich nach fünf Jahren auf einen Euro abgeschrieben ist, jedoch der reale Verkaufswert noch 50.000,– Euro beträgt. Wenn nun dieses Fahrzeug im sechsten Jahr verkauft wird und der Käufer 50.000,– Euro bezahlt, würden „stille Reserven" in Höhe von 49.999,– Euro realisiert (aktiviert). Stille Reserven entstehen folglich dann, wenn in den Büchern (Jahresabschluss, Inventarliste) der Wert eines Anlagegutes (Fahrzeug) geringer ist als sein tatsächlicher Verkehrswert.
- **Keine zwingende Abhängigkeit von Nutzungsdauer und Laufleistung** Bei Miet-, Leasing- oder anderen Finanzierungsformen ist es üblicherweise notwendig, sich auf Nutzungsdauer und Kilometerleistung festzulegen. Werden die vereinbarten Leistungen überschritten, entstehen Zusatzkosten.
- **Verwertungsfreiheit der Fahrzeuge** Der Unternehmer kann zum Beispiel die Koffer- oder Planenaufbauten auf ein anderes beziehungsweise neues Fahrgestell montieren oder einzelne Teile wie Standheizung oder Autoradio in andere Fahrzeuge einbauen.
- **Uneingeschränkte Nutzungsmöglichkeit** Dem Unternehmen steht es frei, das Fahrzeug zum Beispiel stillzulegen, zu vermieten, im Rahmen einer Arbeitnehmerüberlassung einem Drit-

31

ten zur Verfügung zu stellen oder auch in aus Sicht der Versicherung problematischen Drittstaaten einzusetzen. Auch die Verwaltung des Fuhrparks durch Dritte (Dienstleister) macht weniger Probleme.

– **Flexible Abschreibungsmöglichkeiten**
Bei Miete oder Leasing des Fahrzeugs ist die Leasing- oder Mietrate starr im Jahr der Nutzung als Aufwand abzusetzen. Bei der steuerrechtlichen Abschreibung für Abnutzung (AfA) kann, je nach Grad des Fahrzeugeinsatzes und der Gewinnerwartung, die AfA-Laufzeit verkürzt oder verlängert werden.

Die wichtigsten *Nachteile* des Kauffuhrparks können sein:

– der **Kreditspielraum** wird eingeengt;
– die **Bilanz** wird verlängert (eventuell ungünstige Eigenkapitalquote bei hohem Fremdfinanzierungsanteil);
– Nachweis von **Sicherheiten** und **Zinskosten** bei der Inanspruchnahme von Fremdkapital.

## 3.1.1 Methoden der Finanzierung aus eigenen Mitteln

Die Finanzierung aus eigenen Mitteln, die so genannte Innenfinanzierung (siehe Abbildung 3), ist die traditionelle Finanzierung von Anlagegütern, die heute in der Mehrzahl der Unternehmen nicht mehr durchgeführt wird beziehungsweise durchgeführt werden kann. Eine der wesentlichen Voraussetzungen für diese Art der Finanzierung ist die Erstellung eines Investitions- und Liquiditätsplans. In diesem Plan müssen die künftigen Fuhrparkinvestitionen in Menge und Umfang sowie deren Kosten definiert und festgestellt werden. Zusätzlich werden die notwendigen Finanzmittel im Etat für die vorgesehene Zeit festgelegt.

Eine weitere Voraussetzung ist, dass der Fuhrpark möglichst gleichmäßig (roulierend) erneuert wird, um Investitionsspitzen zu vermeiden.

Der Hauptvorteil liegt auf der Hand: Die Abhängigkeit von Fremdfinanzierern wie zum Beispiel von Banken oder Leasingfirmen ist geringer bzw. nicht gegeben.

Als Hauptnachteil wird von den Unternehmern zumeist die Kapitalbindung und die dadurch verursachte geringere Liquidität genannt, was ope-

rativ (kurzfristig) gesehen durchaus zutrifft. Langfristig (strategisch) aber
ist die Gefahr groß, dass die Kapitalfinanzierungskosten die Liquiditäts-
vorteile wieder aufheben.

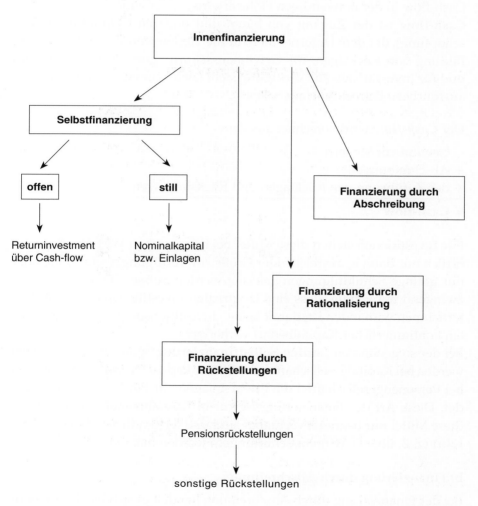

*Abbildung 3: Innenfinanzierung*

## a) Selbstfinanzierung

Zur Selbstfinanzierung gibt es zwei Möglichkeiten: die *offene* und die *stille Selbstfinanzierung*.

Bei der **offenen Selbstfinanzierung** wird das notwendige Kapital über den Cash-flow erwirtschaftet. Sie ist natürlich nur dann möglich, wenn der Cash-flow in der notwendigen Höhe erwirtschaftet wird.

**Cash-flow** ist der Zugang von baren und unbaren Geldmitteln (Wertschöpfung), der dem Unternehmen für die Tilgung von Verbindlichkeiten, Bildung von Rücklagen, für Gewinnausschüttungen (Privatentnahmen) und für Investitionen zur Verfügung steht (siehe zum Cash-flow auch die ausführliche Betrachtung auf S. 20 ff.).

Der *Cash-flow* wird berechnet aus dem

  Gewinn vor Steuern
+ Abschreibungen
+ der Zuführung von Rücklagen und Rückstellungen

= **Cash-flow**

Für Investitionen stehen diese Mittel bei der heutigen Wirtschaftlage natürlich nur dann in ausreichender Größe zur Verfügung, wenn keine oder nur geringe Schuldtilgungen geleistet werden müssen. Des Weiteren ist zwingend notwendig, dass eine langfristige Investitionsplanung im Unternehmen vorhanden ist, damit keine „Investitionsberge" entstehen und ein kontinuierlicher Kapitalbedarf vorherrscht.

Bei der so genannten **„stillen Selbstfinanzierung"** von Anlagevermögen werden bei Kapitalgesellschaften das Stammkapital (Nominalkapital) und bei Personengesellschaften die Privateinlagen zur Finanzierung verwendet. Diese Art der Finanzierung ist nur in Ausnahmefällen möglich, da diese Mittel nur begrenzt verfügbar sind und letztendlich wieder rückgeführt (z. B. über Gewinnausschüttungen) werden müssen.

## b) Finanzierung durch Abschreibung

Bei der Finanzierung durch Abschreibung handelt es sich bei der Innenfinanzierung nicht in erster Linie um die steuerrechtliche Abschreibung, die zwar über die Reduzierung der Steuerlast auch einen gewissen Beitrag zur Finanzierung leistet, sondern um die kalkulatorische Abschreibung.

Die *kalkulatorische Abschreibung* wird berechnet über nachfolgende Formel:

 **Kalkulatorische Abschreibung**

Beschaffungskosten
− kalkulatorischer Restwert
  (geschätzter Verkaufspreis am Ende der Nutzung)
+ kalkulierte Kostensteigerung für die Nachfolgebeschaffung
  (geschätzte Preissteigerungsrate über die Einsatzzeit des Fahrzeugs)
÷ durch die Jahre der Nutzung

= **der kalkulatorische Abschreibungswert des Fahrzeugs pro Jahr**

Dieser so berechnete Abschreibungswert des Fahrzeugs, der in die Fahrzeugkostenrechnung einfließt, bildet die Grundlage für den Kauf des künftigen Fahrzeugs. Voraussetzung ist allerdings, dass dieser Wert jedes Jahr zurückgelegt wird, damit das Kapital bei der Wiederbeschaffung des Fahrzeugs zu Verfügung steht.

### c) Finanzierung durch Rationalisierung

Bei der Finanzierung durch Rationalisierung wird die Kapitalbeschaffung über Kostenreduzierungen erreicht. Diese Kosten senkenden Rationalisierungen sind natürlich nur dann möglich, wenn es im Unternehmen ein entsprechendes Potenzial gibt.

Ein derartiges Potenzial könnte zum Beispiel sein:
– die Reduzierung des Fuhrparks, die Anmietung von Fahrzeugen im Bedarfsfall oder der Einsatz von Dritten (Frachtführern);
– die Auslagerung von Tätigkeiten wie Reparaturen oder Fuhrparkverwaltung an Dritte, sofern diese günstiger eingekauft als selbst erstellt werden können;

- die Überprüfung der Einkaufskonditionen in allen Bereichen;
- die Bildung von Einkaufsgemeinschaften mit anderen Unternehmen;
- die Gründung oder Mitwirkung in Fahrzeugpools um die Nutzung des Fuhrparks zu optimieren.

### d) Finanzierung über Rückstellungen

Die wichtigste und einfachste Art der Selbstfinanzierung ist die Bildung von Eigenkapital über zusätzliche Rückstellungen. Einige Unternehmen bilden für künftige Investitionen jedes Jahr systematisch Rücklagen, indem sie einen Teil des erwirtschafteten Gewinns nicht ausschütten bzw. als Privatentnahme verwenden, sondern im Betriebsvermögen lassen und damit die Eigenkapitalquote erhöhen.

Das geht so weit, dass einige Kapitalgesellschaften in ihrer Satzung einen Mindestprozentsatz oder eine Mindestsumme vom erwirtschafteten Gewinn als Rückstellung für künftige Investitionen festgelegt haben, um die Abhängigkeit von Fremdkapitalgebern (Banken, Leasinggesellschaften usw.) zu reduzieren.

Daraus ergibt sich der positive Nebeneffekt, dass das Unternehmen im Falle einer Kreditaufnahme (z. B. verursacht durch außerordentlichen Investitionsbedarf) bei den Kreditgebern eine sehr gute Verhandlungsposition besitzt.

Leider ist diese traditionelle Art der Fahrzeugfinanzierung bei der Mehrzahl der Unternehmen als steuerlich nachteilig bewertet worden und wird deshalb, zumindest in der Transportbranche, kaum noch realisiert.

Oft erst in wirtschaftlich kritischen Zeiten erkennen viele Unternehmen, dass die relativ geringen steuerlichen Vorteile auf Kosten der Eigenkapitalbildung fatale Folgen für das Unternehmen haben.

Die Überlebenschancen der Unternehmen, die überwiegend mittels Innenfinanzierung die Fuhrparkbeschaffung zustande bringen, sind ungemein größer als die der Firmen, die zum überwiegenden Teil fremd finanzieren, vor allem dann, wenn es sich um Unternehmen der Transportbranche handelt.

### 3.1.2 Methoden der Finanzierung aus fremden Mitteln

Bei der Finanzierung des Fuhrparks aus fremden Mitteln, auch *Außenfinanzierung* genannt, verwendet das Unternehmen für die Finanzierung Geld aus betriebsfremden Quellen.

Bei der Außenfinanzierung wird unterschieden zwischen der *Beteiligungsfinanzierung* und der *Kreditfinanzierung*.

*Abbildung 4: Außenfinanzierung*

– **Beteiligungsfinanzierung**
  Die betriebsfremden Geldmittel kommen bei der Beteiligungsfinanzierung von den *Inhabern* oder *Gesellschaftern*.
  Bei **Einzelunternehmen** wird die Finanzierung aus dem privaten Vermögen des Inhabers getätigt und als so genannte „Privateinlage" in der Finanzbuchführung (Fibu) festgehalten.

Bei **Personengesellschaften**, wie zum Beispiel der „Gesellschaft bürgerlichen Rechts – GbR", der „Kommanditgesellschaft – KG" oder der „Offenen Handelsgesellschaft – OHG", wird diese Art der Finanzierung durch die Gesellschafter in Form von Einlagen oder Beteiligungen durchgeführt.

Bei **Kapitalgesellschaften** wird diese Art der Finanzierung entweder durch die Erhöhung des Stammkapitals bei GmbHs oder die Ausgabe von Aktien (Neuemissionen) bei Aktiengesellschaften vollzogen, was aber in der Realität, bedingt durch den Aufwand, nur sehr selten gemacht wird.

– **Kreditfinanzierung**

Die Kreditfinanzierung kann anhand der Laufzeit der Kredite in zwei Gruppen eingeteilt werden, in *kurzfristige Darlehen* und in *langfristige Darlehen*.

Die Rückzahlungsfrist bei kurzfristigen Darlehen beträgt in der Regel maximal ein Jahr. Von langfristigen Darlehen spricht man, wenn die Tilgungszeit mehr als ein Jahr beträgt.

---

 **Praxistipp:**

Idealerweise sollte der Rückzahlungsmodus um die Hälfte kürzer sein als die beabsichtigte Einsatzzeit des Fahrzeugs. So sollte bei einer geplanten Einsatzzeit eines Kraftfahrzeugs von acht Jahren die Kreditlaufzeit maximal vier Jahre betragen, damit in den restlichen vier Jahren die Beschaffung des Nachfolgefahrzeugs über die Bildung von Rücklagen in Höhe der bisherigen Kreditraten erfolgen kann (Wechsel von der Fremd- zur Eigenfinanzierung).

---

Kurzfristige Darlehen werden sinnvollerweise nur zur Überbrückung von zeitlich begrenzten finanziellen Engpässen verwendet.

# Kurzfristige Darlehen

Nachfolgend werden die wichtigsten Formen der *kurzfristigen Darlehen*, die zur Kreditfinanzierung gezählt werden, beschrieben:

### a) Kontokorrentkredit

Als Kontokorrentkredit wird der Überziehungskredit des Bankkontos bezeichnet. Die Finanzierung über Kontokorrent ist für die Fahrzeugfinanzierung vom Grundsatz her nicht geeignet, weil die Kreditkosten überproportional hoch sind und die Gefahr einer täglichen Kündigung durch die Bank besteht. Diese Art Kredit ist folglich nur für eine sehr kurze Überbrückungszeit einsetzbar.

### b) Naturalkredit (Lieferantenkredit)

Der Naturalkredit, auch als Lieferantenkredit bezeichnet, entsteht durch ein vom Lieferanten eingeräumtes, verlängertes Zahlungsziel.

Diese Art von Kredit ist der für das beschaffende Unternehmen günstigste, weil hierbei weder Kreditkosten noch Zinsen anfallen.

---

 **Praxistipp:**
Die beste Möglichkeit ein verlängertes Zahlungsziel bei den Fuhrparklieferanten zu bekommen besteht darin, die Fahrzeugbeschaffung antizyklisch durchzuführen. Beschafft wird immer dann, wenn die anderen potenziellen Fahrzeugkäufer sich zurückhalten. So ist beispielsweise der Fahrzeugkauf mit Lieferung im Frühjahr ungünstiger als im Herbst. Bei so genannten „Auslaufmodellen" können bessere Konditionen ausgehandelt werden als bei Neuentwicklungen. In konjunkturell schlechten Zeiten ist der Käufer „König" und hat bessere Möglichkeiten, einen Naturalkredit zu bekommen.

---

### c) Kundenanzahlungen (Abschlagszahlungen)

Kundenanzahlungen, auch Abschlagszahlungen genannt, sind in der Praxis nur bei größeren Investitionen speziell für einen Kunden (z. B. wenn für einen Kundenauftrag ein zusätzlicher Lkw angeschafft werden müsste, damit der Auftrag durchgeführt werden kann) möglich. Hierbei ist der Kunde bereit, finanziell in die Vorlage zu gehen, um dem Dienstleister (Lieferanten) entsprechende Investitionen möglich zu machen. Zu dieser Vorfinanzierung des Fuhrparks sind Verlader nur sehr selten bereit.

Nur bei Komplettübernahmen von Werkverkehr inklusive des Fahrpersonals durch einen Transportunternehmer können Abschlagszahlungen hin und wieder ausgehandelt werden.

### d) Wechsel

Der Wechsel ist ein schon seit dem 12. Jahrhundert in der kaufmännischen Praxis verwendetes Papier. Nach dem heute geltenden Wechselrecht ist der Wechsel eine Urkunde, die die Anweisung des Ausstellers enthält, an den Bezogenen eine bestimmte Geldsumme zu bezahlen. In früheren Zeiten war der Wechsel ein beliebte Art für kurzfristige Zwischenfinanzierungen von Fahrzeugen. Eine Wechselfinanzierung hat den Vorteil, dass die Kredit- und Zinsfinanzierungen günstiger sind als ein entsprechendes Darlehen.

Statt das Fahrzeug sofort zu bezahlen, bekommt der Verkäufer einen durch die Bank gegengezeichneten Wechsel verbunden mit einem festgelegten Zahlungsziel. Der Vorteil eines Wechsels besteht für den Verkäufer darin, dass er das Geld von der Bank einfordern kann, sollte der Verkäufer den Wechsel nicht einlösen.

Es gibt auch heute noch Firmen, die diese Art der günstigen kurzfristigen Finanzierung nutzen.

Die Wechselbestandteile sind:
– die Bezeichnung Wechsel
– die Anweisung, eine bestimmte Geldsumme zu bezahlen
– der Name dessen, der zahlen soll (Schuldner, Bezogener, Trassat)

– die Angabe der Zahlungsfrist (wann gezahlt werden muss), hierbei sind vier Varianten möglich:
  – *Tagwechsel:*
    Zahlung erfolgt an einem bestimmten Kalendertag
    (z. B. Montag, den 6. Dezember 2009)
  – *Datowechsel:*
    Zahlung erfolgt nach einem Zeitraum ab dem Tag der Ausstellung
    (z. B. drei Monate dato)
  – *Sichtwechsel:*
    ist bei Sicht fällig, also zum Zeitpunkt der Vorlage des Wechsels
  – *Nachsichtwechsel:*
    ist nach einem bestimmten Zeitraum nach Vorlage fällig
    (z. B. 14 Tage nach Sicht)
– der Zahlungsort
– der Name dessen, an den gezahlt werden muss (Wechselnehmer, Remittent)
– Ausstellungstag und -ort
– die Unterschrift des Ausstellers

Akzeptiert der Bezogene den Wechsel, so kommt der Vermerk „angenommen" hinzu und die eigenhändige Unterschrift des Schuldners. Auch die bloße Unterschrift auf der Vorderseite des Papiers gilt als Annahme. Der Wechsel wird dadurch zum Akzept.

Die weiteren Vorteile des Wechselgeschäfts sind:
– die Zahlungsverpflichtung besteht unabhängig davon, welches Geschäft ihm zugrunde lag;
– der Wechsel kann an eine Bank verkauft werden (diskontieren) oder an einen Lieferanten weitergereicht werden, um eigene Rechnungen zu begleichen (indossieren);
– geht ein Wechsel zu Protest (wird nicht pünktlich bezahlt), kann ohne Mahnverfahren der Gerichtsweg eingeschlagen werden.

## e) Akzeptkredit

Die Bank akzeptiert einen gezogenen Wechsel und löst diesen bei Fälligkeit ein.

## f) Lombardkredit

Bei der Finanzierung über einen Lombardkredit beleiht die Bank die im Besitz des Unternehmens befindlichen Wertpapiere, Waren, Edelmetalle und dergleichen.

Eine Beleihung über den vollen Marktwert (zum Zeitpunkt der Beleihung) wird nicht vorgenommen. Nur ein gewisser Prozentsatz des Marktwertes wird der Beleihung zugrundegelegt.

## g) Avalkredit

Beim Avalkredit übernimmt die Bank für den als besonders zahlungsfähig bekannten Kunden über einen gewissen Zeitraum eine Bürgschaft über die geschuldete Summe.

## h) Factoring

Als Factoring wird der Verkauf von Kunden-Forderungen an Dritte bezeichnet, hierfür gibt es spezielle Factoringbanken.

Das Factoring-Unternehmen (Factor) kauft von dem Unternehmen die mit einem Zahlungsziel ausgestatteten Geldforderungen gegen sofortige Bezahlung. Der Factor übernimmt dabei das Risiko der Zahlungsunfähigkeit des Schuldners. Das Unternehmen bekommt vom Factor zunächst 70 bis 90 Prozent der verkauften Forderungen als Vorschuss – nach eingehender Bonitätsprüfung des Schuldners. Die restlichen 10 bis 30 Prozent verbleiben auf einem Sperrkonto, um damit eventuelle Mängelrügen, Skonti oder Boni zu decken. Ausbezahlt wird der Restbetrag, sobald der Schuldner die Rechnung an den Factor überwiesen hat.

Für das Factoring kommen in erster Linie Forderungen in Frage, deren Laufzeit in der Regel 90 Tage im Inland und 120 Tage im Ausland nicht überschreiten. Factoring kostet jährlich zwischen 0,5 bis 2,5 Prozent vom Jahresumsatz sowie Sollzinsen in banküblicher Höhe für in Anspruch genommene Beträge.

### i) Blankokredit

Ein so genannter Blankokredit ist ein ungesicherter Kredit, für den die Bank vom Kreditnehmer keine besonderen zusätzlichen Sicherheiten – etwa in Form von Immobilien-Grundbucheintragungen – verlangt. Blankokredite werden nur an Unternehmen mit ausreichender Bonität vergeben (hauptsächlich Dispositionskredite).

## Langfristige Darlehen

Die klassische Fremdfinanzierung von Anlagevermögen wie dem Fuhrpark sind langfristige Darlehen.

Nachfolgend aufgeführt sind die wichtigsten Formen von *langfristigen Darlehen:*

### a) Bankdarlehen

Das Bankdarlehen ist heute noch die häufigste Art der langfristigen Fahrzeugfinanzierung. Die Dominanz dieser Fremdfinanzierungsform für den Fuhrpark nimmt aber stetig ab. Die Gründe sind darin zu sehen, dass die Banken das Fahrzeug als alleinige Sicherheit nicht mehr akzeptieren (siehe Kapitel A 4, S. 61 ff. Rating/Basel II), dass es günstigere Finanzierungsformen gibt und letztendlich, dass Transportunternehmen bei einigen Banken nicht zur bevorzugten Kundschaft gehören, was sich in den Kreditkonditionen niederschlägt.

### b) Mietkauf

Die Fahrzeuge werden beim Mietkauf zunächst gemietet. Bei Vertragsende wird in der Regel das Eigentum auf den Besitzer zum festgelegten oder bewerteten Preis übertragen. Diese Art der langfristigen Finanzierung bieten in erster Linie Fahrzeughersteller an.

### c) Ratenkauf

Besitz und Eigentum des Fahrzeugs werden übertragen. In der Regel vereinbart der Fahrzeugverkäufer einen Eigentumsvorbehalt bis zur letzten Rate. Der Verkaufspreis wird in Form eines Darlehens in Raten bezahlt.

Diese Form der Finanzierung übernehmen in erster Linie die betriebseigenen Banken der Fahrzeughersteller. Beim Kauf von Auslaufmodellen werden von diesen Banken beim Ratenkauf häufig sehr günstige Konditionen geboten.

### d) Grundschuld

Die Grundschuld ist die Belastung eines Grundstückes zugunsten des Gläubigers durch ein Grundpfandrecht. Dieses Grundpfandrecht ist von der Schuld unabhängig.

### e) Hypothek

Im Gegensatz zur Grundschuld ist das Bestehen einer persönlichen Forderung Voraussetzung für die Entstehung einer Hypothek. Der Schuldner haftet bei der Hypothek nur mit dem Grundstück bzw. Haus, nicht mit dem restlichen Vermögen.
Der Gläubiger bekommt für das Darlehen die Absicherung durch ein Grundstück bzw. Gebäude, diese wird in das Grundbuch eingetragen.

### f) Annuitätendarlehen

Ein Annuitätendarlehen ist ein langfristiger Kredit, der als Rückzahlungsmodalität eine Annuität, also eine regelmäßige Rate vorsieht. Da der gesamte Kreditbetrag im Laufe der Zeit sinkt, nimmt der Zinsanteil der Rate ab.

### g) Ballonkredit

Beim so genannten Ballonkredit tilgen die monatlichen Raten nicht den gesamten Kaufpreis, sondern wie beim Leasing nur die Differenz zwischen Anschaffungskosten minus Anzahlung und kalkuliertem Restwert.

Die monatliche Belastung fällt daher zunächst deutlich niedriger aus. Dafür muss der Kreditnehmer den am Ende der Laufzeit (meist zwischen 12 und 48 Monaten) offenstehenden Betrag mit einer höheren Schlussrate tilgen. Diese darf den zu erwartenden Marktwert am Vertragsende nicht übersteigen.

---

 **Praxistipps für Bankgespräche zur Kreditfinanzierung:**

*1. Nie sachlich unvorbereitet zu Bankgesprächen gehen*
- Vergleich von Zins- und Kreditkosten sowie der Konditionen anderer Banken; Informationen einholen über öffentliche Finanzierungsmittel bei der Industrie- und Handelskammer (IHK).
- Bei größeren Kreditanfragen ist es notwendig, die Bank umfassend über das Vorhaben mittels Umsatz- und Ertragsvorschau, Finanzplan und Konzeption zu informieren. Die Konzeption kann mit Marktforschungsdaten, Branchenpublikationen und bildlicher Darstellung des Objektes untermauert werden. Diese Informationen müssen schriftlich vorgelegt werden.

*2. Persönliche Vorbereitung für das Bankgespräch*
- Termin mit dem Kreditsachbearbeiter telefonisch vereinbaren;
- die Optik der Person kann durchaus den Ausschlag geben, deshalb größten Wert auf ein ordentliches Äußeres legen und schmutzige Arbeitskleidung tunlichst vermeiden;
- Termin und Zeitdruck vermeiden, keinen anderweitigen Termin im direkten Anschluss vereinbaren;
- Grundsätzlich nie mit einem Berater (Steuerberater o. ä.) bei Kreditanträgen zur Bank gehen, da sonst der Eindruck entsteht, der Antragsteller ist nicht „Herr der Lage" (nur im Krisenfall).

---

*3. Gesprächsgestaltung beim Kreditgespräch*

– Vor allem am Anfang, eine lockere Gesprächsatmosphäre gestalten (Fragen nach Gesundheit, Urlaub, Hobbys, Lob für gute Zusammenarbeit usw.);

– während des Gesprächs immer beherrscht, immer sachlich, immer freundlich bleiben, keine Provokationen; Streitpunkte meiden;

– im Gespräch technische und vor allem kaufmännische Fachbegriffe verwenden (Kompetenz zeigen);

– nach Möglichkeit immer ehrlich und offen sein;

– Initiative des Gesprächsverlaufs behalten (aktive Gesprächsgestaltung durch Fragestellung);

– mit Händedruck und Namensnennung begrüßen, mit Händedruck verabschieden.

 **Praxistipps für die Aufnahme von Bankkrediten:**

– Dispositionskredit-Rahmen sollte möglichst doppelt so groß sein wie der Bedarf;

– Auch die Zinsen und Bearbeitungsgebühren von Dispositionskrediten sind verhandelbar;

– Nach Möglichkeit nicht mehr als die halbe Finanzierungssumme der Investition als Darlehen kalkulieren (bessere Ausgangslage für das Aushandeln von Konditionen);

– Zinshöhe nur als „effektiven Jahreszins" schriftlich bestätigen lassen (bessere Laufzeitvergleichbarkeit);

– nicht nur die Zinsen, sondern auch die Konditionen und Kreditgebühren vergleichen;

– Zusagen von Zins-, Gebühren-, Tilgungskonditionen nur verbindlich (schriftlich) akzeptieren;

- die Kreditsumme nicht zu knapp kalkulieren, Nachverhandlungen sind kontraproduktiv;

- möglichst langfristige Darlehen für Fuhrparkinvestitionen beantragen verbunden mit einer Sondertilgungsklausel (Sondertilgungen sind möglich oder Sondertilgungen sind bis zu ....Euro pro Jahr möglich);

- keine Sicherheiten über die Höhe des Kredites hinaus akzeptieren;

- wenn Probleme bei der Tilgung des Kredites auftauchen, **vor** der Fälligkeit mit der Bank reden;

- bei Krisengesprächen grundsätzlich nicht ohne schriftliches Konzept zur Bank gehen (warum die Krise, wie Verbesserung der Lage).

## 3. 2.  Fahrzeugbeschaffung über Dritte

Von der Fahrzeugbeschaffung über Dritte wird gesprochen, wenn ein externes (drittes) Unternehmen die Fahrzeuge dem beschaffenden Unternehmen gegen Entgelt zur Nutzung überlässt.

## 3.2.1  Das Fahrzeug-Leasing

Die Fahrzeugbeschaffungsform Leasing wird im Fuhrparkbereich seit 1966 von Leasingfirmen angeboten. Heute ist Leasing die am häufigsten verwendete Art der Fahrzeugfinanzierung. 27 Prozent aller Fahrzeuge in gewerblichen Fuhrparks sind durch Leasing beschafft worden.

**Vorteile eines Leasing-Fuhrparks:**

- schont liquide Mittel;
- Kreditlinie bleibt bestehen;
- Leasing ermöglicht eine 100-prozentige Fremdfinanzierung, ohne Kapital einzusetzen;
- wandelt variable Kosten in Fixkosten;

- feste Raten sind besser kalkulierbar;
- der Fuhrpark ist bilanzneutral (keine Reduzierung des Eigenkapitalanteils durch Kreditaufnahme);
- teilweise geringere Anzahl von Rechnungen und Belegen (Reduzierung von Verwaltungskosten);
- einfacheres Berichtswesen für einzelne Kraftfahrzeuge;
- verringert den Verwaltungsaufwand beim Einsatz;
- Fuhrpark ist immer auf dem neuesten Stand der Technik.

**Nachteile eines Leasing-Fuhrparks:**

- bei über das Jahr hinweg schwankenden Auslastungen (Saisonarbeit) unflexibler Fuhrpark, weil Leasingfahrzeuge nicht abgemeldet werden können;
- Kosten sind unabhängig von der Einsatzmenge festgelegt;
- es werden keine stillen Reserven gebildet;
- starre Abschreibungen (keine Wahlmöglichkeit der Abschreibungszeit);
- Ratenzahlungen sind auch bei ungünstiger Ertragslage zu leisten;
- mittelfristige Verringerung des Gewinns durch die Erhöhung des Aufwands in der Gewinn- und Verlustrechnung (GuV);
- der Cash-flow-Wert in der Gewinn- und Verlustrechnung (GuV) ist geringer;
- kein Steuervorteil bei ungünstiger Ertragslage;
- vertragliche Bindung über einen längeren Zeitraum.

Beim Fahrzeugleasing wird am Markt zwischen Finance-Leasing-Verträgen und den Full-Service-Leasing-Verträgen unterschieden.
Bei den **Finance-Leasing-Verträgen** wird dem Leasingnehmer das Fahrzeug ohne zusätzliche Leistung zur Nutzung überlassen.
Bei den so genannten **Full-Service-Leasingverträgen** werden zusätzlich noch Leistungen wie zum Beispiel:

- Wartungsintervalle,
- Reparaturleistungen bei Verschleiß- oder Instandsetzungsarbeiten,
- Rückholdienste bei Unfällen oder Pannen,
- Übernahme der GEZ-Gebühren (Radiogebühren),

– Übernahme der Kraftfahrzeugsteuer,
– Übernahme der Haftpflicht- und Kasko-Versicherungsprämien,
– Schadensabwicklung und
– Sommer- und Winterreifendienste.

angeboten. Diese Zusatzleistungen werden in der Regel gegenüber dem Fuhrparkbetreiber als monatliche Rate abgerechnet.

Die unterschiedlichen Leasingsverträge für Anlagegüter finden Sie in untenstehender Abbildung.

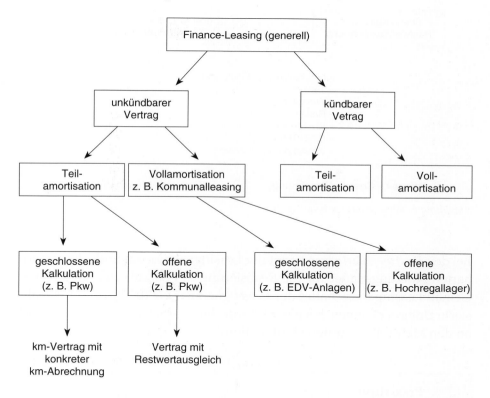

*Abbildung 5: Leasing*

Bei den üblichen Pkw-Leasingverträgen unterscheidet man generell zwischen den
– Restwertverträgen und
– geschlossenen Kilometerverträgen.

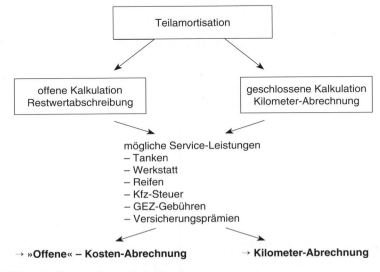

*Abbildung 6: Vertragsformen beim Leasing*

Bei den *Restwertverträgen* haftet der Leasingnehmer am Ende der vereinbarten Nutzungsdauer für die Realisierung des kalkulierten Restwertes. Gemäß Leasingerlass haftet der Leasingnehmer zu 100 Prozent für realisierte Unterdeckungen, bei einer Überdeckung erhält er 75 Prozent Anteil an den Mehrerlösen (offene Kalkulation).

**Praxistipp:**
Sofern ein Restwertvertrag abgeschlossen wird, sollte schon beim Abschluss zwingend darauf geachtet werden, dass der kalkulierte Restwert später den Marktgegebenheiten entspricht.

Die für den Fuhrpark zu empfehlenden *Leasing-Kilometerverträge* (Closed-End-Verträge) bieten dem Fuhrparkbetreiber eine überschaubarere Kalkulationsgrundlage, denn die Leasingrate wird errechnet unter Berücksichtigung der zwischen dem Fuhrparkbetreiber und der Leasinggesellschaft vereinbarten Nutzungsdauer sowie der Kilometerlaufleistung.

Der Leasinggeber haftet für die Verwertung des Fahrzeugs. Werden in der vereinbarten Zeit mehr oder weniger Kilometer als vereinbart gefahren, werden die Differenzen mit vereinbarten Euro-Beträgen pro Kilometer vergütet oder müssen entrichtet werden. Bei geschlossenen Leasing-Kilometerverträgen liegt das Risiko des Leasingnehmers wie bei den Restwertverträgen am Ende des Vertrages. Der Leasinggeber hat ein hohes Interesse, ein möglichst gut erhaltenes Fahrzeug zurück zu bekommen, deshalb wird er am Ende der Laufzeit immer eine besondere Fahrzeugbegutachtung vornehmen. Bei dieser Fahrzeugbegutachtung wird er ein besonderes Interesse für Schäden zeigen, die über den normalen Verschleiß hinausgehen. Diese Schäden werden dem Fuhrparkbetreiber belastet.

Ein weiterer wichtiger Bestandteil der Leasingverträge ist die Form der Amortisation. Als *Amortisation* wird die Tilgung einer Schuld oder einer Abschreibung bezeichnet. Beim Leasing wird zwischen der Voll- und Teilamortisation unterschieden.

### a) Teilamortisation

Im Kraftfahrzeugleasing gilt die Teilamortisation als Standard. Der Leasingkunde tilgt dabei die Investitionskosten während der Grundleasingzeit über die Leasingraten nur in Höhe des tatsächlichen Wertverlustes (Differenz zwischen Anschaffungskosten und Restwert). Im Anschluss, nach der Leasingzeit, schuldet der Leasingnehmer dem Leasinggeber den Restwert, den er dann bei der Fahrzeugübernahme bezahlen muss. Wenn der Leasingnehmer das Fahrzug nicht übernimmt, wird der Erlös des Fahrzeugs beim Verkauf durch den Leasinggeber mit der Restschuld verrechnet. Eine Ausnahme besteht nur bei Teilamortisierungsvertrag mit Restwertrisiko beim Leasinggeber.

### b) Vollamortisation

Vollamortisationsverträge sind beim Leasing von Kraftfahrzeugen die Ausnahme. Der Leasingnehmer muss hierbei während der Leasingzeit die gesamten Investitionskosten der Leasingfirma zuzüglich Zins-, Gewinn-, Risiko- und Verwaltungsaufwand in voller Höhe tilgen.

### Fahrzeugübergabe beim Leasing

Die Übergabe des Leasingfahrzeugs wird durch eine Abnahme- bzw. Übernahmebestätigung dokumentiert. Mit diesem Papier bestätigt der Leasingnehmer die vollständige und korrekte Lieferung des bestellten Fahrzeugs. Darüber hinaus wird die mängelfreie Lieferung und die Betriebsfähigkeit des Fahrzeugs bestätigt. In der Regel beginnt mit dem Datum der Abnahmebestätigung die Laufzeit des Leasingvertrages.

---

**Praxistipp:**

Die Fahrzeugübergabe beim Leasing sollte so organisiert werden, dass zumindest der Fuhrparkleiter, der Einkaufsleiter und ein technisch versierter Mitarbeiter (Werkstattleiter) das Leasingobjekt auf Vollständigkeit, Vollzähligkeit, Betriebsfähigkeit und Mängelfreiheit überprüfen, bevor die Abnahmebestätigung unterschrieben wird.

---

### Unfallschäden während der Leasingzeit

Für Beschädigungen während der Leasingzeit trägt der Leasingnehmer die alleinige Verantwortung, weil sich das Leasingobjekt in dessen alleiniger Verfügungsgewalt befindet. Bei einem Totalschaden des Fahrzeugs muss der Leasingnehmer dem Leasinggeber den noch offenen Buchwert sowie den auf die Laufzeit bezogenen Gewinn ersetzen. Da der Buchwert – bedingt durch die lineare Zahlung der Leasingrate – in der Regel höher ist als der reale Marktwert des Leasingobjektes, muss der Leasingnehmer mit zusätzlichen Forderungen rechnen, die nicht von der Versicherung übernommen werden. Versicherungen erstatten nur den realen Zeitwert ohne Mehrwertsteuer. Dies können bei einem Totalschaden am Fahrzeug im ersten Drittel der Laufzeit bis zu zwanzig Prozent des Beschaffungspreises sein.

Der Leasinggeber verpflichtet den Leasingnehmer entweder mittels seiner Allgemeinen Geschäftsbestimmungen (AGB) oder eines Rahmenvertrages, das geleaste Fahrzeug ausreichend gegen Beschädigung, Diebstahl oder Totalschaden zu versichern. Der Leasingnehmer (Fuhrparkbetreiber) ist dann verpflichtet, der Versicherung mitzuteilen, dass sich das Fahrzeug im Eigentum einer Leasinggesellschaft befindet. Die Versicherung erstellt dem Leasinggeber einen Sicherungsschein, der festhält, dass die Versicherungsleistungen im Schadensfall nur an den Leasinggeber beziehungsweise mit dessen Einverständnis bezahlt werden. Nur bei wirklich exzellentem Vertrauen des Leasinggebers in die Zahlungsfähigkeit des Leasingnehmers wird dieser auf den Sicherungsschein verzichten.

Der Leasingnehmer übernimmt mit dem Leasingfahrzeug voll und ganz die Halterpflichten und damit die von dem Fahrzeug ausgehenden Gefahren gegenüber Dritten. Deshalb muss auch von ihm der notwendige Versicherungsschutz ausgehen.

### Rücktritt vom Leasingvertrag

Wenn der Leasingnehmer vom Leasingvertrag vorzeitig zurücktreten möchte, muss er dem Leasinggeber alle daraus resultierenden Aufwendungen ersetzen. Solche Aufwendungen sind alle eigenen und fremden Aufwendungen des Leasinggebers, inklusive seines entgangenen Gewinns, die notwendig sind, um den Leasingvertrag sowie das bestellte Objekt rückabzuwickeln.

Grundsätzlich (Ausnahmen sind möglich) ist ein Rücktritt vom Leasingvertrag nur vor der Lieferung des Fahrzeugs möglich. Nach Vertragsbeginn (Übernahme des Fahrzeugs) ist ein Rücktritt grundsätzlich ausgeschlossen. Bei den meisten Leasingverträgen ist allerdings ein außerordentliches Kündigungsrecht des Leasingnehmers vorgesehen. Wie die Abwicklung des Vertrages bei außerordentlicher Kündigung erfolgen soll, regeln meist die Allgemeinen Geschäftsbedingungen (AGB) des Leasinggebers.

Für Leasingverträge mit Teilamortisation und Andienungsrecht hat der Bundesgerichtshof eine Klausel zur Schadensberechnung für unwirksam erklärt.

Diese Art von Leasingverträgen sieht vor, dass die Anzahlung und die monatlichen Leasingraten nicht sämtliche Anschaffungskosten und den kalkulierten Gewinn des Leasinggebers decken. Eine Vollamortisation wird erst dadurch erreicht, dass der Restwert des Fahrzeugs bei Vertragsende durch den Verkauf realisiert wird. Hier hat der Leasinggeber das Recht, aber nicht die Pflicht, das Fahrzeug dem Leasingnehmer am Ende der Laufzeit zu verkaufen.

Der Kaufpreis wurde bei Vertragsbeginn kalkuliert, unabhängig davon, welcher tatsächliche Restwert am Ende besteht. Verkauft der Leasinggeber das Fahrzeug an einen Dritten und liegt der Verkaufspreis über dem kalkulierten Restwert, erfolgt eine Aufteilung des Mehrerlöses zwischen Leasinggeber und Leasingnehmer.

Eine Klausel, die den Leasinggeber berechtigt, bei einer vorzeitigen Kündigung nur 90 Prozent des Verwertungserlöses des Leasingfahrzeugs und nicht 100 Prozent in Ansatz zu bringen, stellt nach Auffassung des BGH eine unangemessene Benachteiligung des Leasingnehmers dar.

### Fahrzeugrücknahme beim Leasing

Bei der Rücknahme des Fahrzeugs durch den Leasinggeber am Ende der vereinbarten Leasingzeit wird generell ein *Rücknahmeprotokoll* erstellt. In diesem Protokoll wird in der Regel in Anwesenheit des Leasingnehmers neben dem Gesamtzustand des Fahrzeugs vor allem der außerordentliche Verschleiß zum Zeitpunkt der Rückgabe dokumentiert.

Bei Kilometer-Verträgen wird die tatsächliche Laufleistung festgehalten, um diese mit der vereinbarten Laufleistung zu vergleichen.

>  **Praxistipp:**
> Das Rücknahmeprotokoll ist die Basis für die Endabrechnung zwischen den Vertragspartnern. Deshalb ist es wichtig, vor Gegenzeichnung des Protokolls den Inhalt besonders genau zu prüfen.

## Schadensbeurteilung bei Rücknahme des Fahrzeugs

Tolerierbare Schäden sind Schäden, die durch die gewöhnliche Abnutzung des Fahrzeugs entstehen. Diese werden als normale Abnutzung gewertet, ohne dass dafür eine Nachberechnung durch den Leasinggeber erfolgen kann.

Typische Abnutzungserscheinungen sind z. B. sehr kleine, nicht reparaturwürdige Steinschläge in der Windschutzscheibe, den Frontstoßstangen, der Motorhaube sowie an den Frontseiten der Rückspiegel. Kleine Dellen bis zu einer Größe eines Ein-Euro-Stücks und einer Tiefe von zwei Millimetern an den Fahrzeugseiten, Reifenprofil an allen vier Rädern inklusive des Ersatzrades von mindestens zwei Millimetern, kleine Kratzer an den Stahlfelgen und Radkappen, Kratzer und Nutzungsspuren an den Türschwellen, Innenraumverschmutzung durch Schuhe und normalen Straßenschmutz sowie Innenraumverschmutzung durch Rauchen.

Alle Schäden, die bei der Rücknahme des Fahrzeugs auf eine nicht gewöhnliche Nutzung schließen lassen, können durch den Leasinggeber in Rechnung gestellt werden. Derartige nicht tolerierbare Schäden können zum Beispiel sein: Steinschlagschäden bis auf das Blech, Beulen mit deutlich sichtbaren Lackbeschädigungen, deformierte Stoßstangen, jegliche Art von nicht instand gesetzten Unfallschäden, Beschädigungen im Innenraum wie Brandflecken, eingetrocknete Speisereste, Bohrlöcher in den Armaturen. Auch nicht durchgeführte Inspektionsarbeiten können nachberechnet werden.

## Restwertkalkulation

Der Restwert eines Kraftfahrzeugs beim Leasing wird durch eine Restwertkalkulation ermittelt. Basiselemente einer derartigen Kalkulation sind z. B.: geplante Nutzungsdauer, geplante Laufleistung in Kilometer bzw. die Betriebsstunden (bei Gabelstaplern), Art des Fahrzeugs, Fabrikat, Motorisierung, Farbe, Polster, zusätzliche Ausstattung und ein eventuell bevorstehender Modellwechsel.

**Leasing-Methode: Sale and lease back**

Wenn ein Fuhrpark, der im Eigentum des Unternehmens ist, an eine Leasinggesellschaft verkauft wird, um ihn dann von der Leasinggesellschaft zu leasen, wird von der Leasingmethode „sale and lease back" gesprochen. Diese Methode wird vor allem bei einem Liquiditätsengpass des Unternehmens angewandt.

Der Fuhrpark wechselt nicht den Besitzer, sondern nur den Eigentümer. Der bisherige Eigentümer bekommt vom neuen Eigentümer den Marktwert bezahlt. Der neue Eigentümer – also die Leasinggesellschaft – wird, logischerweise, das Eigentum nur lastenfrei übernehmen. Der bisherige Eigentümer nutzt dann den Fuhrpark bis zum vereinbarten Leasingende. Für die Nutzung zahlt er die vertraglich vereinbarte Leasingrate. Bei Vertragsende wird das Leasinggut an die Leasinggesellschaft übergeben und diese verwertet das Fahrzeug freihändig wie bei jedem anderen Leasingvertrag.

## 3.2.2 Die Anmietung von Fahrzeugen

Die Anmietung von Fahrzeugen war in der Vergangenheit, vor allem aus Kostengründen, eine Methode, Fahrzeuge bei nicht voraussehbaren Engpässen wie Unfällen oder anderen Fahrzeugausfällen für kurze Zeit zu ersetzen. Bedingt durch ein verbessertes Angebot der Fahrzeugvermieter und die Problemstellungen bei der Finanzierung von Fahrzeugen wie zum Beispiel dem Rating/Basel II werden betrieblich genutzte Fahrzeuge zunehmend auch gezielt über einen längeren Zeitraum angemietet.

Bei dem Vermietungszeitraum von Fahrzeugen wird unterschieden zwischen

den *Kurzzeitanmietungen* wie den

⇨  Tagesanmietungen,

⇨  den Wochenanmietungen und

⇨  den Monatsanmietungen

sowie den *Langzeitanmietungen*.

Die Langzeitanmietungen dauern 6 bis 60 Monate (je nach Vermieter).

## Vorteile des Mietfuhrparks

– keine Kapitalbindung,
– Einsatz von Kraftfahrzeugen nur bei Bedarf,
– keine mittel- oder langfristigen Verpflichtungen,
– tages- oder kilometergenaue Rechnungsstellung,
– keine An- oder Sonderzahlungen,
– einfache Kostenstruktur,
– schont liquide Mittel,
– Zahlung für Nutzung, nicht für den Besitz,
– hohe Flexibilität,
– geringer Verwaltungsaufwand,
– Fahrzeugwechsel fast jederzeit möglich,
– keine Ausfallzeiten bei Unfall oder technischem Schaden,
– Schonung des eigenen Schadensfreiheitsrabatts,
– mögliche Rabatte bei größerem Mietvolumen,
– kurzfristige Bedarfsdeckung,
– keine zusätzlichen Kosten für Versicherung, Wartung, Reparatur, Reifen, Kraftfahrzeug-Steuer, GEZ.

## Zusätzliche Vorteile der Langzeitmiete

– Bestimmungsrecht auf den Kraftfahrzeug-Feintyp (besonders wichtig bei dem Einsatz von Spezialausrüstungen),
– Ideal für Sondereinsätze wie zum Beispiel Promotion oder temporäre Projekte (Messen, Ausstellungen, Großbauvorhaben).

### Nachteile des Mietfuhrparks

– monatliche Kostenbelastung in der Regel höher als bei Kauf oder Leasing;
– Sondereinrichtungen/Sonderausstattungen nur beschränkt verfügbar
– aufgrund der Herstellerpolitik häufiger Fahrzeugwechsel/Modellwechsel;
– beim Wechsel keine Gewähr, dass das gewünschte Modell verfügbar ist.

### Fahrzeuganmietung auf Kilometergeldbasis

Bei dieser Art der Fahrzeugmiete wird die Leistung nicht nach dem Faktor Zeit, sondern auf Kilometerbasis abgerechnet. Das Leistungsangebot durch den Vermieter besteht aus verschiedenen Kilometer-Paketen, bezogen zum Beispiel auf 800, 1.000, 2.000, 3.000 Kilometer.

Kennzeichen der Kilometermiete:

⇨ Fahrzeuge werden durch Nutzer gestellt

⇨ Fahrzeuge befinden sich im eingeschränkten Risiko der Nutzer

Die wichtigsten **Vorteile** sind:
– Schonung liquider Mittel
– Kosten nur bei Nutzung der Fahrzeuge
– keine fixen Kosten, sondern nur variable Kostenbelastung
– bei der Anmietung von Personenkraftfahrzeugen komplette Abrechnung über die Reisekosten

### Fahrzeuganmietung auf Betriebsstunden-Abrechnung

Diese Art der Abrechnung wird sehr häufig bei der Anmietung von Arbeitsmaschinen wie Baggern und Gabelstaplern verwendet.

Die Kennzeichen der Fahrzeuganmietung auf Betriebsstundenbasis sind:

⇨ Fahrzeuge werden durch Service-Gesellschaften auf Basis der Betriebsstunden vermietet;

⇨ Fahrzeuge befinden sich im eingeschränkten Risiko der Service-Gesellschaft.

Die wichtigsten Vorteile sind:
– Schonung liquider Mittel
– Kosten nur bei Einsatz der Fahrzeuge
– keine variablen Kosten, sondern nur eine fixe Kostenbelastung
– projektbezogene Kosten auf Zeitbasis
– temporärer Einsatz von Spezialfahrzeugen möglich

Nachfolgend ein Überblick über die Finanzierungsmöglichkeiten für Kraftfahrzeuge sowie deren Vor- und Nachteile in Kurzform:

Im grau hinterlegten Bereich der folgenden Abbildung erkennen Sie jeweils, woher die Finanzierung kommt. Unter der Spalte „Was" ist die Finanzierungsform benannt und das „Wie" zeigt die Beschaffenheit der Finanzierung an.

| Unternehmen | | | |
|---|---|---|---|
| **Was** | **Wie** | **Vorteil** | **Nachteil** |
| **Eigenmittel** | Einlage von Geld und Sachwerten | Bonität steigt | oft nicht vorhanden |
| **Privatdarlehen** | Geld von Verwandten und Bekannten | günstig | Privatisierung des Risikos |
| **Beteiligungen** | Eintritt von Dritten als Gesellschaftler | keine laufenden Kosten, Bonität steigt | Formalitäten, Gewinnteilung, Einschränkung der Entscheidungsbefugnis |
| Öffentliche Stellen | | | |
| **Subventionen** | Zuschüsse zu Investitionen | sehr geringe Kosten | Formalitäten, Verwendungskontrolle |
| **Kredite** | zinsverbilligte Darlehen | günstige Zinsen | Abwicklung über eine Bank |
| Banken und Finanzierungsinstitute | | | |
| **Kontokorrent** | Kontoüberziehungskredit | einfach, flexibel | hohe Zinsen, keine oder geringe Kündigungsfristen |
| **Darlehen** | mittel- oder langfristige Kredite | feste Zahlungen, günstige Zinsen | Dauerschulden, vorzeitige Rückzahlung in der Regel nicht möglich |
| **Leasing** | eine Form der Miete von Anlagegütern | einfacher zu bekommen als ein Kredit | unflexibel, teuer, kein Eigentumserwerb |
| **Factoring** | Verkauf von Kunden-Forderungen an Factoringinstitut | schnelle Liquidität, Bilanzkosmetik | teuer, Imageverlust beim Kunden, nur bei hohen Beträgen möglich |
| Kunden | | | |
| **Anzahlungen, Vorschüsse** | Abschlagszahlungen, Raten | kostet nichts | nur bei Großprojekten möglich, Imageverlust |
| **Kundenwechsel** | wird von der eigenen Bank gekauft | geringe Kosten | umständliche Formalia |
| Lieferanten | | | |
| **Lieferantenkredit** | Zahlungsziel | relativ leicht zu bekommen | teuer, wenn auf Skonto verzichtet wird |
| **Lieferantenfinanzierung** | Ratenkauf, Leasing | relativ leicht zu bekommen | teuer, kein Verhandlungsspielraum beim Preis |

*Abbildung 7: Überblick über mögliche Finanzierungsformen*

## 4. Kreditbewertung durch Rating/Basel II – Problem und Lösungsmöglichkeiten –

Rating war ursprünglich ein im angloamerikanischen Raum beheimatetes Bewertungsverfahren, um börsennotierte Unternehmen hinsichtlich ihrer Attraktivität für Anleger einzustufen. Professionelle Rating-Agenturen bewerten dabei Unternehmen nach bestimmten Kriterien in Bezug auf die Gegenwart, um ihre Zukunftsfähigkeit und damit ihren künftigen Börsenkurs abschätzen zu können. Damit wollten die Analysten von der „Kaffeesatzleserei" Abstand nehmen und zur möglichst exakten Werteinschätzung der Aktiengesellschaften kommen. Damit dies nach möglichst einheitlichen Verfahren geschieht, haben die Rating-Agenturen nach betriebsinternen formalisierten Bewertungsverfahren Einstufungen geschaffen.

Inzwischen wurde die ursprüngliche Methode des Ratings als Bewertungsmethode von Aktiengesellschaften zu einem Instrument der gesamten Kreditwirtschaft.

Das Rating dient in heutiger Zeit in erster Linie den Banken zur Bewertung der Unternehmensbonität, bevor ein Kredit erteilt wird.

Bei diesem Rating handelt es sich um ein Verfahren, bei dem ein Beurteilender (Rater) die Unternehmen aufgrund von vorgegebenen Merkmalen in bestimmte Kategorien (Rating-Skalen) einstuft. Mit dieser Bonitätseinstufung, die schulnotenartig geschieht, wird der Bank die Kreditwürdigkeit des potenziellen Schuldners attestiert.

Als Beispiel für ein solches Rating hier eine Übersicht über die Bewertungsstufen der gängigsten Rating-Agenturen und des Euro-Ratings.

| Moody | Standard & Poor's | Finch IBCA | Euro-Ratings | Bonitätseinstufung |
|-------|-------------------|------------|--------------|---------------------|
| Aaa | AAA | AAA | AAA | **sehr gut:**<br>höchste Bonität, praktisch kein Ausfallrisiko |
| Aa1<br>Aa2<br>Aa3 | AA+<br>AA<br>AA- | AA+<br>AA<br>AA- | AA+<br>AA<br>AA- | **sehr gut bis gut:**<br>hohe Zahlungswahrscheinlichkeiten |
| A1<br>A2<br>A3 | A+<br>A<br>A- | A+<br>A<br>A- | A+<br>A<br>A- | **gut bis befriedigend:**<br>angemessene Deckung von Zins und Tilgung, viele gute Investmentattribute, aber auch Elemente, die sich bei einer Veränderung der wirtschaftlichen Lage negativ auswirken können |
| Baa1<br>Baa2<br>Baa3 | BBB+<br>BBB<br>BBB- | BBB+<br>BBB<br>BBB- | BBB+<br>BBB<br>BBB- | **befriedigend:**<br>angemessene Deckung von Zins und Tilgung, aber auch spekulative Charakteristika oder mangelnder Schutz gegen wirtschaftliche Veränderungen |
| Ba1<br>Ba2<br>Ba3 | BB+<br>BB<br>BB- | BB+<br>BB<br>BB- | BB+<br>BB<br>BB- | **ausreichend:**<br>sehr mäßige Deckung von Zins und Tilgung, auch in gutem wirtschaftlichem Umfeld |
| B1<br>B2<br>B3 | B+<br>B<br>B- | B+<br>B<br>B- | B+<br>B<br>B- | **mangelhaft:**<br>geringe Sicherung von Zins und Tilgung |
| Caa<br>Ca | CCC<br>CC | CCC<br>CC<br>C | CCC<br>CC<br>C | **ungenügend:**<br>niedrigste Qualität, geringster Anlegerschutz, in akuter Gefahr eines Zahlungsverzugs |
| C | SD/D | DDD<br>DD<br>D | D | **zahlungsunfähig:**<br>in Zahlungsverzug, bei Finch IBCA mit unter schiedlichen Erwartungen für Rückzahlungs-quoten |

*Abbildung 8: Rating-Symbole und ihre Bedeutung*

Diese von einigen Banken seit ungefähr 15 Jahren freiwillig durchgeführte Einstufung ihrer Kundschaft nach dem Bewertungsverfahren des Ratings löst zunehmend auch bei kleinen Banken die klassische Einstufung der Kreditwürdigkeit über den Jahresabschluss (durch Kennzahlen) ab.

Verursacht wird dieser Wandel auch bei kleinen Banken in erster Linie durch die Bank für Internationalen Zahlungsausgleich (BIZ) in Basel. Sie will eine risikoabhängige Eigenkapital-Unterlegung bei der Vergabe von Krediten an Geschäftskunden durchsetzen; und dies bei allen Banken und Sparkassen in der Europäischen Union (EU).

Die BIZ ist eine 1930 gegründete zwischenstaatliche Vereinigung in der Rechtsform einer Aktiengesellschaft mit Sitz in der Schweiz. Mitglieder waren ursprünglich die europäischen Notenbanken. Inzwischen gehören über 140 Staaten zu den Mitgliedern der BIZ.

Zu den Aufgaben der BIZ gehört unter anderem die Erleichterung internationaler Finanzoperationen und die Verabschiedung internationaler Finanzabkommen.

In Basel wurde vom BIZ im Jahr 1988 erstmals ein international einheitlicher Eigenkapitalgrundsatz für die Kreditrisiken der Banken vereinbart (Basel I). Dies war seinerzeit ein Meilenstein der Harmonisierung des europäischen Bankenaufsichtsrechts.

In Basel II sind die seit 2007 in der Europäischen Union vorgeschriebenen „Mindestanforderungen an die Eigenkapitalausstattung" festgelegt.

Die neuen Richtlinien sehen vor, dass Banken Kredite individueller mit Eigenkapital absichern müssen als bisher.

## Frühere Regelungen

§ 18 Kreditwesengesetz schreibt bei der Vergabe von Krediten ab 250.000 Euro vor, dass

⇨ die Jahresabschlüsse offen zu legen sind

**oder**

⇨ der Kredit durch Grundpfandrechte auf selbstgenutztes Eigentum des Kreditnehmers zu sichern ist

**sowie**

⇨ der Kredit 80 Prozent des Beleihungswertes des Pfandobjektes nicht übersteigen darf

**und**

⇨ der Kreditnehmer den Nachweis der störungsfreien Zahlungsfähigkeit von Zins und Tilgung erbringen muss.

Inzwischen werden diese Voraussetzungen durch die Ratingbewertungsdetails ergänzt.

Mussten bisher pauschal acht Prozent Eigenkapital für das Kreditausfallrisiko von der Bank vorgehalten werden, orientiert sich nun die Rücklage an der Kreditwürdigkeit jedes einzelnen gewerblichen Kunden. Die Einstufung der Kreditwürdigkeit erfolgt über ein detailliertes Rating, das in der entsprechenden Bewertungsstufe, zum Beispiel AA+ , mündet.

Nachfolgend ein Beispiel für die geänderte Eigenkapitalunterlegung durch die Banken:

| Raiting | Kreditsumme | EK-Summe Basel I | EK-Summe Basel II |
|---------|-------------|------------------|-------------------|
| AAA bis AA- | 1 Mio. Euro | 80.000 Euro (8%) | 16.000 Euro (1,6%) |
| A+ bis A- | 1 Mio. Euro | 80.000 Euro (8%) | 40.000 Euro (4%) |
| BBB+ bis BB- | 1 Mio. Euro | 80.000 Euro (8%) | 80.000 Euro (8%) |
| B+ und schlechter | 1 Mio. Euro | 80.000 Euro (8%) | 120.000 Euro (12%) |

*Abbildung 9: Eigenkapitalunterlegung (EK) einer Bank für einen Kredit in Höhe von 1 Mio. Euro*

Anhand dieses Beispiels wird klar, was die Einführung von Basel II für die Banken bedeutet. Je höher die Ratingbewertung (maximal AAA), desto geringer die Unterlegung des Kredites mit Eigenkapital durch die Bank. Je mehr Kunden in bester Rating-Einstufung die betreffende Bank hat, desto mehr Kredite kann sie vergeben, da sie hierbei weniger Eigenkapital vorhalten muss. Vergibt die Bank einen Kredit an gewerbliche Kunden ohne Rating, muss sie die höchste Eigenkapitalunterlegung erbringen.

Hat eine Bank zum Beispiel nur schlecht bewertete Kunden oder vergibt sie gar Kredite ohne Rating-Einstufung, muss sie eine sehr hohe Eigenkapitalsumme aufbringen, was wiederum für die Bank hohe Kosten bei geringerem Umsatzvolumen im Kreditgeschäft bedeutet.

 **Wichtig:**
In der Praxis bedeutet dies für ein Unternehmen:
Keine Kredite ohne Rating!

Je besser die Ratingbewertung ausfällt, desto günstiger wird das Darlehen für den Kreditnehmer!

Die Folgen von Basel II haben Unternehmen der Transport- und Speditionsbranche bereits deutlich zu spüren bekommen.

Aufgrund mangelnder oder schlechter Ratingeinstufung wurde/n
– der Kreditrahmen für den Dispositionskredit drastisch zurückgefahren,
– die Kreditkosten angehoben,
– Neudarlehen oder Umschuldungen abgelehnt und
– die Empfehlung zum Wechsel des Kreditinstituts ausgesprochen.

Diese Maßnahmen wurden trotz teilweise Jahrzehnte alter Verbindungen zu den Banken vollzogen.

Mit anderen Worten: die Banken wollen offensichtlich nur noch Unternehmen als Kunden, die geratet sind und in der Bonitätseinstufung ganz oben angesiedelt wurden. Die Unternehmen, die nicht diesen Anforderungen entsprechen, komplimentieren sie mehr oder weniger sanft hinaus!

Die Baseler Eigenkapitalvereinbarung der Bankengemeinschaft
– Basel II – begründet die Änderungen mit den Zielsetzungen:

- die Mindestkapitalanforderungen zu festigen,
- eine Überprüfung der Eigenkapitalausstattung der Banken zu sichern sowie
- eine Marktdisziplin unter den Banken zu erzielen.

Diese Vorgaben für die Banken wirken sich direkt auf ihre Kapitalvergaberichtlinien aus und führen zu verschärften Bewertungen der Kreditnehmer.

## 4.1 Rating-Kriterien

Da nahezu alle Banken wie beschrieben die Kreditwürdigkeit nach den Rating-Kriterien bewerten, müssen sich zwangsläufig alle Unternehmen mit den Prüfelementen des Ratings beschäftigen.

Wenn ein Unternehmen ohne interne Vorbereitung von einer externen Rating-Firma oder der Bank geratet wird, ist davon auszugehen, dass das Ergebnis um einiges schlechter ausfallen wird, als wenn vorab in einer Art Firmencheck die Schwachstellen aufgedeckt und nach Möglichkeit beseitigt werden.

Da die nachfolgend aufgeführten Prüfelemente des Ratings nahezu identisch mit den Aufgabenbereichen des Controllings sind, hat der Vorcheck zum Rating den positiven Nebeneffekt, gleichzeitig als betriebliche Schwachstellenanalyse zu dienen.

Deshalb ist unabhängig vom „Problem" Rating zu empfehlen, in regelmäßigen Abständen anhand der Rating-Kriterienliste eine Schwachstellenanalyse in der gesamten Betriebswirtschaft durchzuführen, um im harten Wettbewerb besser bestehen zu können.

Nachfolgend sind die wichtigsten Prüfelemente des Ratings mit entsprechenden Erläuterungen aufgelistet:

## 1. Finanzen

- mindestens drei Jahresabschlüsse, Jahresberichte
- die aktuelle Betriebswirtschaftliche Auswertung (BWA) der Buchhaltung
- Unterlagen zur Kreditsicherheit (z. B. Immobiliengutachten, Versicherungen)
- Forderungs- und Warenbestände (Inventurunterlagen)
- Finanz- und Liquiditätsplan (Finanzmanagement)
- Bankverbindungen, Kontoführungen
- Zahlungsfristen (Kunden, Lieferanten)

Nach wie vor ist die Rentabilität eines Unternehmens das „Herz" einer Bewertung. Positiv gewichtet wird, wenn der Cash-flow (Gewinn vor Steuern plus Abschreibung) sich nach oben entwickelt oder zumindest besser ist als in der Branche. Auch die Entwicklung der Eigenkapitalquote (Verhältnis Eigenkapital zum Gesamtkapital) ist ein wichtiges Beurteilungskriterium. Bei den Zahlungsfristen wird in erster Linie der zeitliche Abstand zwischen Rechnungsstellung und Bezahlung bewertet.
Basis einer Finanzplanung ist die Beschaffungsplanung (siehe S. 13 ff.).
Bei dem Punkt „Kontoführung" werden zum Beispiel gehäuft auftretende Kontoüberziehungen, Scheck- oder Lastschriftrückgaben oder Wechselproteste negativ bewertet.

## 2. Branche

- Stellung und Produktpalette innerhalb der Branche – operative, taktische und strategische Konjunkturperspektiven
- Abhängigkeiten von anderen Branchen
- Abhängigkeiten von einzelnen Auftraggebern (Oligopol, Monopol)

Hier werden die allgemeinen Konjunkturaussichten und vor allem auch die der Branche betrachtet. Besonders große Abhängigkeiten von einer Krisenbranche wirken sich hier negativ aus. Einige Banken, wie zum Beispiel die Raiffeisenbanken, bewerten die Position Branche nur bei Großfirmen und im Krisenfall. In diesem Fall wird die Gewichtung in erster Linie im Verhältnis zu den Durchschnittswerten innerhalb der Branche vorgenommen.

### 3. Markt

– Marktstellung, Konkurrenzbetrachtungen
– politische Risiken, Im- und Exportprobleme
– Vertriebs- und Produktpolitik, Nischen- oder Massenprodukte
– Abhängigkeiten von Großkunden
– Marktanteil vor Ort

Im Fokus des Bewerters steht hier, ob das Unternehmen im Markt nur „mitschwimmt" oder sich etwa durch Nischenprodukte oder besondere Eigenschaften hervorheben kann und damit weniger anfällig ist für das Verhalten der Branche.

### 4. Produktionspotenzial

– Potenzial des Unternehmens in der Beschaffung, Fertigung und Technologie
– Anteil der Investitionen für Neuentwicklungen
– Lagerhaltung, Vorratsmanagement
– Beschaffungsmethoden
– Personalproduktivität

Jedes Unternehmen hat Grenzen seiner Leistungsfähigkeit. Die Frage hierbei lautet: Wie wird das bestehende Produktionspotenzial den Wünschen der Kundschaft gerecht und wie werden „Engpässe" bewältigt (etwa durch Partnerschaften, Netzwerke, Kooperationen usw.). Bei der Beschaffung des Materials sind Beschaffungsformen, Kostenüberprüfungsmethoden, Beschaffungspläne und Schadensmanagement wichtig.
Die Personalproduktivität wird gemessen an den durchschnittlichen Personalkosten im Verhältnis zu den Erlösen. Der Maßstab sind hier die internen Zeitvergleiche, Leistungsvergleiche von Niederlassungen sowie der Branchenkonkurrenz.

## 5. Management

- Wer leitet die Firma? Ein einsamer Entscheider oder eine Führungs-
  gruppe?
- Ist genügend technisches und vor allem kaufmännisches Know-how in
  der Geschäftsleitung vorhanden?
- Organisation und Gliederung der Geschäftsleitung
- Vertretungsbefugnisse, Vollmachten
- Aus- und Weiterbildung der Geschäftsleitung
- Ist eine eventuell notwendige Nachfolgeregelung getroffen?
- Besteht ein funktionierendes Controlling?

Die Beurteilung der Unternehmensleitung gehört zu den „sensiblen Bereichen", ist aber sehr wichtig, da der künftige Unternehmenserfolg maßgeb-
lich von dem Ausbildungsstand und der Einsatzfähigkeit des Managements
abhängt. Bei großen Unternehmen können notwendige Führungseigen-
schaften leichter auf viele „Schultern" verteilt werden als bei kleinen oder
mittleren Unternehmen, deren Führungskräfte deshalb umfassender aus-
gebildet sein sollten. Dieses Problem kann in der Praxis durch den Einsatz
qualifizierter externer Berater etwas abgemildert werden. Negativ gewichtet wird vor allem, wenn herausragende Leistungsträger keine oder nur
eine mangelhafte Vertretung haben. Dies ist vor allem in der Praxis häufig
der Chef von kleinen Speditionen, der alle Fäden in der Hand hat und niemanden in seine „Geheimnisse" einweihen möchte. Er ist zwar dann innerhalb des Unternehmens „konkurrenzlos", kann aber durch seinen Ausfall im
Extremfall zum kompletten „Absturz" des Unternehmens führen. Selbst
Söhne und Töchter des Unternehmers als potentielle „Nachfolger" werden
hier häufig nur als normale Arbeitnehmer (Kraftfahrer u. ä.) eingesetzt,
statt sie auf ihre künftige Rolle vorzubereiten und sie in die Verantwortung
einzubeziehen.

## 6. Organisation

- Organisationsbetrachtungen solcher Bereiche wie EDV, Personalwesen,
  Verwaltung, Produktion, Beschaffung

– interne und externe Organisationsstrukturen (Stärken/Schwächen)
– Gibt es eine Überprüfung des innerbetrieblichen Produktionsprozessablaufs?
– Wird die Buchführung nur nach steuer- und handelsrechtlichen Kriterien erstellt oder fungiert sie als Basis der Kostenrechnung?
– Unterliegt die Kostenrechnung einer ständigen Aktualisierung?

Straff geplante und gut durchdachte Organisationsstrukturen kann der externe Betrachter in erster Linie an dem innerbetrieblichen Organigramm erkennen und bewerten. In der modernen Betriebswirtschaft, nicht nur in der Transportbranche, ist es zwingend notwendig, auch die Abläufe der Kunden und Liefanten mit zu untersuchen, um deren Schwächen inklusive der Auswirkungen auf den eigenen Ablauf zu erkennen (Prozessuntersuchungen). Dieses Prozesscontrolling muss in regelmäßigen Abständen erfolgen, da sonst nicht die heutzutage auftretenden kurzfristigen Änderungen bewältigt werden.
In der Transportwirtschaft ist, wie in der gesamten Dienstleistungsbranche, das Personalwesen von entscheidender Bedeutung. Vom Fach- und Führungspersonal hängt entscheidend der Erfolg oder der Misserfolg des Unternehmens ab.
Personaleinsatz und -entwicklung, Aus- und Weiterbildung sowie Personalplanung bilden deshalb bei dieser Beurteilung einen Schwerpunkt.
Ein wichtiger Indikator, wie gut die Personalwirtschaft funktioniert, ist die Fluktuationsquote (Personalwechsel) des Unternehmens.
In Zeiten geringer Gewinnmargen ist eine funktionierende Kostenrechnung eine Grundvoraussetzung zum Überleben, sie entscheidet zum Beispiel über In- oder Outsourcing der eigenen Werkstatt, Tankstelle o. ä. Wichtig ist, dass der Aufbau der Kostenrechnung am besten zum Jahresende, zumindest aber einmal im Jahr überprüft wird. Dies ist absolute Chefsache!

### 7. Planung

– Unternehmensgrundsätze
– operative, taktische und strategische Planungen für Einkauf, Produktion und Vertrieb

- Produktplanungen
- Personalbeschaffungsplanungen
- Risikomanagement
- Umsatz, Gewinn und Kostenplanungen
- Unternehmensentwicklungen

Unternehmensgrundsätze sind ein wichtiger Bestandteil des Marketings mit Außenwirkung (public relations – PR). Es genügt nicht, dass die Grundsätze nur den Führungskräften bekannt sind; die gesamte „Mannschaft" muss sich mit ihnen identifizieren, um sie realisieren zu können.

Die Planung wird in vielen Klein- und Mittelstandsfirmen in der Transportbranche nicht oder nur sehr mangelhaft betrieben, was natürlich in dieser Bewertungssparte entsprechend schlechte Resultate nach sich zieht.

Als operative Planung werden Planungen bis zu einem Jahr, als taktische Planung solche von einem bis zu fünf Jahren und als strategische Planung der Zeitraum ab fünf Jahren bezeichnet. Beschaffungsplanungen sind die wichtigsten Grundlagen für eine solide Finanzierungsplanung.

Als Risikomanagement (Risk-Management) bezeichnet man die Einstufung und Bewertung der betrieblichen Risiken sowie deren Absicherung über Maßnahmen und/oder Versicherungspolicen.

Um eine vernünftige Unternehmensentwicklung gewährleisten zu können, ist es notwendig, die „Weichen" rechtzeitig zu stellen. Deshalb sollte die Unternehmensleitung einmal im Jahr in „Klausur" gehen, um über die künftige Richtung des Unternehmens zu beraten. Die Ergebnisse sowie die Maßnahmen sollten in Protokollen festgehalten werden.

## 8. Private Vermögensverhältnisse
- Wert von Mobilien und vor allem Immobilien
- private Belastungen
- Geld- und Wertpapiervermögen
- eventuelle Versorgungs- und Unterhaltszahlungen

Bei Einzelunternehmen und Personengesellschaften werden auch die persönlichen Vermögensverhältnisse zur Rating-Bewertung herangezogen.

71

Das bedeutet, dass sich beispielsweise ein unbelastetes Privatvermögen positiv auf das Gesamtrating auswirken kann.

Ein Unternehmer, der bereit und wirtschaftlich in der Lage ist, in schwierigen Phasen auch Teile seines Privatvermögens in die „Waagschale" zu werfen, ist aus Sicht der Banken als Kreditnehmer attraktiver als derjenige, der dies nicht kann oder möchte.

Die oben aufgelisteten Prüfelemente werden zunächst einzeln gewichtet, dann zu einer Bewertung des übergreifenden Kriteriums zusammengeführt und schließlich zu einer Gesamtbewertung des Unternehmens zusammengefasst. Diese Gesamtbewertung führt dann zur Bonitätseinstufung, von der dann die Kredit- und Zinskosten bei der Kreditaufnahme abhängen.

Bei einer sehr schlechten Gesamtbewertung wird die Bank jedoch keinen Kredit gewähren.

In der Praxis geht die Schere zwischen gut positionierten Betrieben, die weitaus günstigere Kredite bekommen können als die schlechter geführten Betriebe, weiter auseinander. Man spricht von Zinsunterschieden von fünf bis acht Prozent!

Der Bundesverband der Deutschen Volksbanken und Raiffeisenbanken – BVR – unterscheidet beim Firmenkunden-Rating zwischen BVR–II-Rating Mittelstand (bis 5 Millionen Euro Umsatz), BVR–II-Rating Oberer Mittelstand (ab 5 Millionen Euro Umsatz), Agrar-Branche, börsennotierten Kunden und ausländischen Kunden. Dies zeigt, dass die Banken erkannt haben, dass unterschiedliche Firmengrößen und Eigenheiten auch zu unterschiedlichen Bewertungsverfahren führen müssen.

Aber, und das ist entscheidend, das Grundprinzip ist, da von der BIZ vorgegeben, für alle gleich. In der Praxis können nur kleinere partielle Unterschiede von den Banken realisiert werden.

## 4.2 Optimale Vorbereitung des Betriebes auf das Rating

Im Umgang mit den Banken verliert das Wort „Vertrauen auf Gegenseitigkeit" immer mehr an Bedeutung. Durch die Einführung der Rating-

Kriterien durch die Banken müssen alle Vergabe- und Einstufungskriterien knallhart belegt werden.

Unternehmenskultur, Unternehmensziele und Erfolgsausichten müssen mit betriebswirtschaftlichen Fakten untermauert werden.

Das Schreckgespenst Rating für den Mittelstand verliert an Schärfe, wenn das Unternehmen innerbetriebliche Vorbereitungen trifft, um dem Rating gerecht zu werden. Eine der wichtigsten Maßnahmen, um „ratingfest" zu werden, besteht darin, die Liste der beschriebenen Rating-Elemente mit der „Brille" des Controllers Punkt für Punkt durchzugehen und, bei erkannten Schwächen, Gegenmaßnahmen zu treffen.

In kleineren Betrieben, in denen die notwendigen betriebswirtschaftlichen Grundkenntnisse nicht in dem Maße vorhanden sind, kann ein Betriebsberater Hilfestellung geben. Allerdings sollte ein Betriebsberater gewählt werden, der nicht nur betriebswirtschaftlich fit ist, sondern auch umfassende Branchenkenntnisse hat.

Als Hilfestellung für die interne Vorbereitung zum Rating ist nachfolgend eine Checkliste mit einem Ratingbewertungssystem abgebildet, mit dem der Stand des eigenen Unternehmens festgestellt werden kann.

## Beispiel für ein Bewertungsschema für das interne Rating

| | Risikobewertung 1 | 2 | 3 | 4 | 5 | 6 |
|---|---|---|---|---|---|---|
| **1. Finanzen** | | | | | | |
| – Bewertung der letzten drei Jahresabschlüsse, Jahresberichte | | | | | | |
| – Cash flow-Analyse | | | | | | |
| – Branchenvergleich | | | | | | |
| – Grad der Verschuldung | | | | | | |
| – Finanz- und Liquiditätsplan (Kapitaldienstfähigkeit) | | | | | | |
| – Zahlungsfristen (Kunden, Lieferanten) | | | | | | |
| **2. Branche** | | | | | | |
| – Stellung und Produktpalette innerhalb der Branche | | | | | | |
| – operative, taktische und strategische Konjunkturperspektiven | | | | | | |
| – Abhängigkeiten von anderen Branchen | | | | | | |
| – Abhängigkeiten von einzelnen Auftraggebern (Oligopol, Monopol) | | | | | | |
| **3. Markt** | | | | | | |
| – Marktstellung, Konkurrenzbetrachtungen | | | | | | |
| – politische Risiken, In- und Exportprobleme | | | | | | |
| – Vetriebs- und Produktpolitik, Nischen- oder Massenprodukte | | | | | | |
| – Abhängigkeiten von Großkunden | | | | | | |
| – Marktanteil vor Ort | | | | | | |
| **4. Produktionspotenzial** | | | | | | |
| – Potenzial des Unternehmens in der Beschaffung, Fertigung und Technologie | | | | | | |
| – Anteil der Investitionen für Neuentwicklungen | | | | | | |
| – Lagerhaltung, Vorratsmanagement | | | | | | |
| – Beschaffungsmethoden | | | | | | |
| **Summe** | | | | | | |

**Punktbewertung:**  1 = sehr gut,  2 = gut,  3 = befriedigend,
4 = ausreichend,  5 = mangelhaft,  6 = ungenügend

| | 1 | 2 | 3 | 4 | 5 | 6 |
|---|---|---|---|---|---|---|
| **5. Management** | | | | | | |
| – persönliche fachliche Qualifizierung der Geschäftsleitung | | | | | | |
| – kaufmännisches Know-how in der Geschäftsleitung | | | | | | |
| – Organisation und Gliederung der Geschäftsleitung, Vertretungsbefugnisse, Vollmachten | | | | | | |
| – Aus- und Weiterbildung der Geschäftsleitung | | | | | | |
| – Nachfolgeregelung festgelegt | | | | | | |
| **6. Organisation** | | | | | | |
| – EDV | | | | | | |
| – Personalwesen | | | | | | |
| – Rechnungswesen | | | | | | |
| – Beschaffung | | | | | | |
| – Produktprozessablauf | | | | | | |
| **7. Planung** | | | | | | |
| – Unternehmensgrundsätze | | | | | | |
| – operative, taktische und strategische Planungen für Einkauf, Produktion und Vertrieb | | | | | | |
| – Produktplanungen | | | | | | |
| – Personalbeschaffungsplanungen | | | | | | |
| – Risikomanagement | | | | | | |
| – Umsatz-, Gewinn- und Kostenplanungen | | | | | | |
| – Unternehmensentwicklung | | | | | | |
| **Summe** | | | | | | |

**Punkte insgesamt**

| 36 bis 54 Punkte = AAA | 91 bis 108 Punkte = BBB | 145 bis 162 Punkte = CCC |
|---|---|---|
| 55 bis 72 Punkte = AA | 109 bis 126 Punkte = BB | 163 bis 180 Punkte = CC |
| 73 bis 90 Punkte = A | 127 bis 144 Punkte = B | 198 bis 216 Punkte = C |

Eine weitere wichtige und langfristige Maßnahme, um für das Rating gewappnet zu sein, ist die nicht nur in der Transportbranche aus der „Mode" gekommene Bildung von Eigenkapital.

Um die Abhängigkeit von Banken zu verringern, haben einige wenige Firmen den zum Teil im Gesellschaftsvertrag festgelegten Grundsatz: *„Von jedem Euro Gewinn nach Steuern bleiben 50 Cent als Rücklage im Betrieb".* Diesen Grundsatz halten diese Firmen teilweise schon seit Generationen unabhängig von den jeweiligen steuerlichen Vor- oder Nachteilen ein.

Bei dieser Vorgehensweise entsteht bei guter Geschäftslage also in den „fetten" Jahren ein Eigenkapitalpolster, das in mageren Jahren die Unabhängigkeit von den Banken gewährleistet und zusätzlich ein erstklassiges externes Rating beschert oder es erst gar nicht notwendig macht.

 **Praxistipp:**
Man sollte die Ratingkriterien im eigenen Unternehmen ständig überprüfen. Ganz gleich, ob ein Kreditbedarf vorhanden ist. Auch so kann man das Unternehmen fit für den Konkurrenzkampf halten.

### Nachteile des externen Ratings

Eine oft geäußerte Befürchtung zum externen Rating ist das Misstrauen gegenüber der externen Person. Diese bekommt derart großen Einblick in alle wichtigen Unternehmensbereiche, dass eine Weitergabe dieser Informationen an Kunden oder Konkurrenz fatale Folgen haben kann.

Zumindest für die Hausbank gibt es dann keine betrieblichen Geheimnisse mehr, der Datenschutz ist somit ausgehebelt, was allerdings aus Sicht der kreditgebenden Bank verständlich ist, weil sie die größtmögliche Sicherheit für ihr Kapital möchte. Denn das Instrument Rating gibt der Bank alle umfassenden Informationen über die Zukunftsfähigkeit des Kunden.

### Agentur- oder Banken-Rating

Um einen Betrieb zu „raten", führen zwei Wege zum Ziel: Entweder lässt sich das Unternehmen gegen Gebühr durch externe Agenturen bewerten oder die Hausbank wird dies bei dem nächsten Kreditantrag durch speziell ausgebildete Angestellte der Bank tun. Vielen Firmen genügt die interne Bankprüfung, weil ein externes Rating durch Agenturen teurer ist als das durch die Hausbank.

Nachfolgend aufgelistet die Vor- und die Nachteile von Rating durch externe Agenturen und Großbanken:

**Vorteile:**

⇨ Besseres Image, mögliche Marketingmaßnahme, Werbung mit Rating-Note bei Kunden und Lieferanten möglich

⇨ Größere Akzeptanz bei Kunden und günstigere Bedingungen bei Lieferanten

⇨ Verbesserte Kapitalversorgung, höhere Liquidität und erleichterte Bankgespräche

⇨ Kein „gläserner" Kunde für die Bank

⇨ Voraussetzung, um Anleihen aufzulegen und einen eventuellen Börsengang vorzubereiten

**Nachteile:**

⇨ Eventuell höhere Gebühren,

⇨ Die namhaften Agenturen bewerten in der Regel nur Firmen mit einem Umsatz ab 5 bis 15 Millionen Euro

⇨ Lange Bindung, Rating macht nur bei jährlichen Wiederholungen, nach gleichen Kriterien, Sinn

Man sollte also das Rating keineswegs nur negativ sehen. Zumindest hilft die Kenntnis der Bewertungskriterien bei der Vorbereitung und kann so zu einer besseren Bewertung führen.

## 5.    Kauf und Verkauf gebrauchter Fahrzeuge

Der Kauf von gebrauchten Fahrzeugen wird entweder direkt über den ehemaligen Nutzer oder über den Gebrauchtwagenhandel abgewickelt.

Erfolgt der Kauf eines gebrauchten Fahrzeugs über den Handel, gibt es die Möglichkeit, diesen Ankauf mit oder ohne Garantie abzuwickeln.

Die sicherste Methode, von unliebsamen Überraschungen verschont zu werden, besteht darin, das gebrauchte Fahrzeug vom Fachhändler inklusive einer möglichst umfassenden Garantie zu kaufen.

Nachteil dieses Fahrzeugkaufes ist, dass dieser Fahrzeugerwerb entsprechend teurer ist als ein solcher ohne Garantie.

Werden gebrauchte Fahrzeuge ohne Garantie direkt vom ehemaligen Nutzer gekauft, hat man den Vorteil, dass dieser Kauf preisgünstiger ist; es besteht dann jedoch die Gefahr, dass erhebliche Mängel erst nach dem Kauf sichtbar werden.

---

 **Praxistipp:**

Seit dem 1. Januar 2002 gilt das *neue Gewährleistungsrecht*, dies ist allerdings nur für Verbraucher gültig. Beim Kaufvertrag von Fahrzeugen zwischen Kaufleuten dürfen die Gewährleistungsbedingungen nach wie vor einzelvertraglich ausgehandelt werden. Auf derartige Vereinbarungen kann sich der kaufende Unternehmer nur berufen, wenn er unverzüglich beim Lieferanten reklamiert.

---

Um die Gefahr des Fehlkaufs zu reduzieren, nachfolgend eine Checkliste dazu, worauf beim Gebrauchtwagenkauf geachtet werden sollte und was geprüft werden muss.

*Checkliste für den Kauf von Gebrauchtfahrzeugen*

✓ Grundsätzlich nur per schriftlichem Kaufvertrag den Erwerb dokumentieren (siehe Muster auf S. 83 f.).

✓ Sollten Verkäufer und Eigentümer beim Verkauf nicht identisch sein, unbedingt eine Verkaufsvollmacht bzw. den Ausweis des Eigentümers vorlegen lassen.

✓ Die Angaben im Kaufvertrag mit den Daten im Kraftfahrzeugbrief bzw. -schein und dem Fahrzeug vergleichen, vor allem ob nachträgliche technische Veränderungen eingetragen sind.

✓ In den Kaufvertrag integrieren, dass das Fahrzeug unfallfrei und der Tachostand gleich der tatsächlichen Kilometerleistung ist.

✓ Im Kundendienstheft nachsehen, ob Inspektionen regelmäßig von Fachwerkstätten erledigt wurden. Vorsicht, wenn kein Kundendienstheft vorhanden ist, dies kann ein Indiz sein, dass der Kilometerstand mit dem Tachostand nicht identisch ist.

✓ Welche größeren Reparaturen wurden durchgeführt; hatte das Fahrzeug einen Unfallschaden? Überprüfen Sie die Rechnungen zu den Reparaturen.

✓ Auch bei kleinen Mängeln können Sie einen Preisnachlass fordern oder auf die Beseitigung durch den Verkäufer bestehen. Vermerken Sie diese Vereinbarungen aber auf jeden Fall im Kaufvertrag.

✓ Prüfen Sie, wann die nächsten gesetzlich vorgeschriebenen technischen Untersuchungen wie die Hauptuntersuchung, ASU-Untersuchung, Bremsensonderuntersuchung, Untersuchungen nach der BO-Kraft (für Personenbeförderungen) oder die Sicherheitsprüfung (SP) notwendig sind. Eventuell noch vom Verkäufer durchführen lassen. Überprüfen Sie die letzten technischen Untersuchungsberichte.

✓ Probefahrt in der Stadt und auf freier Strecke durchführen. Vor Antritt der Fahrt alle Lichtsignale wie Bremslichter, Blinklichter, Fern- und Abblendlicht und sonstige Bedienungselemente erklären lassen und überprüfen. Fahren Sie möglichst selbst.

✓ Bedenken Sie, dass Sie bei der Probefahrt nur als „Beifahrer" mitversichert sind. Als „Fahrer" des fremden Fahrzeuges haftet zwar die Haftpflichtversicherung bei einem Unfall für Schäden des Unfallgegners, nicht jedoch für die an dem von Ihnen gesteuerten Fahrzeug.

- ✓ Untersuchen Sie Rückspiegel auf Funktionsfähigkeit und auf Mängel wie Risse und Abblätterungen.

- ✓ Karosserie und Fahrgestell sollten keine Roststellen aufweisen; Farbunterschiede, blinde Stellen am Lack oder Lackreste auf Fenstergummis oder Zierleisten deuten auf eine Nachlackierung oder eine unsachgemäße Reparatur hin.

- ✓ Unterboden, Bremsleitungen, Metallteile der Aufbauten, Sicherungsösen, Bremsluftbehälter und Feststellbolzen sollten ebenfalls auf Roststellen untersucht werden.

- ✓ Die Auspuffanlage muss fest sitzen und darf keine Löcher haben (Geräuschprobe bei laufendem Motor).

- ✓ Bremsschläuche müssen auf poröse Stellen untersucht werden und auch die Verbindungsstellen auf Funktionsfähigkeit.

- ✓ Bremsanlage, Stoßdämpfer, Ölwanne, Getriebe und Differential dürfen weder Öle noch Bremsflüssigkeit verlieren (bei Luftdruckbremsen auf pfeifendes Geräusch achten).

- ✓ Streuscheiben und Reflektoren von Scheinwerfern, Nebelschlussleuchten, Blinkern und Heckleuchten dürfen nicht angelaufen oder gar angerostet sein.

- ✓ Türen, Motorhauben, Kofferraumdeckel und Werkzeugfächer sollten einwandfrei schließen (eventueller Hinweis auf verzogenes Fahrgestell oder Unfallschaden).

- ✓ Türen- und Scheibendichtungen dürfen nicht porös oder brüchig sein. Und unter den Fußmatten und im Kofferraum darf es nicht feucht sein.

- ✓ Aufbauten bei Lastkraftwagen, Aufliegern, Brücken oder Lieferwagen sollten auf Dichtigkeit, Risse oder Dellen hin untersucht werden.

- ✓ Die Reifen sollten mindestens noch vier Millimeter Profil haben und gleichmäßig abgefahren sein, ungleichmäßiger Abrieb deutet auf defekte Achsgeometrie oder fehlerhaftes Auswuchten hin. Es muss auch auf Schäden oder Risse an den Reifenwänden geachtet werden. Wenn

Reifenkarten vorhanden sind (bei Nutzfahrzeugen), sollte die Laufleistung geprüft werden.

✓ Am Motor sowie an den einzelnen Schlauchanschlüssen der Wasser-
kühlung darf kein Kühlwasser austreten. Schaum oder Ölspuren im
Kühlwasser können auf eine defekte Zylinderkopfdichtung hindeuten.
Der Motor sollte keine Laufspuren von Öl- oder Kühlwasser aufweisen.

✓ Die Batterie sollte nicht älter als vier Jahre und sauber sein. Die Pole
dürfen nicht oxidiert oder angefressen sein.

✓ Die Sicherheitsgurte sollten keine Scheuer- oder Schnittstellen aufweisen und an den Rändern nicht ausgefranst sein. Der Gurt-Automat
sollte einwandfrei aufrollen und bei kräftigem Ziehen der Stoppme-
chanismus ausgelöst werden.

✓ Der Motor sollte im kalten Zustand problemlos anspringen und im
Leerlauf rund und ohne Begleitgeräusche laufen, willig Gas annehmen
und in allen Gängen gut durchziehen.

✓ Es ist ratsam auf Nebenstraßen oder auf dem Betriebsgelände bei geringer Geschwindigkeit eine Bremsprüfung durchzuführen. Die Bremsen müssen gleichmäßig ziehen und dürfen nicht quietschen.

✓ Die Kupplung sollte ruckfrei funktionieren und nicht durchrutschen,
das Kupplungsspiel am Pedal sollte rund zwei Zentimeter betragen.
Das Getriebe sollte sich einwandfrei und geräuschlos schalten lassen.

✓ Die Bremsen sollten spätestens nach halbem Pedalweg gleichmäßig
ansprechen. Wenn man „pumpen" muss, dann ist entweder Luft in der
Bremsanlage oder die Beläge sind abgenutzt. Der Hebelweg der Hand-
bremse darf nicht zu lang sein.

✓ Das Lenkrad sollte während der Fahrt nicht vibrieren, andernfalls sind
die Räder nicht richtig ausgewuchtet oder die Spur stimmt nicht. Das
Lenkrad auch auf zu großes „Spiel" hin überprüfen.

✓ Heizung und Gebläse oder Standheizung sollten ebenso wie alle Instrumente einwandfrei funktionieren.

Im Zweifel sollte ein Fachmann oder Gutachter mit der Prüfung beauftragt werden. Allerdings sollte auch hier eine genaue Vorgabe dazu, was geprüft werden soll, gemacht werden. Verlangen Sie vor der Auftragsvergabe einen bindenden Kostenvoranschlag, um Überraschungen zu vermeiden.

## 5.1 Der Kaufvertrag

Wenn ein betrieblich genutztes Fahrzeug (Anlagegut) verkauft wird, ist es aus steuer- und vertragsrechtlichen Gründen notwendig, einen schriftlichen Kaufvertrag auszustellen.

Diesen Kaufvertrag als Nachweis verlangt vor allem das Finanzamt als Dokument darüber, dass entweder ein Anlagegut am… zum Preis von… und dem Käufer… beschafft oder verkauft wurde.

Unverzichtbar ist dieses schriftliche Dokument nicht nur als Nachweis für den Eigentumsübergang, sondern auch für eventuelle Regressansprüche des Käufers nach dem neuen Gewährleistungsrecht.

Nachfolgend abgebildet finden Sie ein Muster für einen Kaufvertrag für gebrauchte Fahrzeuge, der für den Kauf oder auch für den Verkauf eines Fahrzeugs verwendet werden kann.

## Kaufvertrag für ein gebrauchtes Kraftfahrzeug

### Verkäufer

| Name und Vorname | Geburtsdatum |
|---|---|
| Straße | PLZ, Ort |

| Tel.: | Fax: | E-Mail: |
|---|---|---|

| Ausweis-Nr. | Fahrzeughalter ☐ ja ☐ nein |
|---|---|

### Käufer

| Name und Vorname | Geburtsdatum |
|---|---|
| Straße | PLZ, Ort |

| Tel.: | Fax: | E-Mail: |
|---|---|---|

| Ausweis-Nr. | Fahrzeughalter ☐ ja ☐ nein |
|---|---|

### Kraftfahrzeug

| Art, Hersteller, Typ | kw, PS, Hubraum |
|---|---|
| Amtliches Kennzeichen | Original Motor ☐ ja ☐ nein |
| Fahrzeugbrief-Nr. | Das Fahrzeug hat bekannte Vorschäden ☐ ja ☐ nein |
| Fahrgestell-Nr. | wenn ja, welche |
| Motor-Nr. | Zubehör, Sonderausstattung |
| Erstzulassung (Datum)      km Stand | |

| Kaufpreis (Endpreis) | | | |
| --- | --- | --- | --- |
| Kaufpreis netto | Euro | Mehrwertsteuer | brutto |

| In Worten |
| --- |

| Sonstige Vereinbarungen |
| --- |
| |

Das Fahrzeug wird – wie besichtigt und probegefahren – unter Ausschluss jeglicher Gewährleistung (soweit dies gesetzlich zulässig ist) verkauft.
Der Verkäufer bestätigt, dass das Fahrzeug einschließlich der mitverkauften Zubehörteile sein Eigentum ist und keine Rechte Dritter bestehen. **Das Fahrzeug bleibt bis zur vollständigen Bezahlung Eigentum des Verkäufers (erweiterter Eigentumsvorbehalt).** Nebenabreden bedürfen zu ihrer Wirksamkeit der Schriftform.

Der Verkäufer bestätigt den Erhalt des Fahrzeugs mit amtlichem Kennzeichen, Fahrzeugbrief, Fahrzeugschein bzw. vorübergehende Abmeldebescheinigung, ☐ Stck. Fahrzeugschlüssel.

Der Verkäufer verpflichtet sich, das Fahrzeug unverzüglich bei der Zulassungsstelle auf seinen Namen umzumelden und zu versichern.

| Datum | Betrag | |
| --- | --- | --- |
| **Unterschrift des Verkäufers** | | **Unterschrift des Käufers** |

| Zahlungsquittung | | | |
| --- | --- | --- | --- |
| Datum | Betrag | ☐ bar   ☐ per Scheck   erhalten | |
| | | **Unterschrift des Käufers** | |

*Abbildung 10: Muster eines Kaufvertrages für gebrauchte Fahrzeuge*

## 5.2 Das Gewährleistungsrecht beim Verkauf gebrauchter Fahrzeuge

Das neue Gewährleistungsrecht trat am 1. Januar 2002 in Kraft. Es ist in erster Linie ein Verbraucherschutzgesetz. Beim Verkauf von gebrauchten Fahrzeugen an private Käufer muss es beachtet werden.

Die Gewährleistungsfrist verlängert sich von sechs Monaten auf drei Jahre. Vertragspartner können die Frist schriftlich verkürzen. Bei neuen Fahrzeugen auf zwei Jahre, bei Gebrauchtfahrzeugen auf zwölf Monate.
Ein Gewährleistungsausschluss oder eine Verkürzung der Zwölfmonatsfrist ist unzulässig.

Der gewerbliche Verkäufer haftet für den vertragsgemäßen Zustand des verkauften Gutes. Drei Mängelarten sind zu unterscheiden:

1. Die vertraglich vereinbarte Beschaffenheit wie zum Beispiel die Kilometerleistung oder Unfallfreiheit ist nicht gegeben;

2. Das Fahrzeug eignet sich nicht für die vorausgesetzte Verwendung, zum Beispiel die ATP-Zulassung des Aufbaus für den Kühlkoffer ist nicht gegeben (Bau- und Betriebsvorschrift für den grenzüberschreitenden Frischdiensttransport);

3. Das Fahrzeug weist nicht die Beschaffenheit auf, die normalerweise üblich ist, wie zum Beispiel eine wasserdichte Plane (Risse oder Löcher).

### Beweislast

Reklamiert der Käufer einen Mangel, der *innerhalb von sechs Monaten* ab dem Kauf aufgetreten ist, gilt die Rückwirkungsvermutung. Dies bedeutet: Es gilt automatisch der Grundsatz, dass der Mangel bereits beim Verkauf vorlag und somit vom Verkäufer zu tragen ist, es sei denn dieser kann beweisen, dass das Gut zum Zeitpunkt des Kaufes in Ordnung war. Reklamiert der Käufer *nach sechs Monaten*, muss der Käufer beweisen, dass das Fahrzeug zum Zeitpunkt des Kaufes nicht in Ordnung war.

**Anspruchsmöglichkeiten des Käufers**

Sind die Reklamationsansprüche des Käufers berechtigt, kann er je nach Umfang des Schadens Folgendes verlangen:

- bei neuen Fahrzeugen: Ersatzlieferung
- Nachbesserung (Behebung des Mangels)
- Wandlung (Rücktritt vom Vertrag)
- Minderung (Reduzierung des Preises)
- Schadenersatzansprüche (für tatsächlich entstandene Schäden in Verbindung mit dem Mangel)

Das Gewährleistungsrecht hat aber noch weitere Konsequenzen für den Unternehmer. Verkauft ein Unternehmen beispielsweise ein gebrauchtes Fahrzeug an einen Endverbraucher, etwa an einen Mitarbeiter, steht das Unternehmen in der Gewährleistungspflicht. Dieser Gewährleistungsanspruch kann an Dritte weitergereicht werden. Es kann folglich passieren, dass der Käufer des betrieblichen Fahrzeugs dieses weiterverkauft und dessen Käufer Gewährleistungsansprüche geltend macht, obwohl er das Fahrzeug nicht direkt von dem Unternehmen gekauft hat.

Diese Regelung gilt auch für neue Fahrzeuge. Auch der neue Käufer kann innerhalb der Frist Gewährleistungsrechte anmelden. Allerdings muss der Vorbesitzer dazu seine Ansprüche an den neuen Käufer abtreten, beispielsweise indem er dies gleich mit im Kaufvertrag aufführt.

---

 **Praxistipp:**

Wenn ein Unternehmen das Firmenfahrzeug – steuerlich korrekt – aus dem Betriebsvermögen ins Privatvermögen überführt und erst dann an eine Privatperson verkauft, entfällt die Gewährleistungspflicht.

---

# Fuhrparkorganisation

Eine der wichtigen Aufgaben der Fuhrparkorganisation besteht darin, das Einsparpotenzial beim Fuhrpark festzustellen. Um dieses Ziel zu erreichen, ist es notwendig, systematisch die Schwachstellen von der Planung über den Fahrzeugeinsatz bis hin zur Verwertung der Fahrzeuge herauszufinden.

Um hier Hilfestellungen bieten zu können, werden nachfolgend die einzelnen Organisationsstufen sowie die entsprechend notwendigen Maßnahmen beschrieben.

Mittels dieser Beschreibung ist es möglich, die eigenen Prozessstufen der Fuhrparkorganisation abzugleichen, um eventuelle Kostenoptimierungen zu finden.

## 1. Werkstattbetrieb, Wartung und Instandhaltung

### 1.1 Organisation der Wartung und Instandhaltung

### 1.1.1 Werkstattorganisation

Die Auftragssteuerung ist die "Seele" der Werkstattorganisation, sie ist „Chefsache" und muss von der Werkstattleitung installiert und auf Funktionsfähigkeit hin im Controlling überprüft werden.

Bei der Auftragssteuerung werden in Anlehnung an die zur Verfügung stehenden Kapazitäten der betriebseigenen Werkstatt die Reparatur- und Wartungsaufträge an die jeweiligen Kfz-Handwerker-Teams weitergeleitet.

Die Auftragssteuerung kann mittels EDV unterstützt und optimiert werden.

Bei Kapazitätsengpässen oder bei Spezialarbeiten werden über die Auftragssteuerung die Reparatur- und Wartungsaufträge fremdvergeben.

**Die Organisation von Reparatur- und Wartungsarbeiten**

Der Reparatur- und Wartungsprozess der Fahrzeuge erfolgt in den Schritten:

87

⇨ Fahrzeugannahme verbunden mit der Schilderung des „Problems" durch den Nutzer, Dokumentation des Sachverhalts und des Zeitpunkts der Fahrzeugablieferung;

⇨ Fahrzeugdiagnose verknüpft mit der Feststellung des Sachverhalts und der Anweisung für das Wartungs- und Reparaturpersonal;

⇨ Reparatur und/oder Wartung inklusive der Dokumentation der Arbeitszeit und der benötigten Ersatzteile;

⇨ End- und Funktionskontrolle in Bezug auf den festgestellten Mangel des Fahrzeugs;

⇨ Fahrzeugübergabe an den Nutzer inklusive der Annahmebestätigung (Datum, Unterschrift).

Die gesamte Leistungserstellung in der Werkstatt bedarf der Bereitstellung von qualifiziertem Personal, Materialien bzw. Ersatzteilen, Arbeitsvorrichtungen und Werkzeugen sowie Arbeitsunterlagen.

Alle Reparatur- bzw. Wartungsmaßnahmen sind fahrzeugbezogen zu dokumentieren, so dass eine Rückverfolgbarkeit der gesamten "Lebensdauer" des Fahrzeuges sichergestellt ist und die Daten in die Fahrzeugkostenrechnung einfließen können. Die Dokumentation der Reparatur- und Wartungsmaßnahmen, einschließlich der durch diese Maßnahmen verursachten Lohn-, Material- und Ausfallkosten, erfolgt mittels der elektronischen Datenverarbeitung mit Schnittstelle zur Fahrzeugverwaltung und der Kostenrechnung.

Bei Reparatur- und Wartungsarbeiten in der eigenen Werkstatt muss darauf geachtet werden, dass eventuell vorhandene Garantieansprüche gegenüber dem Fahrzeughersteller vor allem bei Neufahrzeugen nicht tangiert werden.

### Die Ablauforganisation in der Werkstatt

Unter einer Ablauforganisation in der Werkstatt versteht man die Gestaltung von Arbeitsprozessen. Je optimaler dieser Prozess gestaltet wird, desto produktiver und somit kostengünstiger wird die geleistete Arbeit. In diesem Bereich besteht in vielen Unternehmen ein großes Sparpotenzial, deshalb sollte die Werkstatt ständig auf die Effektivität der Arbeitsprozesse hin überprüft werden.

Nachfolgend aufgeführt sind Anregungen dazu, nach welchen Kriterien diese Ablauforganisation in der Werkstatt realisiert werden kann.

Bei der Ablauforganisation kann der Arbeitsablauf in verschiedener Hinsicht geordnet werden. Die wesentlichen Unterscheidungsmerkmale bei der Ablauforganisation in der Werkstatt bestehen in der Organisation von:

– Arbeitsinhalt,
– Arbeitszeit,
– Arbeitsraum und
– Arbeitszuordnung.

Bei der *Organisation des Arbeitsinhalts* sind zwei Merkmale zu unterscheiden: Der Arbeitsinhalt muss hinsichtlich der Arbeitsobjekte und hinsichtlich der Verrichtung geordnet (organisiert) werden.

In einer Werkstatt gibt es vom Grundsatz her zwei Methoden, wie dies organisiert sein kann: die Fließ- und die Inselfertigung.

## Die Fließfertigung

Bei der so genannten Fließfertigung arbeiten in der Werkstatt nur Spezialisten für ganz bestimmte Reparaturen und Wartungstätigkeiten. Es gibt dann beispielsweise Experten für Autoelektrik, Kühlgeräte von Thermofahrzeugen oder wieder andere für Karosseriearbeiten.

Diese Art der Arbeitsorganisation hat den **Vorteil**, dass der Ausbildungsstand der Mitarbeiter bedingt durch die Spezialisierung des Einzelnen ohne großen Aufwand immer auf dem aktuellen Stand gehalten werden kann.

Ein weiterer Vorteil kann sein, dass in Teilbereichen auch angelernte Arbeitnehmer eingesetzt werden können. Der **Nachteil** besteht darin, dass ein solcher Spezialist nicht ohne Weiteres durch seinen Kollegen ersetzt werden kann.

Grundsätzlich findet man die Fließfertigung nur in großen Werkstätten, in kleinen Werkstätten ist sie nur denkbar, wenn ein Teil der Reparaturen in fremden Betrieben durchgeführt wird. Wenn beispielsweise ein Arbeitnehmer Spezialist ist für Wartungsarbeiten und Schadensbeseitigung an der Bremsanlage und ein anderer sich mit Autoelektrik befasst, dann werden in dieser kleinen Zwei-Mann-Werkstatt nur diese Arbeiten ausgeführt und die anderen anfallenden Reparaturen an Werkstätten außerhalb des Betriebes abgegeben.

## Inselfertigung

Bei der Inselfertigung werden Arbeitsgruppen gebildet, die vom Grundsatz her alle Schäden an einem Fahrzeugtyp oder einer Fahrzeuggruppe in eigener Verantwortung instand setzen können. Dies bedeutet, dass jeder Arbeitnehmer mehrere Arbeitsgebiete beherrschen muss.

Diese Methode ist nur realisierbar mit gut ausgebildeten Fachkräften.

Ein **Vorteil** dieser Inselfertigung besteht in der zumindest kurzfristigen Ersetzbarkeit der Arbeitnehmer durch Kollegen. Ein weiterer Vorteil ist, dass die Verantwortung für ein repariertes Fahrzeug immer leicht zugeordnet werden und es keine gegenseitigen Schuldzuweisungen von verschiedenen Arbeitnehmern geben kann.

Diese Form der Arbeitsorganisation kann auch in kleinen Betrieben ohne „Auslagerung" von Reparaturen eingeführt werden.

Da bei der Inselfertigung nur umfassend und vielseitig ausgebildete Fachkräfte eingesetzt werden können, resultieren als **negative Konsequenz** relativ hohe Lohnkosten.

Die *Organisation der Arbeitszeit* kann mit zwei unterschiedlichen Arbeitszeitmodellen organisiert werden: Das erste, traditionelle Modell richtet sich nach festen Arbeitszeiten, das zweite, modernere, ist das Gleitzeitmodell.

## Starre Arbeitszeiteinteilung

Bei der starren Arbeitszeitregelung ist der Arbeitnehmer verpflichtet, seine Arbeitskraft zu ganz bestimmten durch den Arbeitsvertrag festgelegten Zeiten zur Verfügung zu stellen. **Vorteil** dieser Regelung ist, dass zu diesen festen Zeiten alle Mitarbeiter verfügbar sind.

Ein **Nachteil** ist, dass bei größerem Arbeitsanfall (was bei Werkstätten durchaus der Fall sein kann) Überstunden gefahren werden müssen, die natürlich in der Regel eine entsprechende Zusatzvergütung zu Folge haben.

## Gleitzeit

Bei der Gleitzeit gibt es eine Kernzeit, beispielsweise von 10.00 Uhr bis 15.00 Uhr, innerhalb der alle Mitarbeiter anwesend sein müssen. Über die restliche Arbeitszeit kann der Mitarbeiter grundsätzlich frei verfügen, wobei die monatliche Arbeitzeit insgesamt erfüllt werden muss. Überstunden oder Fehlzeiten können nur begrenzt und mit der Genehmigung der Werkstattleitung in den nächsten Monat übernommen werden. Auch bei diesem Modell können bei Bedarf Mehrstunden angeordnet werden; diese Anordnungsmöglichkeit muss aber dann im Arbeitsvertrag geregelt sein. Dann kann der Mitarbeiter diese Zwangsmehrarbeitsstunden durch „Gleiten" an anderen Tagen wieder reduzieren.

**Vorteil** dieses Modells: Es gibt grundsätzlich weder Überstunden noch eine Überstundenvergütung. Bei geringerem oder überdurchschnittlichem Arbeitsanfall kann der Betrieb flexibler reagieren.

Vorteil für den Arbeitnehmer ist, dass er Behördengänge oder Einkäufe sowie Arztbesuche erledigen kann, ohne Urlaub nehmen zu müssen.

Insgesamt ist in der Praxis bei der Einführung dieses Modells zu beobachten, dass diese Arbeitsplätze bei den Arbeitnehmern beliebter sind als die mit der starren Arbeitszeitregelung und somit die Arbeitsproduktivität steigt.

**Nachteil** bei dem Gleitzeitmodell ist, dass Arbeitszeiterfassungsgeräte und Stempel- bzw. Magnetkarten für die Arbeitnehmer beschafft werden müssen und dass nur in der Kernarbeitszeit alle Arbeitnehmer verfügbar sind.

Die *Organisation des Arbeitsraumes* ist zum einen abhängig von der Art der Tätigkeit des Arbeitnehmers und zum anderen vom Arbeitsablauf, den das zu reparierende Gut notwendig macht.

Diese Ordnung sollte sorgfältig mit den betroffenen Führungskräften und den Arbeitnehmern erarbeitet und in einem Raumplan schriftlich bzw. zeichnerisch festgehalten werden. Dieser erarbeitete Raumplan sollte jährlich mindestens einmal überprüft werden, damit er den ständig veränderten Anforderungen gerecht werden kann.

Um jedem Mitarbeiter den Raumplan zugänglich zu machen, sollte er immer am „Schwarzen Brett" ausgehängt werden. Sinn dieses festgelegten Ordnungsrahmens ist, dass jedem Mitarbeiter ersichtlich ist, wo welche Arbeit durchgeführt werden muss, was auch aus Sicherheitsgründen von der Berufsgenossenschaft gefordert wird.

Die *Arbeitszuordnung* wird durch die Stellenbeschreibung der einzelnen Arbeitsplätze vollzogen. Die jeweilige Stellenbeschreibung sollte Gegenstand bei der Arbeitsplatz-Neubesetzung sein und sich im Arbeitsvertrag widerspiegeln, damit jeder Arbeitnehmer seine Rechte und Pflichten sowie Verantwortungsbereiche „schwarz auf weiß" dokumentiert sehen kann.

So kann dem Arbeitnehmer bei Fehlverhalten unzweifelhaft ein Verstoß gegen seine Pflichten nachgewiesen werden. Der Arbeitnehmer kann nicht behaupten, dass die Arbeit nicht zu seinem Aufgabengebiet gehörte. Beides bedeutet einen Vorteil bei Abnahmungen und Kündigungen.

### Die Werkstatt als wichtiger Bestandteil der Kalkulation

Die Kalkulation dient der Kontrolle der Wirtschaftlichkeit des Fuhrparks und enthält Details von Reparatur- und Wartungsaufträgen. Sie beinhaltet die Erfassung aller Kosten des Reparatur- und Wartungsprozesses und eine entsprechende Verteilung und Zurechnung auf das entsprechende Kraftfahrzeug. Vor- und Nachkalkulationen werden auf einzelne größere Reparaturmaßnahmen bezogen, um für künftige Kalkulationen eine bessere Basis zu haben. Diese Kalkulationsmaßnahmen werden auch in Bezug auf die gesamte Laufzeit eines Fahrzeugs verteilt angewandt.

Die Vorkalkulation hat die Aufgabe, mit Hilfe der Datenbasis aus der Vergangenheit die künftigen Kosten abzuschätzen, auch um feststellen zu können, ob sich eine Reparatur bei einem älteren Fahrzeug noch lohnt.

Die Nachkalkulation hat die Aufgabe festzustellen, welche Kosten tatsächlich angefallen sind. Diese werden bei künftigen Vorkalkulationen als Datenbasis verwendet (Soll-Ist-Vergleich).

Angefallene Abweichungen zwischen Vor- und Nachkalkulation müssen analysiert werden, um Fehleinschätzungen oder Unwirtschaftlichkeiten erkennen zu können und um künftig ähnliche Fehler zu vermeiden.

Die Kalkulation von Reparatur- und Wartungsarbeiten ist notwendig, um für die Fahrzeugkostenrechnung den Anteil dieser Kosten in Preisüberlegungen einfließen zu lassen und um bei älteren Fahrzeugen den idealen Ersatzbeschaffungszeitraum festlegen zu können.

Des Weiteren dient sie der Entscheidungshilfe, ob eine Reparatur in der eigenen Werkstatt oder in einer fremden Werkstatt kostengünstiger vollzogen werden kann. Dies gilt vor allem für aufwändigere Arbeiten.

## Pannendienste

Bei einer größeren Fahrzeugflotte ist es schon aus Kostengründen notwendig, einen eigenen Not- und Pannendienst (möglichst rund um die Uhr) einzurichten. Dies ist in der Praxis aber nur möglich, wenn eine eigene Werkstatt vorhanden ist. In Absprache zwischen der Disposition und der Werkstatt muss der Dienstplan für den Pannen- und Notdienst eingerichtet werden.

Für den Aufbau eines eigenen Pannendienstes können Kooperationsmöglichkeiten mit den regional ansässigen Pannendiensten abgesprochen werden, um zum einen den Dienst „rund um die Uhr" leichter gewährleisten zu können und zum anderen im Krankheits- oder Urlaubsfall immer noch leistungsfähig zu sein.

Bei kleineren Betrieben, die aus Kostengründen keinen Pannendienst einrichten können, ist es sinnvoll, einen Dritten für den Pannendienst zu verpflichten. Derartige „Dritte" können Fahrzeughersteller, Automobilclubs, Fachversicherer oder Tankkartenanbieter sein.

## Hol- und Bringservice

Der Hol- und Bringservice umfasst folgende Leistungen:

– Überführung von Fahrzeugen
– Bereitstellung von Ersatzfahrzeugen
– Transport von und zur Werkstatt
– Bereitstellung von Nutzfahrzeugen zur Beladung
– Fahrzeugbewegungen innerhalb des Firmengeländes

Um das Fahrpersonal in Bezug auf die Lenk- und Ruhezeiten zu schonen, ist es sinnvoll, Personal eigens für den Hol- und Bringservice abzustellen. In kleineren Unternehmen mit Werkstatt wird hierfür häufig der Bereitschaftsdienst der Werkstatt eingesetzt.

## Gewährleistungen auf Fahrzeuge und Ersatzteile

Gewährleistungsansprüche müssen unter Beachtung der Verjährungsfristen gegenüber den Lieferanten von Fahrzeugen, Ersatzteilen, Aufbauten oder Anbauten geltend gemacht werden.

Sofern nichts anderes vertraglich vereinbart ist, gilt *grundsätzlich eine Verjährungsfrist von zwei Jahren*, wobei in den ersten sechs Monaten der Lieferant (Hersteller) im Zweifelsfall für die Schadensursache beweispflichtig ist und in den folgenden achtzehn Monaten der Kunde.

Die Kontrolle darüber, dass diese Ansprüche auch ausgeschöpft werden, ist zunächst Sache der Fuhrparkverwaltung, wird aber sehr häufig der betriebseigenen Werkstätte übertragen (sofern vorhanden). Auf jeden Fall ist eine genaue Dokumentation der jeweiligen Gewährleistungsfristen erforderlich.

## Gesetzliche Untersuchungen

Für alle Fahrzeuge hat eine Terminüberwachung und die Durchführung/ Veranlassung folgender gesetzlicher Untersuchungen zu erfolgen:

⇨ Verkehrssicherheitsprüfung nach § 29 StVO (Hauptuntersuchung – HU)

⇨ Fahrzeugabnahme nach § 47 a (3) StVO (Abgassonderuntersuchung – ASU)

⇨ Sicherheitsprüfung nach § 29 StVZO (SP)

⇨ Anbauabnahme nach § 19 (3) StVO

⇨ Unfallverhütungsvorschrift UVV „Fahrzeuge" (VBG 12)

⇨ Fahrtenschreiber und Kontrollgeräte (§§ 57 a und 57 b StVZO)

Diese Terminüberwachung wird in der Regel von der Fuhrparkverwaltung durchgeführt, es sei denn, die betriebseigene Werkstatt wird hierfür verantwortlich gemacht (siehe Kap. B 1.5 „Technische Prüfungen für Kraftfahrzeuge", S. 111).

## 1.1.2 Organisation der Fahrzeugwartung und -pflege

Die Häufigkeit der Wartungsarbeiten wird hauptsächlich von zwei Faktoren beeinflusst: von der Fahrleistung und von den empfohlenen Wartungsintervallen des Fahrzeugherstellers.

Im Wartungsplan erfolgt für den Fuhrpark eine Überwachung der Wartung und eine Fortschreibung der Termine. Die Verantwortung für die Einhaltung des Wartungsplans sollte idealerweise dem Fahrzeugführer (Fahrer) übertragen werden und aus Sicherheitsgründen von der Fuhrparkleitung ständig überwacht werden. Bei der Übertragung der Verantwortlichkeiten sollte grundsätzlich ein Vertreter benannt werden, damit im Urlaubs- oder Krankheitsfall der Vollzug der Arbeiten gewährleistet ist.

Die Fahrzeugpflege umfasst die Innen- und Außenreinigung der Fahrzeuge. Diese wird im Herbst um sämtliche Wintervorbereitungen erweitert. Die Fahrzeugpflege dient der Verkehrs- und Betriebssicherheit sowie der Erhaltung und Verbesserung des Images des Unternehmens. Ob diese vom Fahrzeugführer selbst durchgeführt werden soll oder von Dritten, hängt zum einen von der Arbeitsbelastung des Fahrpersonals und zum anderen von der Lohnstruktur ab. Es kann kostengünstiger sein, diese Arbeiten von Dritten durchführen zu lassen.

Bei der Fahrzeugüberlassung im Pkw-Bereich ist es allerdings üblich, dass dem Fahrzeugnutzer diese Arbeiten übertragen werden.

### Dienstanweisung an die Nutzer der Fahrzeuge für Wartung, Pflege und Tanken

Vor allem bei der Fahrzeugüberlassung im Pkw-Bereich ist es für die Erhaltung und Pflege des Fuhrparks wichtig, eine Dienstanweisung über die Verantwortlichkeiten für die Wartung, die Pflege und das Tanken zu erlassen. Diese sollte vom Fahrzeugführer vor dem ersten Fahreinsatz mit Ort und Datum unterzeichnet werden.

Nachfolgend ein **Muster** für eine Dienstanweisung für Wartung, Pflege und Tanken:

---

**Dienstanweisung für den Einsatz von betriebseigenen Fahrzeugen**

1. Die Verantwortung für die Wartung, Pflege und Betankung des Dienstfahrzeuges trägt der Fahrzeugführer / Nutzer.

2. Die Betankung des Fahrzeugs wird grundsätzlich an der betriebseigenen Tankstelle durchgeführt. Nur wenn aufgrund der zurückgelegten Entfernung oder des Transportauftrages die Nutzung der betriebseigenen Tankanlage nicht möglich ist, sind Außenbetankungen zulässig.

3. Jeder Fahrzeugführer erhält eine Tankkarte der Firma Fettfinger AG, die für Außenbetankungen zu nutzen ist. Die Tankkarte darf nur für die Tankung der Dienstfahrzeuge, Wagenpflege, Schmierstoffkosten, Frostschutz und Scheibenreinigungsmittel benutzt werden. Strikt ausgeschlossen sind insbesondere der private Einkauf jeglicher Art oder die Betankung von Privat- oder Fremdfahrzeugen. Verlust oder Diebstahl der Tankkarte sind der Firma Fettfinger AG sofort telefonisch unter der Rufnummer (0230) 890-120 zu melden, um eine Kartensperrung auszulösen. Anschließend muss der Verlust unter Angabe von Zeit, Ort und Datum der Fuhrparkverwaltung gemeldet werden.

4. Für die Einhaltung der Pflege- und Wartungsintervalle ist der Fahrzeugführer verantwortlich. Die Pflege- und Wartungsintervalle

---

sind entsprechend den Vorschriften des Herstellerwerkes durchzuführen. Die Fälligkeit der von Hersteller zu Hersteller verschiedenen Inspektionsintervalle sind dem im Fahrzeug vorhandenen Scheckheft zu entnehmen und/oder werden dem Dienstwagenfahrer im Display durch den Bordcomputer angezeigt.

5. Bei Bedarf an Inspektions-, Wartungs- oder Reparaturarbeiten ist vom Benutzer grundsätzlich eine vom Arbeitgeber autorisierte Werkstatt in Anspruch zu nehmen. Abweichungen von dieser Regel sind nur mit Zustimmung der Fuhrparkverwaltung zulässig.

6. Rechnungen von Tankstellen oder nicht autorisierten Werkstätten werden von der Fuhrparkverwaltung nur in Ausnahmefällen und ausschließlich mit schriftlicher Begründung durch den Dienstfahrzeugbenutzer anerkannt.

7. Reparaturen bis € 500,– kann der Dienstfahrzeugnutzer sofort und selbstständig bei einer jeweils autorisierten Werkstatt in Auftrag geben. Bei der Auftragserteilung ist darauf zu achten, dass die Rechnungsstellung an den Arbeitgeber zu erfolgen hat. Stellt sich im Verlauf der Reparatur bzw. Inspektion heraus, dass eine Auftragserweiterung erforderlich ist, so ist vor Durchführung in jedem Fall die Fuhrparkverwaltung zu informieren und die Genehmigung eventuell fernmündlich einzuholen. Reklamationen wegen mangelhaft ausgeführter Reparaturen müssen der betreffenden Werkstatt sowie der Fuhrparkverwaltung unverzüglich schriftlich angezeigt werden.

8. Beim Einsatz eines Dienstfahrzeugs muss grundsätzlich das EU-Kontrollgerät (Fahrtenschreiber) nach gesetzlichen Vorgaben betrieben werden. Alle benutzten Fahrtenblätter des laufenden Tages und der letzten 28 Tage müssen vom Fahrzeugführer für eventuelle Kontrollen bereitgehalten werden. Alle anderen benutzten Fahrtenblätter (Kontrollscheiben) sind ohne Zeitverzögerung bei der Fuhrparkverwaltung abzuliefern.

9. Bei einem Einsatz von Fahrzeugen unter 3,5 t zulässigem Gesamtgewicht (inklusive Hänger) muss der Fahrzeugführer ein fahrzeugbezogenes Fahrtenbuch (Kontrollbuch) führen bzw. alternativ den Betrieb des EG-Kontrollgerätes sicherstellen. Vollgeschriebene Fahrtenbücher müssen unverzüglich der Fuhrparkverwaltung ausgehändigt werden.

10. Die gesetzlich vorgeschriebenen Lenk- und Ruhezeiten sind vom Fahrzeugführer strikt einzuhalten, jegliche Abweichungen gehen ausschließlich zu Lasten des Fahrzeugführers.

11. Vor Beginn einer Fahrt muss der Fahrzeugführer das Fahrzeug auf vorschriftsmäßige Ausrüstung (Kfz-Papiere, Schutzweste, Unterlegkeile usw.) und den verkehrssicheren Zustand hin überprüfen (Reifen, Beleuchtung usw.).

12. Ab Anfang November bis Ende April ist das Fahrzeug winterfest auszurüsten, die Verantwortung für die richtige Ausrüstung trägt der Fahrzeugführer.

13. Jeder Unfall bzw. jede Beschädigung des Fahrzeugs muss der Fuhrparkleitung im Detail mit Datum, Uhrzeit, Unfallgegner und Schilderung schriftlich gemeldet werden (Formblätter können von der Verwaltung angefordert werden).

14. Für die regelmäßige Reinigung des Fahrzeugs (innen und außen) trägt der Fahrzeugführer die Verantwortung.

15. Das Führen (Lenken) von betriebseigenen Fahrzeugen ist nur von autorisierten Personen mit der jeweils notwendigen und gültigen Fahrerlaubnis gestattet.

16. Im Fahrzeug dürfen grundsätzlich nur Angestellte des Betriebes mitgenommen werden, das Mitnehmen von Anhaltern ist strengstens untersagt. Dritte dürfen nur nach Genehmigung der Fuhrparkverwaltung mitgenommen werden.

17. Während der Fahrt ist die Benutzung von Mobiltelefonen nur mittels einer Freisprecheinrichtung erlaubt.

18. Bei der Übernahme eines neuen Fahrzeugs sowie bei der endgültigen Ablieferung eines Fahrzeugs muss ein schriftliches Übernahme- oder Ablieferungsprotokoll erstellt werden. Die dazu notwendigen Formblätter sind gelesen und zur Kenntnis genommen.

Die Dienstanweisung wurde gelesen und zur Kenntnis genommen.

Ort: Datum: Unterschrift:

## 1.1.3 Reifenpflege und Instandhaltung

Die Reifen sind nicht nur ein kostenträchtiges Verschleißteil, sondern ein für die Fahrsicherheit wesentliches Element. Aus diesem Grund muss der Fuhrparkleiter sich mit dem Thema Reifen auseinander setzen.
An die „Kontaktstelle" des Fahrzeugs mit dem Fahrbahnbelag, den Reifen, werden hohe Anforderungen gestellt, die je nach Einsatz sehr verschieden sein können.
Von modernen Reifen wird erwartet, dass

- eine hohe Fahrbahnhaftung gegeben ist,
- ein geringer Rollwiderstand (zur Verbrauchssenkung) besteht,
- eine hohe Laufleistung besteht,
- eine geringe Geräuschemission entsteht,
- das Gewicht der Bereifung die Nutzlast nur wenig erhöht und
- die Fahrsicherheit durch Fahrstabilität und Lenkpräzision gewährleistet wird.

Den Reifen, der alles kann, gibt es nicht, da die Anforderungen je nach Einsatz sehr unterschiedlich sind. Deshalb ist es wichtig, vor allem bei Nutzfahrzeugen, bei der Reifenbeschaffung dem Händler den beabsichtigten Einsatz und damit die notwendigen Eigenschaften der Bereifung darzulegen.

Im normalen Streckenverkehr mit hoher Laufleistung, im Fernverkehr oder bei Handelsvertretern stehen Anforderungen wie geringer Rollwiderstand, Lenkpräzision und minimaler Verschleiß im Vordergrund.
Im Nahverkehr werden durch häufiges Beschleunigen, Bremsen, Bordsteinrempler und wechselnde Einsatzbedingungen in erster Linie robuste Reifen verlangt.
Die härtesten Einsatzbedingungen für die Reifen entstehen im Baustellenverkehr. Dort hängt die Lebensdauer der Reifen nicht vom Abrieb, sondern von der Verschleißfestigkeit ab.

Die Reifenhersteller haben vor allem im Nutzfahrzeugbereich für den jeweiligen Einsatzzweck spezielle Reifentypen entwickelt.
Um bei der Reifenauswahl die richtige Entscheidung zu treffen, ist es wichtig, die Informationen auf der Reifenseitenwand entschlüsseln zu können. Die Aufschrift richtet sich nach der Europa-Norm.

Die Aufschrift 295/80 R 22,5 152/147 M zum Beispiel bedeutet

– 295 = Reifenbreite der Lauffläche in Millimeter
– /80 = Verhältnis Höhe/Breite
– R = Bauart Radial
– 22,5 = Innendurchmesser in Zoll
– 152/147 = Tragfähigkeit bei Einzel-/Zwillingsbereifung in Kilogramm
– M = Geschwindigkeitssymbol (M = 130 km/h).

Damit die Eigenschaften der Bereifung optimal genutzt werden können, ist es zwingend notwendig, den Luftdruck und die Profiltiefe der Reifen ständig zu kontrollieren.

## Luftdruck

Die Reifen verlieren konstant kleinste Mengen Luft, deshalb sollte der Luftdruck alle vier Wochen überprüft werden. Der Luftdruck muss am kalten Reifen gemessen werden, weil warme Reifen einen höheren Druck aufweisen. Nach dem Messen des Luftdrucks ist darauf zu achten, dass die Ventilkappen wieder aufgeschraubt werden, damit die Ventile nicht verschmutzen.

**Zu wenig** Luft im Reifen führt zu
- Kantenverschleiß,
- erhöhtem Treibstoffverbrauch durch höheren Rollwiderstand,
- Reifenüberhitzung; der Reifen wird schneller spröde und
- der Beeinträchtigung der Lenkpräzision.

Wird ein Reifen mit 20 % Unterluftdruck gefahren, sinkt seine Leistung um durchschnittlich 26 % (von 100 % auf 74 %) in allen Leistungsbereichen.

Bei **zu viel Luft** im Reifen entsteht
- ein erhöhter Verschleiß der Reifenmitte und damit eine verkürzte Lebensdauer der Bereifung,
- eine geringere Fahrbahnhaftung und damit ein längerer Bremsweg.


### Reifenprofiltiefe

Das Leistungspotenzial eines Fahrzeugreifens kann sich nur entfalten, wenn der Reifen über eine ausreichende Profiltiefe verfügt. Vom Gesetzgeber vorgeschrieben ist eine *Mindestprofiltiefe von 1,6 Millimetern*.

Zur Kontrolle der Profiltiefe sind fast alle Reifen mit Abnutzungsindikatoren des Herstellers versehen. Diese Indikatoren sind 1,6 Millimeter hohe Stege in den Hauptprofil-Rillen der Laufflächenmitte.

Unregelmäßiger Abrieb kann auch durch falsche Spureinstellung entstehen, was am Reifen durch übermäßigen Innen- oder Außenverschleiß erkannt werden kann.
Wenn dieses „Problem" entdeckt wird, sollte durch eine Fachwerkstätte die Spur nachgestellt werden.


### Das Nachschneiden des Reifenprofils

Die Verwendung von nachgeschnittenen Reifen an Personenkraftwagen (Pkw), an Zweirädern und anderen Kraftfahrzeugen bis zu einem zulässigem Gesamtgewicht von 3,5 Tonnen ist *unzulässig*.

An Kraftomnibussen (KOM) mit einer zulässigen Höchstgeschwindigkeit von 100 km/h sind nachgeschnittene Reifen nur an Achsen mit Zwillingsbereifung oder sogenannten Vorlauf- oder Nachlaufachsen zulässig.

101

Reifen dürfen nur nachgeschnitten werden, wenn sie auf den Seitenwänden die Zusatzkennzeichnung „*REGROOVABLE*" oder das entsprechende Symbol tragen (gemäß Abs. 3.1.9 der ECE-R 54 in der Fassung der 2. Ergänzung vom 3. September 1989).

Das Nachschneiden von Reifen darf nur durch qualifiziertes und sachkundiges Personal durchgeführt werden. Reifen dürfen nur nach den von den Reifenherstellern herausgegebenen Anleitungen nachgeschnitten werden, die detaillierte Angaben zur Reifengröße und -profil vorgeben. Das Nachschneiden darf nur mit heizbaren Schneidewerkzeugen durchgeführt werden. Es sind nur abgerundete Messerformen nach Angaben des Reifenherstellers zulässig. Das Nachschneiden ist in jeder dafür vorgesehenen Profilrille nur einmal zulässig.

**Reifenservice der Werkstatt**

Der notwendige Reifenservice umfasst:

⇨ geplante und ungeplante Reifenerneuerungen

⇨ Überwachung der Reifenlaufleistung

⇨ Ermittlung des Reifenverschleißes

⇨ für den Einkauf: Bedarfsermittlung nach Zeit, Art und Menge

Neuerdings bieten einige Reifenhändler einen Reifen-Vollservice an. Bei diesem Service wechselt der Händler die Reifen auf Abruf. Somit entfallen für den Fuhrpark die Reifenlagerkosten sowie die Montageeinrichtungen der betriebseigenen Werkstatt. Diese Dienstleistung einiger Händler umfasst häufig auch einen räumlich begrenzten Notdienst auf der Straße. Nach Abruf werden die defekten Reifen rund um die Uhr auf der Straße gewechselt, was vor allem im Nutzfahrzeugbereich wertvoll sein kann.

## 1.1.4 Material- und Ersatzteilbeschaffung

Die Ersatzteilbeschaffung erfolgt unmittelbar aus dem Werkstattlager (sofern eines vorhanden ist). Sie ist so zu organisieren, dass eine sofortige Bereitstellung der benötigten Ersatzteile erfolgen kann. Es wird jedoch auch eine Reduzierung der Lagerkosten und eine damit verbundene Reduzierung des Lagerbestandes angestrebt. Dieser Effekt kann mit Hilfe von Verträgen mit Ersatzteillieferanten mit sofortiger Lieferverpflichtung kostengünstig erzielt werden.

Aufgrund von Erfahrungs- bzw. Vergangenheitswerten und der Höhe des gebundenen Kapitals je Ersatzteil muss entschieden werden, welche Ersatzteile in welchen Mengen zu bevorraten sind.

Ersatzteilbestellungen erfolgen meist durch Lieferantenabrufe aus Rahmenverträgen.

Ist nur noch eine bestimmte Anzahl von Artikeln auf dem Lagerplatz vorhanden, erfolgt mittels EDV eine Lagerbestandsmeldung. In Folge dessen wird eine Bestellung ausgelöst. Grundlage hierfür ist eine gepflegte und zeitnahe Datenbasis über Lagerbestände (z. B. SAP/R3 Modul MM).

Sind die für die Reparatur- oder Wartungsarbeiten notwendigen Ersatzteile nicht im Lager vorrätig, werden diese vom Schnelleinkauf beschafft, was in der Regel teurer ist als die „Normalbeschaffung". Im ungünstigen Fall verlängert sich dann die Verweildauer des Fahrzeuges in der Werkstatt um die Beschaffungsdauer der Ersatzteile.

Deshalb sollte die Materialbeschaffung und Verwaltung sorgfältig und systematisch durchgeführt werden.

## Bedarfsermittlung der Materialbeschaffung für die Werkstatt

Das betriebswirtschaftliche Instrument für die Bedarfsermittlung in der Materialbeschaffung sowie die richtige Bevorratung ist die Materialrechnung. Sie erfolgt mit Hilfe einer spezifischen Datenerfassung und sie ist ein Teil des betrieblichen Rechnungswesens.

Die Mengenkontrolle beginnt mit der Erfassung beim Materialeingang, bezieht sich auf die Bestände im Lager und endet beim Materialausgang bzw. der Materialverwendung. In einer laufenden Kontrollrechnung sind Materialeingänge, Materialbestände und die Materialentnahmen zu registrieren.

Die Durchlaufzeit beziehungsweise Lagerzeit des Materials wird mit folgender Formel gemessen:

 **Formel:**

$$\frac{\text{Durchschn. Lagerbest./Tag} \times 360\ \text{Tage}}{\text{Materialverbrauch/Jahr}} = \text{Durchschn. Lagerzeit}$$

Je länger die durchschnittliche Lagerzeit ist, desto höher ist die Kapitalbindung verbunden mit den entsprechenden Kosten. Eine kürzere durchschnittliche Lagerzeit des Materials wird durch geringere Lagerbestände erreicht.

Geringere Lagerbestände führen zu niedrigen Kosten, insbesondere weniger Zinskosten und weniger Raumkosten. Dies wiederum hat zur Folge, dass kleinere Mengen gekauft werden, wobei bei den von Verkäufern angebotenen Mengenrabatten Abstriche gemacht werden müssen und das benötigte Material eventuell nicht rechtzeitig bereitsteht.

Wo nun der **richtige Mittelweg** ist, muss **ständig rechnerisch ermittelt werden**; dies ist nur durch sorgfältige Aufzeichnungen aller Einflussfaktoren möglich.

**Der Prozess bis zur Erstellung eines Beschaffungsplans**

Die Vorgehensweise bei der Materialbeschaffung lässt sich in vier Schritte gliedern:

*1. Schritt: Erfassung des Ist-Zustands*
– Lagerbestände abrufen
– permanente Einzelinventur
– Buchinventur per EDV
– Jahresinventur infolge der Bilanzerstellung
– Warenannahme durchleuchten, Kontrollen und Systematik überprüfen
– „Lebenslauf" von hochwertigen Anlagegütern einführen

### 2. Schritt: Prüfung des Materialbedarfs
– periodisches Abrufen des Materialbedarfs der Werkstattbereiche
– Materialverbrauchskontrollen
– Bestellmengenüberprüfung
– Fehlbestandsmeldungen einführen bzw. überprüfen
– Materialausgangsmeldungen überprüfen

### 3. Schritt: Feststellung des Bestandsoptimums
– Materialdurchlaufzeitenerfassung
– Materialqualitätsprüfung
– Lieferantenauswahl überprüfen
– Lieferzeiten, -preis, -bedingungen überprüfen
– Rabatte nachfragen und überprüfen
– Zahlungsziele prüfen

### 4. Schritt: Fixierung des Beschaffungsplans
– Flexible Materialbudgetierung
– kurz-, mittel- und langfristige Mengenplanung festlegen
– Materialpuffer materiell und finanziell einplanen
– Verknüpfungsmöglichkeiten von steuerlichen Abschreibungen sowie
  Beschaffungszeiten prüfen und festlegen

## 1.2 Umweltschutz in Werkstätten

In fast allen Bereichen ist der Umweltschutz zu einem zentralen Thema geworden, denn dieses Thema hat im Bewusstsein der Bürger, des Gesetzgebers und vor allem bei den Kontrollbehörden seinen festen Platz gefunden.

Vor allem in den Werkstätten werden die Gewerbeaufsichtsämter häufig fündig und verhängen empfindliche Bußgelder.
Ein Problem bei der Befolgung der Umweltvorschriften besteht in der Flut von Gesetzen, Verordnungen, Richtlinien und Satzungen, die der Gesetzgeber über den Betrieben ausgeschüttet hat. Hinzu kommt, dass fast jedes

Bundesland den Bundesvorschriften eigene Rechtsvorschriften hinzugefügt hat.

Beachten Sie also die für Ihren Betrieb relevanten Gesetze und Verordnungen genau! Zur groben Orientierung hier einige Hinweise:

Der beste Umweltschutz ist die Vermeidung von Abfällen; wenn eine Vermeidung nicht möglich ist, wie beispielsweise beim Altöl, sollte die Fuhrparkleitung sicherstellen, dass die Firma, die das Produkt verkauft hat, die Reststoffe zurücknimmt und zur Entsorgung per Vertrag verpflichtet wird.

Zum Teil wird diese Rücknahmeverpflichtung sogar vom Gesetzgeber vorgeschrieben; vorsichtshalber sollte diese Verpflichtung in den Kaufvertrag eingebracht werden.

---

**Praxistipp:**

Informationsquellen für Umweltauflagen sowie gesetzliche Vorschriften für die Werkstatt sind unter anderem die Innungen der Handwerkskammern, Industrie- und Handelskammern (IHK) sowie die Branchenverbände. Einige dieser Institutionen haben spezielle Beratungsstellen eingerichtet.

Die Kontroll- und Prüforgane wie TÜV, GTÜ und DEKRA bieten sogar einen Check des Betriebes unter Umweltgesichtspunkten gegen Gebühr an.

---

## 1.3 Outsourcing von Reparaturen und Instandhaltungen

Outsourcing bedeutet das Auslagern von betrieblichen Leistungen auf Dritte. Im Fokus bei der Überlegung von Outsourcingprojekten im Fuhrpark- und Flottenmanagement steht immer die Frage, ob es nicht günstiger wäre, die Reparaturen- und/oder Wartungsarbeiten durch Fremdwerkstätten durchführen zu lassen.

Eine generelle Aussage, die auf alle Betriebe zutrifft, kann hierbei nicht getroffen werden, da die Problemstellungen in diesem Bereich sehr unterschiedlich sind. Deshalb haben wir als Entscheidungshilfe die wichtigsten Pro- und Contra-Argumente nachfolgend aufgelistet.

## Argumente für eine eigene Werkstatt

- Die eigene Werkstatt ist unbedingt notwendig, da der Fuhrpark Tag und Nacht einsatzbereit sein muss.

- Die Fahrzeuge können über einen längeren Zeitraum eingesetzt werden, da die eigene Werkstatt billiger reparieren kann; als Nebenzweck steigt der Auslastungsgrad der Werkstatt durch die längere Einsatzdauer der Fahrzeuge.

- Die Ersatzteilpreise sind in der eigenen Werkstatt in der Regel günstiger, da die Handelsspanne der Fremdwerkstatt meistens wegfällt und Mengenrabatte in Anspruch genommen werden können.

- Bei einem Fuhrpark mit Fahrzeugen vom selben Hersteller ist die Werkzeugbeschaffung, die Bereitstellung von Ersatzteilen und die Durchführung von Wartungsarbeiten in der eigenen Werkstatt besonders günstig.

- Die Personalkosten und damit die Stundensätze sind in der eigenen Werkstatt günstiger.

- Die Werkstattmitarbeiter können bei wenig Arbeit auch zu anderen Arbeiten (zum Beispiel als Fahrer) eingesetzt werden.

- Die eigene Werkstatt kann flexibler auf die Sonderwünsche/Sonderanforderungen des eigenen Fuhrparks reagieren.

- Die eigene Werkstatt kann zusätzlich zu den Wartungs- und Reparaturarbeiten auch Sonderaufbauten, Sonderausstattungen und Spezialanbauten nach den Anforderungen und den Wünschen der Kundschaft modifizieren.

- Bei geringem Auslastungsgrad können auch Fahrzeuge Dritter repariert und gewartet werden.

## Argumente gegen eine eigene Werkstatt

- In der eigenen Werkstatt ist im Krankheitsfall und in der Urlaubszeit auch nicht immer das notwendige Fachpersonal da, außerdem kann der Notdienst der Fahrzeughersteller gerufen werden.

- Beim Einsatz neuwertiger Fahrzeuge können Transporte zuverlässiger durchgeführt werden. Die Reparaturen sind in der Regel Garantiesache des Herstellers und die eigene Werkstatt ist dann überflüssig.

- Die Einkaufspreise von Ersatzteilen sind zwar teurer, aber das Unternehmen muss keine kapitalbindenden Vorräte an Ersatzteilen vorhalten.

- Bei der Nutzung von Fremdwerkstätten ist ein dem Markt angepasster, gemischter Fuhrpark unterschiedlicher Marken und Typen kein Problem, da weder unterschiedliche Werkzeuge noch Ersatzteile vorgehalten werden müssen.

- Die Ausstattung des Spezialisten bzw. der Markenwerkstatt ist immer auf dem neuesten Stand und wird vom Hersteller mit geschultem Fachpersonal bedient.

- Die zusätzlich entstehenden Verwaltungskosten der Werkstatt müssen berücksichtigt werden.

- Der Auslastungsgrad ist bei der eigenen Werkstatt geringer und deshalb teurer als bei Fremdwerkstätten.

- Bei fabrikneuen Fahrzeugen dürfen in der Garantiezeit nur vom Fahrzeughersteller lizenzierte Betriebe Reparatur- und Wartungsarbeiten durchführen.

Es gibt, individuell betrachtet, bestimmt noch zahlreiche weitere Pro- und Contra-Punkte, aber auch diese können Ihnen sicherlich nicht die letztendliche Entscheidung für oder gegen eine eigene Werkstatt abnehmen.

Ausschlaggebend ist schließlich, welches Ergebnis bei einer „ehrlichen" Kosten- und Leistungsrechnung unter Berücksichtigung aller Kosten und Nebenkosten im Verhältnis zu den geldwerten Vorteilen am Ende herauskommt.

### Freie oder markengebundene Fremdwerkstätten

In der Praxis taucht beim Einsatz von Fremdwerkstätten immer wieder die Frage auf, ob man eine markengebundene Werkstatt aufsuchen soll.
Die Fahrzeughersteller argumentieren, dass bei Reparaturen mit Original-

teilen eine Herstellergarantie für das Fahrzeug erhalten bleibt, dass die Markenwerkstätten über neue Modelle besser informiert werden, dass sie alle Spezialwerkzeuge und notwendigen Maschinen besitzen, dass teilweise Vorgaben/Empfehlungen bei Reparaturpreisen vorhanden sind und dass ein umfangreiches Ersatzteillager vor Ort zur Verfügung steht.

Die freien Werkstätten werfen dagegen eine sicherlich nicht unrichtige Behauptung in den Argumentationsring: Wir sind preisgünstiger, unsere Ersatzteile sind qualitativ genauso gut wie die vom Hersteller, auch wir geben Garantien.

Letztendlich entscheidend werden die Servicebestandteile wie Öffnungszeiten, Schnelligkeit und Qualität der Arbeit sowie die Beratungsleistung durch das Personal der Werkstatt dafür sein, ob der Fuhrparkleiter sich für die eine oder andere Werkstatt entschließt.

## 1.4 Praxistipps für die Erhöhung der Produktivität der eigenen Werkstatt

Die Entscheidung **für** den Bestand der eigenen Werkstatt kann durch eine Verbesserung der Wirtschaftlichkeit und Flexibilität gefördert werden.

Nachfolgend ein paar Tipps, wie die Produktivität der eigenen Werkstatt gefördert werden kann:

**Praxistipp:**

– Steigerung der Werkstattauslastung durch Wartungs- und Reparaturarbeiten für Dritte.

– Konzentration der eigenen Werkstatt auf häufig anfallende Routinearbeiten; aufwändigere Fachreparaturen sollten an Fremdwerkstätten vergeben werden, da diese in eigener Regie nur sehr selten kostengünstiger durchgeführt werden können.

– Der Einsatz von modernen Arbeitszeitformen, wie zum Beispiel der Gleitarbeitszeit, erhöht die Motivation der Arbeitnehmer und die Arbeitszeit kann flexibler an die Bedürfnisse des Unternehmens angepasst werden.

– Die Kernarbeitszeit des Werkstattpersonals sollte dann angesetzt werden, wenn die Fahrzeuge von den Touren zurückkehren, damit sofort mit Wartungs- und Reparaturarbeiten begonnen werden kann.

– Durch einen ausgeklügelten Arbeitsverteilplan, verbunden mit den Wartungsplänen der Fahrzeuge für Routinetätigkeiten (Pflege- und Wartungsarbeiten), kann eine gleichmäßigere Auslastung der Werkstätte entstehen.

– Reparatur und Wartungsarbeiten sollten möglichst in Zeiten durchgeführt werden, in denen die Fahrzeuge sowieso nicht eingesetzt werden, um Ausfallkosten zu vermeiden.

– Es sollte ein Werkstatt-Bereitschaftsdienst für Notfälle eingerichtet sein.

– Eine zu geringe Werkstattausstattung mindert die Leistungsfähigkeit des Personals. Eine zu umfangreiche Auslastung treibt die Werkstattkosten in die Höhe. Deshalb sollte eine mit dem Fach- und Führungspersonal abgesprochene bedarfsgerechte Werkzeug- und Geräteausstattung vorhanden sein.

– Um die Effektivität und Produktivität der Werkstatt zu überprüfen und zu fördern, ist ein Controlling durch eine neutrale Instanz zwingend erforderlich. Dies kann bei kleineren Unternehmen über Dritte Dienstleister wie TÜV, DEKRA oder GTÜ erfolgen oder durch die Controllingabteilung des Unternehmens. Der Rhythmus des Controllings hängt von der Größe der Werkstatt ab, aber einmal im Jahr sollte als Mindeststandard angesehen werden.

## 1.5 Technische Prüfungen für Kraftfahrzeuge

Nachfolgend aufgelistet sind die vom Gesetzgeber vorgeschriebenen Prüfungsintervalle, die der Fahrzeughalter als Hauptverantwortlicher beachten muss.

### Hauptuntersuchung (HU) und Sicherheitsüberprüfung (SP)

| Kraftfahrzeugart | HU alle | SP alle |
|---|---|---|
| Krafträder | 24 Mon | -- |
| Pkw erstmals in den Verkehr genommen | 36 Mon | -- |
| .. danach | 24 Mon | -- |
| Pkw zur Personenbeförderung | 12 Mon | -- |
| Krankenwagen und Behindertentransporter bis zu 8 Fahrgastplätzen | 12 Mon | -- |
| KOM und andere Kfz zur Fahrgastbeförderung **mit mehr als 8 Fahrgastplätzen** und erstmals in den Verkehr genommen | 12 Mon | -- |
| .. danach | 12 Mon | 6 Mon |
| .. nach den ersten 6 Monaten für SP | -- | 3/6/9 Mon |
| Kfz zur Güterbeförderung, selbstfahrende Arbeitsmaschinen, Zugmaschinen sowie andere Kfz, die nicht oben aufgeführt sind | | |
| **< 40 km/h oder ≤ 3,5 t** zulässiger Gesamtmasse | 24 Mon | -- |
| **> 3,5 t ≤ 7,5 t** zulässiger Gesamtmasse | 12 Mon | -- |
| **> 7,5 t ≤ 12 t** zulässiger Gesamtmasse, erstmals in den Verkehr genommen **in den ersten 36 Monaten** | 12 Mon | -- |
| .. danach | 12 Mon | 6 Mon |
| **> 12 t** zulässiger Gesamtmasse, erstmals in den Verkehr genommen **in den ersten 24 Monaten** | 12 Mon | -- |
| .. danach | 12 Mon | 6 Mon |

| Kraftfahrzeugart | HU alle | SP alle |
|---|---|---|
| Anhänger, einschließlich angehängte Arbeitsmaschinen und Wohnanhänger | | |
| ≤ 0,75 t zulässiger Gesamtmasse und ohne eigene Bremsanlage, erstmals in den Verkehr genommen | 36 Mon | -- |
| .. danach | 24 Mon | -- |
| gekennzeichnet mit Geschw. Schild ≤ 40 km/h oder >0,75 t ≤ 3,5 t zulässige Gesamtmasse | 24 Mon | -- |
| > 3,5 t ≤ 10 t zulässige Gesamtmasse | 12 Mon | -- |
| >10 t zulässige Gesamtmasse, erstmals in den Verkehr genommen in den ersten 24 Monaten | 12 Mon | -- |
| .. danach | 12 Mon | 6 Mon |
| Wohnmobile < 3,5 t zulässiges Gesamtgewicht und erstmals in den Verkehr genommen | 36 Mon | -- |
| .. danach | 24 Mon | -- |
| > 3,5 t < 7,5 t in den ersten 72 Monaten | 24 Mon | -- |
| .. danach | 12 Mon | -- |
| > 7,5 t | 12 Mon | -- |

*Abbildung 11: Hauptuntersuchung und Sicherheitsüberprüfung*

⇨ **AU (Abgasuntersuchung) immer fällig mit der HU (Hauptuntersuchung)** Ausnahmen: siehe StVZO Anlage VIII Nr. 1.2.1.2

⇨ **HU ersetzt nicht SP (Sicherheitsüberprüfung)!!!**

### Gassysteme

Für LPG (verflüssigtes Gas) und CNG (komprimiertes Erdgas) in und für Antriebs- oder sonstige Gasanlagen, muss nach dem Einbau eine **Gassystemanlagenprüfung** durchgeführt werden. Anschließend muss gem. § 21 StVZO durch eine Prüforganisation die erforderliche **Betriebserlaubnis für Einzelfahrzeuge** erstellt werden. Danach wird immer, nach **maximal** 12 Monaten, **vor** jeder HU eine **Gasanlagenprüfung** fällig.

Diese ist ebenfalls nach jeder Reparatur, auch nach einer Beeinträchtigung durch Brand oder Unfall vorgeschrieben.

## Feuerlöscher

In Kraftomnibussen muss mindestens ein Feuerlöscher mit 6 kg Füllmasse, in Doppeldeckfahrzeugen müssen mindestens zwei Feuerlöscher mit 6 kg Füllmasse mitgeführt werden. Zulässig sind nur Feuerlöscher, die mindestens mit den Brandklassen A/B/C amtlich zugelassen sind.

Ein Feuerlöscher ist in unmittelbarer Nähe des Fahrersitzes, in Doppeldeckfahrzeugen der zweite Feuerlöscher auf der oberen Fahrgastebene unterzubringen.

Das Fahrpersonal muss mit der Handhabung der Löscher vertraut sein; hierfür ist neben dem Fahrpersonal auch der Fahrzeughalter verantwortlich. Der Fahrzeughalter muss Feuerlöscher in Kraftomnibussen regelmäßig, mindestens einmal innerhalb von 12 Monaten, gem. § 35 g StVZO durch fachkundige Prüfer kontrollieren lassen.

Feuerlöscher in GGVS Fahrzeugen müssen alle 24 Monate gem. Anlage 2 Nr. 2.4 GGVSE überprüft werden.

## Erste Hilfe Ausstattung in Kraftfahrzeugen

Gem. § 31 b und 35 h der StVZO ist der Fahrzeugführer verantwortlich für die regelmäßige Überprüfung von Vollständigkeit, Unversehrtheit, Vorschriftsmäßigkeit und Mindesthaltbarkeit der Erste-Hilfe-Ausstattung.

Der Inhalt kann anhand des (meist beiliegenden) Normblattes DIN 13164 kontrolliert werden. Das Mindesthaltbarkeitsdatum ist entweder auf der Verpackung und/oder auf den Verpackungen des einzeln verpackten Verbandmaterials aufgebracht.

## Automatisches Mauterhebungssystem

Für die Überprüfung der Erhebungsbereitschaft ist der Fahrzeugführer vor Benutzung einer mautpflichtigen Straße verantwortlich. Sollte ein Fehler am automatischen Mauterhebungssystem auftreten, muss das manuelle Mauterhebungssystem genutzt werden (§ 6 u. § 7 LKWMautV).

**Fahrtenschreiber und Kontrollgeräteanlagen**

Die Überprüfung von Fahrtenschreibern und Kontrollgeräten ist vorgeschrieben:

⇨ nach dem Einbau

⇨ einmal innerhalb von 24 Monaten nach jeder letzten Prüfung

⇨ nach jeder Reparatur an der jeweiligen Anlage

⇨ nach jeder Veränderung des wirksamen Reifenumfangs des Kfz, die sich aus der Änderung der Reifengröße ergibt

⇨ nach jeder Änderung des amtlichen Kennzeichens des Kraftfahrzeugs

⇨ wenn die UTC Zeit von der aktuellen Zeit um mehr als 20 min abweicht


## 2 Betankung des Fuhrparks

## 2.1 Betankung durch die eigene Tankstelle

Berechnungen von Experten haben ergeben, dass eine eigene Tankstelle nur dann kostengünstiger als eine fremde Betankung betrieben werden kann, wenn innerhalb eines Monates mindestens 30.000 Liter verbraucht werden.

Erst ab dieser Grenze werden die Zusatzkosten der Eigenbetankung wie Abschreibungen der Tankanlage und Wartungskosten von dem Preisvorteil egalisiert.

Diese Aussage soll jedoch nur als Faustformel dienen. Besser ist es, dies selbst zu berechnen.

Als Hilfestellung für eine derartige Wirtschaftlichkeitsberechnung wird nachfolgend eine Muster-Kostenrechnung für eine Betriebstankstelle aufgeführt. Sie müssen nur die derzeit zutreffenden Kosten einfügen.

## Muster-Kostenrechnung für eine Betriebstankstelle

| Kosten des Tankstellenbetriebes pro Jahr | Summe in Euro |
|---|---|
| Reparaturen | 780,– |
| Prüfgebühren | 620,– |
| Wartungen und Pflege der Tankanlage | 980,– |
| Tankreinigung | 260,– |
| Energiekosten | 290,– |
| Personalkosten | 7.328,– |
| Kalkulatorische Zinsen (6,5 Prozent) | |
| a. Investitionskosten Anlage (40.000 Liter) bei 97.400 Euro Kosten | 6.331,– |
| b. gelagerter Kraftstoff Ø 20.000 Liter | 1.755,– |
| Haftpflichtversicherung | 570,– |
| Gewässerschadensversicherung | 550,– |
| Feuerversicherung für Treibstoffvorräte | 65,– |
| Entsorgung Ölabscheider | 1.650,– |
| Kalkulatorische Miet-/Grundstückskosten | 5.500,– |
| Schwund | 850,– |
| Rückstellung für Abbruch und Sanierung | 3.000,– |
| Betriebswirtschaftliche AfA | |
| 97.400 : 25 Jahre | 3.896,– |
| Verwaltungskostenanteil | 1.800,– |
| **Gesamtkosten (fixe Betriebskosten)** | **36.225,–** |

Basis Euro 1,25 Einkaufspreis pro Liter

| Verbrauch in Liter | Kosten für die Tankstelle/Liter | Gesamtkosten/Liter |
|---|---|---|
| 100.000 | 0,36 | 1,61 |
| 200.000 | 0,18 | 1,43 |
| 300.000 | 0,12 | 1,37 |
| 400.000 | 0,09 | 1,34 |

*Abbildung 12: Muster-Kostenrechnung für eine Betriebstankstelle*

115

Wie an dieser Musterrechnung gut zu sehen ist, steigt die Wirtschaftlichkeit einer eigenen Tankstelle mit dem Verbrauch der Flotte.

Dieser Verbrauch und damit die Wirtschaftlichkeit kann über die Fremdbetankungen von Fahrzeugen befreundeter Firmen oder Dritter gesteigert werden.

## Bedarfsermittlung

Die Tanks sollten eine elektronische Füllstandanzeige beinhalten.

Ist nur noch eine bestimmte Menge von Benzin oder Diesel im Tank enthalten, erfolgt eine EDV-gestützte Meldung (zum Beispiel: in SAP/R3 Modul Tank).

Demgegenüber gibt es auch die Möglichkeit, dass die Kraftstoffmenge überprüft und manuell eine Bedarfsanforderung ausgelöst wird.

 **Praxistipp:**
Es sollte strikt darauf geachtet werden, dass der Tank nicht bis zum letzten Rest entleert wird. So kann verhindert werden, dass die im Laufe der Jahre unten im Tank angesammelten Ablagerungen bei einer Betankung mit angesaugt werden.

## Treibstoffeinkauf

Der Treibstoffeinkauf erfolgt in der Regel wöchentlich bzw. monatlich.

Dazu werden zunächst Preisanfragen bei gängigen Lieferanten eingeholt. Anschließend wird bei dem preiswertesten Anbieter bestellt. Dies ist ständig notwendig, da im Treibstoffbereich sehr starke Schwankungen an der Tagesordnung sind.

Deshalb ist das unentwegte Beobachten der Preisentwicklung auf dem Mineralölmarkt notwendig, damit bei einer zu erwartenden Preissteigerung oder Preissenkung entsprechend rechtzeitig gekauft werden kann.

Bei einigen Mineralölfirmen kann auch zu einem bestimmten Zeitpunkt eine größere Menge Treibstoff rabattiert eingekauft, die Menge aber erst auf Abruf in Teilen geliefert werden. Der Vorteil liegt hierbei in der entsprechend höheren Rabattstaffel.

## Treibstofftransport

Der Treibstofftransport muss unter Einhaltung der Gefahrgutverordnung Straße und Eisenbahn (GGVSE) durchgeführt werden. Er kann mit Hilfe des eigenen Fuhrparks (sofern vorhanden) vom Kraftstofflieferanten (ab Werk), über den Händler (frei Haus) oder über einen Transportunternehmer (frei Tank) durchgeführt werden.

## Tankstellenwartung

Die Standardpflege und Wartung kann in Eigenregie durchgeführt werden. Spezielle Wartungsarbeiten werden am besten an Dritte vergeben. Es gibt auch die Möglichkeit, dies über den Lieferanten, die Mineralölfirma oder komplett über einen Wartungsvertrag abwickeln zu lassen. Es existieren auch unabhängige Wartungsfirmen für Tankanlagen.

Letztendlich ist es eine Frage des Kostenvergleichs, welcher Weg bei der Wartung der Tankanlage eingeschlagen werden sollte.

## Tankabrechnung intern

Die Treibstoffmengenabrechnung erfolgt in folgenden Schritten:

- Wareneingangserfassung zur Bestellung mit Gegenprüfung der Menge und des Preises auf Rechnung und Lieferschein
- Die Buchung auf die Kostenstelle „Vorrat Tankanlage"
- Monatliche Umbuchung der getankten Menge auf die jeweilige Fahrzeug-Kostenträgerstelle nach Kraftstoffverbrauch

## 2.2 Betankung über Tankkarten

Für das Betanken der Fahrzeuge ohne eigene Tankstelle oder im Fernverkehr außerhalb des Standortes kann es zweckmäßig sein, über eine Tankkartengesellschaft die Fahrzeuge mit Tankarten auszustatten.

Nachfolgend aufgelistet die Vor- und die Nachteile bei der Verwendung von Tankkarten.

**Vorteile der Tankkreditkarten für die Fahrzeugflotte**

⇨ die Investitionen und Kosten für eine eigene Betriebstankstelle entfallen;

⇨ bargeldloses Tanken und Einkaufen in den Tankstellen;

⇨ Fahrer benötigen kleinere Bargeldsummen;

⇨ Diebstahlsicherheit durch PIN-Codierung;

⇨ die Mitführung keiner oder nur kleiner Fremdwährungssummen im Ausland;

⇨ keine überhöhten Umtauschkosten durch Wechselstuben;

⇨ in der Regel eine Nettoverrechnung in Auslandswährung, die aufwändige Mehrwertsteuer-Rückvergütungsprozedur entfällt;

⇨ die Möglichkeit einer Detail-Datenverarbeitungsauswertung der Kosten/des Verbrauchs;

⇨ die Ausgabe von Firmenkreditkaten entfällt;

⇨ Umfassende Servicemöglichkeiten einiger Kartenanbieter wie zum Beispiel Fuhrparkanalysen, Pannenhilfe, Bezahlung von Straßenbenutzungsgebühren und Fährverbindungen, bargeldlose Bezahlung von Pannenhilfen/Reparaturkosten, Versicherungsleistungen usw.

**Nachteile**

⇨ Akzeptanz der Karten nur bei bestimmten Tankstellen/Leistungsanbietern;

⇨ Bindung an ganz bestimmte Dienstleister;

⇨ das Mitführen von mehreren Tankkarten bei Langstrecken- und Auslandsfahrten;

⇨ in der Regel zusätzliche Kosten/Gebühren;

⇨ Manipulationsmöglichkeiten durch den Nutzer (zum Beispiel durch „Kollegenhilfe" oder Zusatzeinkäufe);

⇨ oft unübersichtliche Vertragsvereinbarungen;

⇨ häufig Voraussetzung: bestimmter Verbrauch oder Flottengröße;

⇨ Nachweis der Liquidität gegenüber der Tankkartenfirma (zum Teil über eine Bankbürgschaft).

## Kartenbeschaffung

Im Rahmen von Lieferantenverträgen wird für jedes Fahrzeug eine Tankkarte bereitgestellt. Die Tankkarte dient der monatlichen Abrechnung von Fremdbetankungen. Sie enthält das Fahrzeugkennzeichen, die Betriebsnummer, die Berechtigungsstufe und den Berechtigungshinweis für das Tanken von Diesel oder Benzin.

Ein Vergleich von Leistung, Konditionen und Kosten sollte vor einer vertraglichen Bindung erfolgen. Dazu zählen neben der Kartenbenutzungsgebühr auch die Konditionen für einen Kartenverlust.

Die Fachpresse veröffentlicht in regelmäßigem Rhythmus entsprechende Vergleiche.

## Tankkartenauswertungen

Die Auswertung der Verbrauchsdaten erfolgt zeit- und fahrzeugbezogen. Jeder Tankvorgang muss nachvollziehbar sein. Der Fahrer gibt bei jeder Fremdbetankung den Kilometer-Stand an.

## Abrechnung

Monatlich erfolgt durch die Fremdtankstellen eine Rechnungslegung. Die Inhalte der Rechnung sollten hinsichtlich ihrer Plausibilität überprüft werden. Die interne Abrechnung des Verbrauchs erfolgt durch die Umbuchung vom Treibstoffvorrat auf die jeweilige Fahrzeug-Kostenträgerstelle.

## Zusatzserviceangebote der Tankkarten-Anbieter

⇨ Vergabe von Warenberechtigungsstufen (unterschiedliche Kaufberechtigungen der Nutzer);

⇨ Kombination Tankkarte und Kreditkarte (Tankkarten mit Kreditkartenfunktion);

⇨ Kombination Tankkarte und Herstellerservicekarte (diese Joint-Venture-Karten werden noch von der Kartellbehörde geprüft);

⇨ Versicherungsservice (Kombination Tankkartenservice mit Versicherungsleistungen);

⇨ Aktuelle Spritpreise der einzelnen Stationen des Tankstellenetzes (Preisinformationssystem per E-Mail oder Internet);

⇨ E-Mail-Service mit den Daten der letzten Betankungen;

⇨ Verbrauchs- und Rechnungsanalysen (auf Papier oder per Datenträger);

⇨ Detaildatenabruf per Internet (Abruf, wie viel Kraftstoff wann oder wo getankt wurde und wie hoch der Spritpreis war);

⇨ Online-Bestellservice von Kfz-Ersatzteilen;

⇨ Online-Datenbanken mit Informationen über das Tankstellennetz (inklusive eines Routenplaners);

⇨ Online-Informationssysteme für aktuelle Infos (Fähr-, Tunnel-, Maut-, Fahrverbots- und Stauinformationen);

⇨ Kombination der Tankdaten mit einem Programm zur Fuhrparkverwaltung (Schnittstelle online oder per Diskette);

⇨ Reparaturrechnungs-Kontrolle (Kontrolle der Reparaturrechnungen auf Plausibilität);

⇨ Fuhrpark-Management-Systeme (Auswertung von Daten wie Kilometerstand je Fahrperiode, Kraftstoffverbrauch und Nebenkosten sowie Stamminformationen über Fahrer und Fahrzeug, Fuhrparkcontrolling).

## 2.3 Einsparpotential Treibstoffe

Die Treibstoffkosten haben sich in den letzten Jahren mehr als verdoppelt und müssen vom Fuhrparkbetreiber immer kritischer betrachtet werden.

Die Kostentreiber waren und sind zum einen der Staat über diverse Steuererhöhungen wie zum Beispiel die Ökosteuer, zum anderen die Einflussfaktoren des Marktes wie der Dollarkurs, die Hochpreispolitik der Mineralölkonzerne und der Krisenherd Nahost.

Ein weiterer Grund über das Problem Treibstoffe intensiv nachzudenken ist das steigende Umweltbewusstsein in der Bevölkerung. Dieses führt auf politischen Weg zu Kosten treibenden Reglementierungen wie beispielsweise Fahrverboten.

Ein Ende dieser Kostenspirale ist leider nicht in Sicht; aus diesem Grund muss der Fuhrparkleiter alle Möglichkeiten prüfen, die zu einer Reduzierung dieser Kosten führen könnten.

In diesem Kapitel werden mögliche Einsparpotentiale sowie die Vor- und Nachteile verschiedener Alternativ-Antriebe beschrieben.

## 2.3.1 Treibstoffreduzierungen

Die einfachste Form die Treibstoffkosten zu reduzieren ist, vorhandenes Einsparpotential zunächst einmal auszuschöpfen. Nachfolgend aufgelistet sind einige Anregungen wie Einsparungen realisiert werden könnten:

**Fahrer als Sparquelle**

– *Das Problembewusstsein des Fahrpersonals schärfen:* Dem Fahrpersonal sollten, z. B. im Rahmen von Betriebsversammlungen, Kostensteigerungen aufgrund der Treibstoffpreiserhöhungen sowie deren Auswirkungen mittels betrieblicher Statistiken erläutert werden. Im Fokus muss die Erhöhung der Wettbewerbsfähigkeit des Unternehmens durch das Ausschöpfen aller möglichen Einsparpotentiale sein (Arbeitsplatzsicherung).

– *Schulungen zum sparsamen Fahren:* Wenn das Bewusstsein geschärft wurde, kommt als nächster Schritt die technische Schulung des Fahrpersonals zur sparsamen Fahrweise. Hierzu bieten verschiedene Institutionen wie z. B. TÜV, DEKRA, ADAC, GTÜ und SVG Kurse an, die in der Praxis auch tatsächlich zu Einsparungen führen. Erfahrungsgemäß müssen diese aber regelmäßig, am besten im Jahresrhythmus, wiederholt werden.

– *Interner Wettbewerb:* Dieser Einspareffekt kann über die Ausschüttung von Einsparprämien an die besten Fahrer zusätzlich verstärkt werden. Durch den Wettbewerb bleibt das Thema den Fahrern zudem dauerhaft präsent.

### Vorbeugen mit technischen Maßnahmen

Ein nicht zu unterschätzendes Einsparpotential liegt in der sorgfältigen Arbeit der Werkstatt. Diese beginnt bei der optimalen Bereifung, der Wahl des richtigen Reifenprofils und der Reifendruckprüfung. Sie setzt sich fort über die Einhaltung der Wartungsintervalle, die regelmäßige Einstellung der Einspritzpumpen und der Motoren und reicht bis zum Betrieb der Zusatzheizungen mit Heizöl statt Diesel.

### Disposition als Einsparquelle

Ein großer Anteil an Einsparpotential liegt häufig in der Fahrzeugdisposition. Hier stellen sich die Kernfragen:

– Wurde das richtige Fahrzeug für den Einsatz gewählt?
– Was ist zu tun, um Leerkilometer auf ein Minimum zu reduzieren?
– Gibt es unnütze Fahrten (z. B. Privatfahrten, Autobahnvermeidungsfahrten (Maut) oder Umwegfahrten)?
– Wird an der günstigsten Tankstelle getankt (Ausland, eigene Tankstelle)?
– Wird regelmäßig der Spritverbrauch der Fahrzeuge kontrolliert (u. a. Plausibilitätskontrollen wegen Diebstahl usw.)?
– Werden die Tanknebenkosten geprüft und verglichen (Tankkartengebühren)?

**Einsparpotential Fahrzeug**

Mittelfristig bieten sich Einsparmöglichkeiten durch einen für den Einsatz optimierten Fuhrpark. Hierbei sind die wichtigsten Fragen:

– Entspricht die Motorstärke den Einsatzanforderungen (Unter- oder Übermotorisierung)?
– Hat das Fahrzeug den richtigen Antriebsstrang?
– Entspricht die gewählte Tankgröße den notwendigen Tankintervallen?
– Gibt es einsetzbare Treibstoffalternativen?

Nicht zuletzt sollte bei der Neu- und Ersatzbeschaffung der Fahrzeuge der Spritverbrauch ein wichtiger Entscheidungsgrund sein.

**Einsparpotential Fahrweise**

Nachfolgend sind die wichtigsten Maßnahmen zur Senkung des Treibstoffverbrauchs aufgeführt:

⇨ Nicht hektisch schalten;

⇨ beim Stand nicht mit dem Gaspedal spielen;

⇨ bei Automatikgetriebe den Kickdown vermeiden;

⇨ beim Starten keine Kupplung treten (Gang rausnehmen);

⇨ Motor nicht im Stand warmlaufen lassen;

⇨ Abstand halten um unnötige Bremsmanöver zu vermeiden (vorausschauende Fahrweise);

⇨ Anfahren im ersten Gang mit wenig Gas;

⇨ nach Drehzahlmesser, nicht nach Gehör fahren;

⇨ wo möglich mit niedriger Drehzahl fahren;

⇨ vor Einfahrt in Ortsbereich/Stadtbereich weg vom Gas ausrollen lassen;

⇨ bei Autobahnausfahrten und -einfahrten im Zielbereich rechtzeitig weg vom Gaspedal;

⇨ bei längeren Stopps Motor ausschalten;

⇨ zügig im Reißverschlussverfahren einordnen;

⇨ nach längeren Pausen vorsichtig Gas geben.

## 2.3.2 Alternative Treibstoffe

### Biodiesel

Kaum ein Treibstoff ist so umstritten wie der so genannte Biodiesel. Der große Vorteil des Biodiesels, der an den Zapfsäulen deutlich weniger als traditioneller Diesel kostet, hat dazu geführt, dass inzwischen viele Fuhrparks diesen so genannten „gelben Stoff" einsetzen. Dennoch kann Biodiesel aufgrund seiner besonderen Eigenschaften für Probleme sorgen.

Biodiesel wird chemisch als Rapsmethylester, kurz RME, bezeichnet. Die Veresterung des reinen, kaltgepressten Rapsöles mit Methylalkohol verleiht dem Pflanzenöl eine dem Diesel ähnliche Fließfähigkeit. Damit erst erfüllt dieser Kraftstoff die Voraussetzung für den Einsatz in moderne Direkteinspritzer-Dieselmotoren.

Doch nicht alle Fahrzeuge vertragen den Kraftstoff Biodiesel (RME). In der Vergangenheit wurden immer wieder Schäden am Kraftstoffsystem oder/ und an der Einspritzpumpe sowie den Einspritzdüsen festgestellt. Verursacht wurden derartige Schäden durch die zersetzende Wirkung des RME auf Weichmacher, die in einigen Kunststoffarten und Gummimischungen enthalten sind. Werden allerdings Kunststoffe verwendet, die auf Fluorelastomeren basieren, gibt es diese Probleme nicht.

Idealerweise sollte mit dem Fahrzeughersteller/Fahrzeugverkäufer bei der Beschaffung des Fahrzeuges darüber geredet werden. Einige Hersteller geben inzwischen dem Käufer schriftlich, dass RME problemlos verwendet werden kann, da die verwendeten Kunststoffe nicht anfällig gegenüber dem RME sind.

Zu diesem Problem kann das Verstopfen der Kraftstofffilter hinzukommen, was eine Leistungsverminderung des Motors zur Folge hat. Verursacht wird dies durch den Umstand, dass RME sich wie ein Lösungsmittel verhält, das zuvor festsitzende Dieselrückstände aus Tank und Leitungen löst, in den Filter transportiert und somit zu der geschilderten Verstopfung führt.

Um dieses Problem in den Griff zu bekommen, muss nach dem ersten Wechsel von Diesel auf RME der Kraftstofffilter nach zwei spätestens drei Tankfüllungen gewechselt werden. Der Filterwechsel sollte anschließend im 60.000 Kilometerrhythmus durchgeführt werden.

Ein weiteres Problem ist, dass das RME stark Wasser anziehend ist. Deshalb ist es notwendig, die Wasserablassschraube am Filtergehäuse häufiger zu kontrollieren.

Für zusätzliche Probleme können verschlissene Kolbenringe, viele Kaltstarts und häufiges Fahren mit geringer Last sorgen. Dies kann dazu führen, dass relativ viel RME über die Zylinderwände und Ölabstreifringe in den Ölsumpf transportiert wird. Hier hilft nur ein sofortiger Ölwechsel - sonst droht das vorzeitige Aus für den Motor.

Besonders sollte auf die normgerechte Qualität des RMEs geachtet werden. Dann sollte RME bis -20 Grad Celsius voll fließfähig sein. Bei größerer Kälte muss der Treibstoff jedoch vorgewärmt werden.

Zudem muss mit einem höheren Verbrauch gerechnet werden.

Neben den geringen Beschaffungskosten hat der Biodiesel jedoch einen weiteren großen Vorteil. Dieser liegt in den geringen Vorschriften bei der Lagerung des Stoffes, der weder als Gefahrgut noch als Gefahrstoff eingestuft wird.

*Fazit*

Biodiesel kann nur dann eine wirtschaftliche Alternative zum herkömmlichen Treibstoff sein, wenn der Gesetzgeber auch weiterhin den Biodiesel subventioniert und somit den Liter wesentlich günstiger als Benzin und Diesel macht (20 Prozent bzw. 10 Prozent).

Sollte der Hersteller keinen „Freibrief" für den Biodieseleinsatz geben, ist vom Einsatz abzuraten, da die Neuwagengarantie dann nur eingeschränkt gültig ist.

## Hybridantrieb als Alternative

Fahrzeuge mit einem so genannten Hybridantrieb werden in der Grundlast durch einen herkömmlichen Benzin- bzw. Dieselmotor betrieben und durch einen zusätzlichen Elektromotor umweltschonend ergänzt.

Je nach Fahrsituation arbeiten gleichzeitig beide oder nur ein Motor. Im Stadtverkehr bzw. bei geringen Fahrleistungen wird das Fahrzeug durch den Elektromotor angetrieben, bei der Beschleunigung wird zusätzlich der Verbrennungsmotor zugeschaltet. Beim Bremsen hingegen wandelt der Verbrennungsmotor Bewegungsenergie in Strom um und lädt die Hochleistungsbatterie auf – der Verbrennungsmotor befindet sich im Leerlauf, der Elektromotor wird zum Generator.

Diese wiederum treibt den Elektromotor an. Kommt das Fahrzeug an einer Ampel zum Stehen, schalten sich beide Motoren ab.

Bei gängigen Hybridsystemen wird der Einsatz der verschiedenen Aggregate automatisch geregelt, wodurch bei mittleren und hohen Fahrgeschwindigkeiten der Verbrennungsmotor zum Einsatz kommt. Durch die Kombination der beiden verschiedenen Motoren beläuft sich die Kraftstoffverbrauchreduzierung auf ca. 3,5 Litern Normalbenzin pro 100 Kilometer. Manche Modelle erreichen (laut Hersteller) durch computergesteuerten Antrieb sogar eine Halbierung des vorgenannten Kraftstoffverbrauchs, was auch bedeutet, dass die Emission von Wasserstoff, Stickstoff und Kohlenstoff um bis zu 90 Prozent sinkt.

*Fazit*

Soll ein Fahrzeug im Langstreckenbetrieb mit wenig Bremsvorgängen eingesetzt werden, lohnt sich der Umstieg auf ein Fahrzeug mit Hybridantrieb nicht, da der kombinierte Einsatz verschiedener Antriebe zur Nutzung der Bewegungsenergie nicht gegeben ist. Anders jedoch, wenn das Fahrzeug im Stadt- oder Nahverkehr mit vielen Bremsvorgängen eingesetzt werden soll. Hier kommt der tatsächliche Vorteil des Hybridantriebs zur Wirkung.

Ein Nachteil des Hybridantriebs ist das erhöhte Eigengewicht des Fahrzeugs. Es wird durch den zusätzlichen Elektromotor und die notwendige (größere) Hochleistungsbatterie verursacht. Diese führt unweigerlich zu einer verringerten Nutzlast beim Wirtschaftsverkehr.

Wirtschaftlich einsetzbar ist dieser Antrieb deshalb in erster Linie im Stadt-
betrieb, etwa bei Taxen, im Omnibuslinienverkehr und im Gütersammel-
und Verteilerverkehr. Im reinen Fernverkehr kommt es, verursacht durch
das höhere Eigengewicht, letztendlich zu einem höheren Verbrauch, was
weder ökonomisch noch ökologisch sinnvoll ist.

Der Hybridantrieb stellt somit (bis weitere Technologien ausgereift sind,
die beispielsweise auf rein regenerative Energien setzen) eine vorübergehende Alternative zu den herkömmlichen Fahrzeugantrieben dar. Leider
ist auch hierfür nach wie vor als Antriebsbasis das Erdöl notwendig.

### Erdgas als Motorantrieb

Der Einsatz von erdgasbetriebenen Fahrzeugen bietet die Chance, die
verkehrsbedingten Schadstoffbelastungen durch Stickstoffoxid (NOx),
Schwefeldioxid ($SO_2$), Benzol und Ruß erheblich zu senken. Besonders in
Ballungsräumen und innerstädtischen Gebieten werden Forderungen laut,
nur noch schadstoffarme Fahrzeuge einfahren zu lassen; hinzu kommt die
Vorgabe der Europäischen Union, die Schadstoffbelastungen (vor allem:
die Feinstaubemission) in den Ballungsräumen zu reduzieren. Deshalb
planen zahlreiche Kommunen ab Frühjahr 2008 drastische Maßnahmen,
indem sie alle älteren Fahrzeuge, die nicht mindestens der Schadstoff-
klasse 2 entsprechen, per Plakette aussperren wollen.
Keine Probleme mit diesen Regelungen haben Fahrzeuge, die mit Erdgas
betrieben werden, da diese den gesetzlichen Vorgaben voll entsprechen.

### *Technik*

Erdgasfahrzeuge unterscheiden sich optisch nicht von herkömmlichen
Fahrzeugen. Erst ein Blick unter das Fahrzeug offenbart die technische
Innovation. Erdgas hat den großen Vorteil, dass es in herkömmlichen
Ottomotoren einsetzbar ist.

Erdgasfahrzeuge werden in zwei Versionen angeboten: bivalent und monovalent. Bivalente Fahrzeuge können sowohl mit Erdgas als auch mit
Benzin fahren. Ist der Gasvorrat erschöpft, schaltet der Motor während der

Fahrt automatisch auf den Benzinantrieb um. Bivalente Fahrzeuge haben eine deutlich größere Reichweite als monovalente, da zwei Kraftstoffe zur Verfügung stehen. So kommt der Erdgasautofahrer ans Ziel, auch wenn gerade keine Erdgastankstelle in Sicht ist.

Monovalente Fahrzeuge werden hingegen ausschließlich mit Erdgas betrieben oder haben einen Nottank mit bis zu 15 Litern Benzin. Der Motor monovalenter Fahrzeuge kann optimal auf den Erdgasantrieb abgestimmt werden. Die Vorteile der Erdgas-Fahrzeuge sind geringer Kraftstoffverbrauch und Schadstoffausstoß.

Da das Erdgastanknetz noch zu weitmaschig ist, wird derzeit die Mehrzahl der Erdgasfahrzeuge bivalent betrieben. Daher handelt es sich bei den momentan ausgelieferten Erdgasfahrzeugen auch größtenteils um Benzinfahrzeuge, die auf den Erdgasantrieb umgerüstet wurden und bivalent betrieben werden.

Ein Vorteil dieser Technik ist, dass jederzeit von Gas- und Benzinbetrieb umgeschaltet werden kann. Die Reichweite des Fahrzeugs erhöht sich dadurch beträchtlich. Diese umgebauten Motoren nutzen die spezifischen Vorteile (hohe Klopffestigkeit, schadstoffarme Verbrennung) des Erdgases jedoch nicht voll aus!

Dies können nur Motoren, die ausschließlich für Erdgas konzipiert sind und monovalent betrieben werden.

Achtung: Beim Umbau in Neufahrzeugen ist es sehr wichtig, dass der Umbau vom Hersteller „abgesegnet" wird, um die Herstellergarantie zu erhalten!

Als Erdgastank in den Fahrzeugen werden Stahlflaschen oder wesentlich leichtere, so genannte Kompositeflaschen verwendet. Von der Europäischen Union werden inzwischen aber auch Kunststoffflaschen erlaubt.

Ein nicht unwesentlicher Nachteil bei Güterbeförderungsfahrzeugen ist die Nutzlastreduzierung durch das erhöhte Gewicht des Gastanks. Vor allem bei bivalent (gemischt) betriebenen Fahrzeugen, die zwei Tanks benötigen, kommt der zusätzliche Platzbedarf (in Personenkraftwagen in der Regel das Kofferraumvolumen) reduziert.

## Sicherheit

Das Erdgas wird unter einem Druck von 200 bar im Fahrzeugtank gespeichert. Alle Flaschen werden mit einem Druck von 300 bar auf ihre Festigkeit überprüft, der Berstdruck liegt bei ungefähr 500 bar; dies bedeutet, dass Sicherheitsreserven von 300 Prozent zur Verfügung stehen.

Darüber hinaus verhindern Spezialarmaturen einen erhöhten Druckaufbau, so dass der Fahrzeugtank einen Unfall oder Brand unbeschadet übersteht.

## Reichweite

Das Speichervolumen der Erdgastanks ist so ausgelegt, dass monovalente Busse und Lastkraftwagen mit einer Tankfüllung rund 300 km zurücklegen können. Monovalente Personenkraftwagen bewältigen runde 450 Kilometer bis zum nächsten Tankstopp.

Die Reichweitenerhöhung der bivalenten Personenkraftwagen und Transporter beträgt zwischen 170 und 250 Kilometer je nach Verbrauch und Tankfüllung.

## Förderungen

Der Steuersatz für Erdgas ist bis 2009 festgeschrieben (Kraftstoffsteuern sind 50 Prozent bis 80 Prozent höher). In einigen Städten wie in Augsburg, Hannover und Usedom gibt es Fördermöglichkeiten. Die Höhe der Förderung sowie die Förderbedingungen werden am besten beim örtlichen Gasversorger eingeholt (Erdgas-Hotline: 01802-234500).

Die Mehrkosten für die Umrüstung liegen zurzeit zwischen 3.000 und 8.000,– Euro.

Der Standort der nächsten Erdgastankstellen kann unter www.erdgasfahrzeuge.de abgerufen werden.

Seit 1993 dürfen Erdgasfahrzeuge auch in Tiefgaragen fahren.

Bei der Umrüstung von Dieselfahrzeugen ist der Einbau einer Zündanlage erforderlich.

*Fazit*

Der Erdgasantrieb ist eine sich immer weiter verbreitende Alternative zum reinen Benzinmotor. Besonders interessant ist ihr Einsatz bei Fahrten in den neu eingeführten Umweltzonen (vgl. Kapitel B 3.3).

## Der Einsatz von Wasserstoff als Antriebsenergie

*Wasserstoff hat einen hohen Energiewert*

Wasserstoff ist ein farb- und geruchsloses Gas. Flüssigwasserstoff hat von allen Brenn- und Treibstoffen die höchste massebezogene Energiedichte: 1 Kilogramm Wasserstoff enthält ebensoviel Energie wie 2,1 Kilogramm Erdgas oder 2,8 Kilogramm Benzin.

*Wasserstoff ist umweltfreundlich*

Bei der Verbrennung von Wasserstoff in Motoren und Gasturbinen entstehen (bei geeigneter Verbrennungsführung) neben Wasser nur sehr geringe Emissionen.
Der Ausstoß von Stickoxidemissionen nimmt mit der Verbrennungstemperatur zu; da bei Wasserstoff eine niedrigere Verbrennungstemperatur als bei anderen Brennstoffen erreicht werden kann, wird hier eine deutliche Minderung der NOx-Emissionen möglich. Partikel- und Schwefelemissionen werden bis auf kleine Reste aus Schmierstoffen vollständig vermieden.
Aus diesem Gründen wird Wasserstoff auch als die Antriebsenergie der Zukunft bezeichnet.

*Stand der Wasserstofftechnologie*

Die Fahrzeughersteller forschen und testen schon seit Jahren diese Technologie (Daimler-Benz seit ca. 23 Jahren, BMW seit 15 Jahren).
In praktischen Tests waren die Versuche der Fahrzeughersteller durchaus erfolgreich, allerdings wird die Umsetzung im Massenbetrieb nicht ganz einfach.

Als Hauptproblembereiche haben sich zum einen die aufwändige Speicherung in isolierten Druckgastanks sowie die problematische Betankung herausgestellt. Hinzu kommt, dass ein völlig neues Tankstellennetz mit aufwändigen Tankanlagen errichtet werden müsste. Auch an die Wartung der Anlagen in den Fahrzeugen werden erhöhte Anforderungen (spezielle Ersatzteile und speziell geschultes Wartungspersonal) gestellt.

Nicht unerheblich ist auch, dass die Verflüssigung von Wasserstoff in den benötigten Mengen nicht unerheblich Energie kostet; dies kann zu Emissionen bei der Produktion führen, wenn der Wasserstoff nicht mit Hilfe erneuerbaren Energien (Wind, Wasser, Sonne) erzeugt wird.

In der Praxis wird diese Technik nur bei Flottenfahrzeugen zur Anwendung kommen, die im städtischen Ballungsraum eingesetzt werden, da diese nur eine begrenzte Reichweitenanforderung von 100 bis maximal 300 Kilometer haben und so dem Versorgungsproblem entgehen.

*Fazit*

Eine endgültige Klärung der Frage, ob Brennstoffzellenantriebe sich bereits in allernächster Zukunft auch wirtschaftlich durchsetzen werden oder ob sie noch eine gewisse Zeit auf stationäre Anwendungen in Nischen (z. B. bei Lastkraftwagen im Sammel- und Lieferverkehr, Taxis und Stadtbussen) beschränkt sein werden, lässt sich zum gegenwärtigen Zeitpunkt noch nicht durchführen. Die politische Willensbildung und die Preisentwicklung der heutigen Treibstoffe können hierbei allerdings beschleunigend wirken.

## 3. Fahrverbote für Güterbeförderer in Deutschland

Seit kurzem ist die Kommission der Europäischen Union (EU) bestrebt, eine einheitliche Regelung des Sonn- und Feiertagsfahrverbots innerhalb der EU durchzusetzen. Der Widerstand einzelner Nationen wie Frankreich und Deutschland war enorm. Der Kompromiss der derzeit ausgehandelt wird, sieht lediglich vor, bei den bisherigen nationalen Regelungen zu verbleiben und neue Fahrverbote einheitlich zu regeln (ab 2010).

## 3.1 Sonn- und Feiertagsfahrverbot

**Grundregeln**

An Sonn- und Feiertagen dürfen in der Zeit von **0 bis 22 Uhr Lastkraftwagen** mit einem zulässigen Gesamtgewicht **über 7,5 Tonnen** sowie **Anhänger** hinter Lastkraftwagen nicht verkehren.

Dies bedeutet, dass ein Lastkraftwagen mit 7,49 Tonnen zulässigem Gesamtgewicht diesem Fahrverbot nicht unterliegt, wird aber ein Anhänger mitgeführt, greift das Fahrverbot. Diese Regelung gilt auch bei Lastkraftwagen mit geringerem Gesamtgewicht, wenn ein Anhänger mitgeführt wird.

Wenn dagegen zum Beispiel ein als Personenkraftwagen zugelassenes Fahrzeug mit 2,8 Tonnen zulässigem Gesamtgewicht und einem Anhänger mit 3 Tonnen zulässigem Gesamtgewicht eingesetzt wird, unterliegt das Gespann **nicht** diesem Fahrverbot. Wenn nun das Zugfahrzeug vom Personenkraftfahrzeug (Pkw) zum Lastkraftwagen (Lkw) umgewandelt wird, greift wiederum das Sonn- und Feiertagsfahrverbot.

Folglich kommt es bei einem Gespann (Maschine plus Hänger) auf die Zulassung des Zugfahrzeugs an, bei Lkw gilt das Fahrverbot unabhängig vom zulässigen Gesamtgewicht, bei Pkw freie Fahrt!

**Feiertage mit Lkw-Fahrverbot in Deutschland**

Feiertage mit Fahrverbot für Lastkraftwagen in Deutschland sind:

- Neujahr
- Karfreitag
- Ostermontag
- Tag der Arbeit (1. Mai)
- Christi Himmelfahrt
- Pfingstmontag
- Fronleichnam, **jedoch nur** in Baden-Württemberg, Bayern, Hessen, Nordrhein-Westfalen, Rheinland-Pfalz und im Saarland
- Tag der deutschen Einheit (3. Oktober)

- Reformationstag (31. Oktober), **jedoch nur** in Brandenburg, Mecklenburg-Vorpommern, Sachsen, Sachsen-Anhalt und Thüringen
- Allerheiligen (1. November), **jedoch nur** in Baden-Württemberg, Bayern, Nordrhein-Westfalen, Rheinland-Pfalz und im Saarland
- 1. und 2. Weihnachtsfeiertag

**Vom Sonn- und Feiertagsfahrverbot ausgenommen sind:**

**Kombi-Verkehr**

- Beförderungen im kombinierten Güterverkehr Schiene-Straße vom Versender bis zum nächstgelegenen geeigneten Verladebahnhof oder vom nächstgelegenen geeigneten Entladebahnhof bis zum Empfänger, jedoch nur bis zu einer Entfernung von 200 Kilometern.
- Beförderungen im kombinierten Güterverkehr Hafen-Straße zwischen Belade- und Entladestelle und einem innerhalb eines Umkreises von höchstens 150 Kilometern gelegenen Hafen (An- oder Abfuhr).

**Frischwaren**

- Die Beförderung von frischer Milch und frischen Milcherzeugnissen;
- frischem Fleisch und frischen Fleischerzeugnissen;
- frischen Fischen, lebenden Fischen und frischen Fischerzeugnissen;
- leichtverderblichem Obst und Gemüse

**sowie**

- **Leerfahrten**, die mit Fahrten dieser Frischwaren im Zusammenhang stehen (Zu- und/oder Nachlauf für den Transport).

**Sonstige Befreiungen**

- Fahrten mit Fahrzeugen, die nach dem Bundesleistungsgesetz herangezogen werden. Dabei ist der Leistungsbescheid mitzuführen und auf Verlangen zuständigen Personen zur Prüfung auszuhändigen.

– Vom Sonntagsfahrverbot sind nicht betroffen: Zugmaschinen, die ausschließlich dazu dienen, andere Fahrzeuge zu ziehen (z. B. Traktoren),

– ferner Zugmaschinen mit Hilfsladefläche, deren Nutzlast nicht mehr als das 0,4-fache des zulässigen Gesamtgewichts beträgt (z. B. Unimog).

– Das Sonntagsfahrverbot gilt ebenfalls nicht für Kraftfahrzeuge, bei denen die beförderten Gegenstände zum Inventar der Fahrzeuge gehören (z. B. Ausstellungs-, Filmfahrzeuge).

– Von dem Fahrverbot außerdem befreit sind die Bundeswehr, der Bundesgrenzschutz, die Feuerwehr, der Katastrophenschutz, die Polizei und der Zolldienst, soweit das zur Erfüllung hoheitlicher Aufgaben dringend geboten ist.

## 3.2 Ferienreisefahrverbote

**Grundregeln**

Lastkraftwagen mit einem zulässigen Gesamtgewicht über 7,5 Tonnen sowie Anhänger hinter Lastkraftwagen dürfen auf den nachfolgend genannten Autobahnen (Zeichen 330 der Straßenverkehrs-Ordnung) und den nachfolgend genannten Bundesstraßen an allen **Samstagen** in der Zeit **vom 1. Juli bis 31. August jeweils von 7.00 Uhr bis 20.00 Uhr** nicht verkehren.

Hier gilt dieselbe Regelung wie beim Sonn- und Feiertagsfahrverbot: eine Fahrzeugkombination (Zugfahrzeug Lastkraftwagen (Lkw) mit Hänger) darf unabhängig vom zulässigem Gesamtgewicht nicht fahren. Wenn allerdings das Zugfahrzeug als Personenkraftwagen zugelassen ist, besteht das Ferienreisefahrverbot nicht.

**Das Verbot gilt für folgende Autobahnstrecken in beiden Fahrtrichtungen:**

| | |
|---|---|
| A 1 | vom Autobahnkreuz Leverkusen-West über Wuppertal, Kamener Kreuz, Münster bis Anschlussstelle Cloppenburg und von Anschlussstelle Oyten bis Horster Dreieck |
| A 2 | vom Autobahnkreuz Oberhausen bis Autobahnkreuz Bad Oeynhausen |
| A 3 | vom Oberhausener Kreuz bis Autobahnkreuz Köln-Ost, von Mönchhof Dreieck über Frankfurter Kreuz bis Autobahnkreuz Nürnberg |
| A 4 / E 40 | von der Anschlussstelle Herleshausen bis Dreieck Dresden-Nord |
| A 5 | vom Darmstädter Kreuz über Karlsruhe bis Autobahndreieck Neuenburg |
| A 6 | von der Anschlussstelle Schwetzingen-Hockenheim bis Autobahnkreuz Nürnberg-Süd |
| A 7 | von der Anschlussstelle Schleswig/Jagel bis Anschlussstelle Hamburg-Schnelsen-Nord, von Anschlussstelle Soltau-Ost bis Anschlussstelle Göttingen-Nord, von Anschlussstelle Bad Kissingen/Oberthulba, Hattenbacher Dreieck, Autobahnkreuz Biebelried, Autobahnkreuz Ulm/Elchingen und Autobahndreieck Allgäu bis zum Autobahnende Bundesgrenze Füssen |
| A 8 | von Autobahndreieck Karlsruhe bis Anschlussstelle München-West und von Anschlussstelle München-Ramersdorf bis Anschlusstelle Bad Reichenhall |
| A 9 / E 51 | Berliner Ring (Abzweig Leipzig/Autobahndreieck Potsdam) bis Anschlussstelle München-Schwabing |
| A 10 | Berliner Ring, ausgenommen der Bereich zwischen der Anschlussstelle Berlin-Spandau über Autobahndreieck Havelland bis Autobahndreieck Oranienburg und der Bereich zwischen dem Autobahndreieck Spreeau bis Autobahndreieck Werder |

A 13 / E 55   von der Anschlussstelle Ortrand bis Dreieck Dresden-Nord

A 45          von der Anschlussstelle Dortmund-Süd über Westhofener
              Kreuz und Gambacher Kreuz bis Seligenstädter Dreieck

A 61          vom Autobahnkreuz Meckenheim über Autobahnkreuz
              Koblenz bis Autobahndreieck Hockenheim

A 81          vom Autobahnkreuz Weinsberg bis Anschlussstelle Gärt-
              ringen

A 92          vom Autobahndreieck München-Feldmoching bis An-
              schlussstelle Oberschleißheim und vom Autobahnkreuz
              Neufahrn bis Anschlussstelle Erding

A 93          vom Autobahndreieck Inntal bis Anschlussstelle Reischen-
              hart

A 99          vom Autobahndreieck München Süd-West über Auto-
              bahnkreuz München-West, Autobahndreieck München-
              Allach, Autobahndreieck München-Feldmoching, Auto-
              bahnkreuz München-Nord, Autobahnkreuz München-
              Ost, Autobahnkreuz München-Süd sowie Autobahndrei-
              eck München/Eschenried

A 215         von Autobahndreieck Bordesholm bis Anschlussstelle
              Blumenthal

A 831         von der Anschlussstelle Stuttgart-Vaihingen bis Auto-
              bahnkreuz Stuttgart

A 980         vom Autobahnkreuz Allgäu bis Anschlussstelle Walten-
              hofen

A 995         von der Anschlussstelle Sauerlach bis Autobahnkreuz
              München-Süd

Zusätzlich zu den aufgeführten Bundesautobahnen sind auch nachfolgende Bundesstraßen nach der Ferienreiseverordnung vom Fahrverbot betroffen:

B 31          von der Anschlussstelle Stockach-Ost der A 98 bis An-
              schlussstelle Sigmarszell der A 96

B 96 / E 251  Neddemin (Kreis Mecklenburg-Strelitz) bis Berlin

Das Fahrverbot auf den Bundesstraßen gilt außerhalb geschlossener Ortschaften in beiden Fahrtrichtungen.

**Nachfolgende Fahrzeuge unterliegen nicht dem Fahrverbot nach der Ferienreiseverordnung**

– Fahrzeuge der Polizei einschließlich des Bundesgrenzschutzes;

– Fahrzeuge des öffentlichen Straßendienstes der Verwaltung;

– Fahrzeuge der Feuerwehr und des Katastrophenschutzes, soweit die Voraussetzungen des § 35 Abs. 4 der Straßenverkehrs-Ordnung vorliegen: Einsätze anlässlich von Unglücksfällen, Katastrophen und Störungen der öffentlichen Sicherheit oder Ordnung sowie in den Fällen der Artikel 91 (innerer Notstand) und 87 a Abs. 4 (Einsatz der Streitkräfte für den zivilen Notfall) des Grundgesetzes sowie im Verteidigungsfall und im Spannungsfall;

– Fahrzeuge der Bundeswehr, soweit das zuständige Wehrbereichskommando ein dringendes Erfordernis festgestellt hat, und für Fahrzeuge, die für Zwecke der Verteidigung nach dem Bundesleistungsgesetz herangezogen werden. (Bei den Fahrten mit Fahrzeugen, die nach dem Bundesleistungsgesetz herangezogen werden, ist der Leistungsbescheid mitzuführen und auf Verlangen zuständigen Personen zur Prüfung auszuhändigen.);

– Fahrzeuge der Truppen der nichtdeutschen Vertragsstaaten des Nordatlantikpakts im Falle dringender militärischer Erfordernisse;

– Für Fahrzeuge, die im kombinierten Güterverkehr Schiene-Straße vom Versender bis zum nächstgelegenen Verladebahnhof oder vom nächstgelegenen Entladebahnhof bis zum Empfänger eingesetzt werden;

– Für Fahrzeuge, die im kombinierten Güterverkehr Hafen – Straße zwischen Belade- oder Entladestelle und einem innerhalb eines Umkreises von höchstens 150 Kilometern gelegenen Hafen (An- oder Abfuhr) Beförderungen durchführen.

**Frischdienst**

Des Weiteren sind Beförderungen von

- frischer Milch und frischen Milcherzeugnissen,
- frischem Fleisch und frischen Fleischerzeugnissen,
- frischen Fischen, lebenden Fischen und frischen Fischerzeugnissen,
- leichtverderblichem Obst und Gemüse

**und**

**Leerfahrten**, die im Zusammenhang mit diesen Frischdienstbeförderungen durchgeführt werden müssen (Zu- und Abfahrten), vom Fahrverbot ausgenommen.

---

 **Wichtig:**
Für alle geladenen Güter sind die vorgeschriebenen Fracht- und Begleitpapiere mitzuführen (auch im Werkverkehr) und zuständigen Personen auf Verlangen zur Prüfung auszuhändigen.

---

**Antrag auf Ausnahmegenehmigung für die Fahrverbote in Deutschland**

Die zuständigen Straßenverkehrsbehörden können zusätzlich zu den oben beschriebenen grundsätzlichen Ausnahmen, Ausnahmen vom Sonn- und Feiertagsfahrverbot sowie von den Ferienreisefahrverboten in dringenden Fällen genehmigen, wenn eine Beförderung mit anderen Verkehrsmitteln (Binnenschiff oder Bahn) nicht möglich ist.

**Zuständige Behörden**

Örtlich zuständig für die Erteilung von Ausnahmegenehmigungen ist die Straßenverkehrsbehörde, in deren Bezirk die Ladung aufgenommen wird **oder** die Straßenverkehrsbehörde, in deren Bezirk der Antragsteller seinen Wohnort, seinen Sitz **oder** eine Zweigniederlassung hat.
Wird die Ladung außerhalb des Geltungsbereichs dieser Verordnung aufgenommen, so ist die Straßenverkehrsbehörde zuständig, in deren Bezirk

die Grenzübergangsstelle des Geltungsbereichs dieser Verordnung liegt (einfahrende Ausländer).

Die zuständigen obersten Landesbehörden (Behörde des Bundeslandes/ Ministerium) oder die nach Landesrecht bestimmten Stellen (in der Regel das Landratsamt beziehungsweise bei kreisfreien Städten das städtische Ordnungsamt) **können** Ausnahmen von diesen Fahrverboten in Einzelfällen oder allgemein für bestimmte Antragsteller genehmigen.

### Ausnahmegenehmigungen von den Fahrverboten für Einzelfahrten

Die zuständige Behörde darf nur unter folgenden Voraussetzungen eine Einzelausnahmegenehmigung erteilen:

– In dringenden Fällen, zum Beispiel zur Versorgung der Bevölkerung mit leichtverderblichen Lebensmitteln, zur termingerechten Be- und Entladung von **Seeschiffen**, zur Aufrechterhaltung des Betriebes öffentlicher Versorgungseinrichtungen. **Wirtschaftliche oder wettbewerbliche Gründe allein rechtfertigen eine Ausnahmegenehmigung keinesfalls.**

– Für Güter, zu deren Beförderung keine Fahrzeuge bis zu 7,5 Tonnen zulässigem Gesamtgewicht verfügbar sind.

– Für Güter, deren fristgerechte Beförderung nicht wenigstens zum größten Teil der Strecke auf der Schiene möglich ist, sofern es sich um eine Beförderung über eine Straßenstrecke von mehr als 100 Kilometern handelt und

– für grenzüberschreitenden Verkehr, wenn die deutschen und ausländischen Grenzzollstellen zur Zeit der voraussichtlichen Ankunft an der Grenze Lastkraftwagenladungen abfertigen können.

### Ausnahmegenehmigung von den Fahrverboten auf Dauer

Die Genehmigungsbehörde darf Dauerausnahmegenehmigungen nur erteilen, wenn zusätzlich zu den Voraussetzungen der Einzelgenehmigungen, die Notwendigkeit regelmäßiger Beförderung nachgewiesen werden kann.

### Das Antragsverfahren

*Notwendige Unterlagen*

Der Antragsteller muss der Genehmigungsbehörde nachfolgende Unterlagen vorlegen:

1. Fracht- und Begleitpapiere;

2. Für den Fall, dass es sich um eine Beförderungsstrecke über eine Straßenstrecke von mehr als 100 Kilometern handelt, eine Bescheinigung der für den Versandort zuständigen Güterabfertigung über die Unmöglichkeit der fristgerechten Schienenbeförderung;

3. Für grenzüberschreitenden Verkehr einen Nachweis über die Abfertigungszeiten der Grenzzollstellen für Ladungen auf Lastkraftwagen;

4. Kraftfahrzeug- und Anhängerschein. Für ausländische Kraftfahrzeuge, in deren Zulassungspapieren zulässiges Gesamtgewicht und Motorleistung nicht eingetragen sind, ist eine entsprechende amtliche Bescheinigung erforderlich.

---

 **Wichtig:**
Eine Dauerausnahmegenehmigung darf nur erteilt werden, wenn der Antragsteller die Dringlichkeit der Beförderung durch eine Bescheinigung der Industrie- und Handelskammer (IHK) nachweist oder sonst glaubhaft macht.

---

*Genehmigungsbescheid*

Die Genehmigungsbehörde muss den Beförderungsweg nur dann festlegen, wenn verkehrsbedingte Notwendigkeiten gegeben sind. Die für die Beförderung zugelassenen Güter müssen auf dem Genehmigungsbescheid einzeln und genau aufgeführt werden. Die Ausnahmegenehmigung wird schriftlich erteilt. Der Bescheid über die Erteilung muss mitgeführt werden und auf Verlangen zuständigen Personen zur Prüfung ausgehändigt werden.

## 3.3 Umwelt-Verkehrsbeschränkungen und Fahrverbote in Deutschland

### 3.3.1 Kennzeichnung emissionsarmer Kraftfahrzeuge in regional ausgewiesenen Umweltzonen

Seit 1. März 2007 wird die Kennzeichnung sämtlicher Kraftfahrzeuge nach der Höhe ihrer Schadstoffemission bundesweit einheitlich geregelt.

Diese Kennzeichnung des Kraftfahrzeugs ist notwendig, wenn man in regional gekennzeichnete Fahrverbot-Umweltzonen einfahren möchte.

**Neuer Umweltaufkleber für Kfz/Plaketten für Schadstoffgruppen**

Mit Hilfe der neuen Plaketten kann der Kraftfahrzeughalter nachweisen, dass er ein umweltfreundliches Fahrzeug fährt und darf damit in den regional ausgewiesenen Fahrverbotszonen für Fahrzeuge mit hohem Emissionswert einfahren.

Die Zuordnung eines Kraftfahrzeugs zu einer Schadstoffgruppe wird durch die in der Zulassungsbescheinigung Teil I, im Kraftfahrzeugschein und im Kraftfahrzeugbrief eingetragene emissionsbezogene Schlüsselnummer nachgewiesen.

*Abbildung 13: Plaketten für die Umweltzonen*

Die Plaketten für die Einstufung in Schadstoffgruppen haben einen Durchmesser von 80 mm, sind schwarz umrandet und haben die Farbe verkehrsrot (RAL 3020) für die Schadstoffgruppe 2, verkehrsgelb (RAL 1023) für die Schadstoffgruppe 3 und verkehrsgrün (RAL 6024) für die Schadstoffgruppe 4.

## Kfz-Kennzeichen eingetragen

Auf der Plakette wird von der zuständigen Ausgabestelle im dafür vorgesehenen Schriftfeld mit lichtechtem Stift das Verkehrskennzeichen des entsprechenden Fahrzeugs eingetragen.

## Ausgabestellen

Die zuständigen Ausgabestellen sind die Kraftfahrzeug-Zulassungsbehörden und die für eine Abgasuntersuchung (AU, ASU) anerkannte Stelle.

## Aufgeklebt auf die Windschutzscheibe

Zur Kennzeichnung eines Kraftfahrzeuges sind die Plaketten deutlich sichtbar auf der Innenseite der Windschutzscheiben anzubringen.

Die Plakette ist so beschaffen, dass sie sich beim Ablösen von der Windschutzscheibe selbst zerstört.

## Aufteilung in Schadstoffgruppen

### *Schadstoffgruppe 1 (keine Plakette)*

– Personenkraftwagen mit Ottomotor ohne geregelten Katalysator
– Diesel-Personenkraftwagen nach Euro 1 oder schlechter
– Lastkraftwagen nach Euro 1 oder schlechter

Diese Kraftfahrzeuge dürfen **nicht** in die regional gekennzeichneten Umweltzonen einfahren.

### *Schadstoffgruppe 2 (rote Plakette)*

– Diesel-Personenkraftwagen nach Euro 2
– Lastkraftwagen nach Euro 2

### *Schadstoffgruppe 3 (gelbe Plakette)*

– Diesel-Personenkraftwagen nach Euro 3
– Lastkraftwagen nach Euro 3

– Diesel-Personenkraftwagen mit Nachrüstung entsprechend PM1 (Pkw ab 2.500 kg zGG.)

*Schadstoffgruppe 4 (grüne Plakette)*

– Personenkraftwagen mit Ottomotor und geregeltem Katalysator
– Diesel-Personenkraftwagen nach Euro 4
– Lastkraftwagen nach Euro 4, Euro 5 und EEV*.

Diesel-Personenkraftwagen mit Nachrüstung entsprechend PM1 (Pkw bis 2.500 kg zGG), PM2, PM3, PM4 (PM = Partikelminderungssystem = Partikelfilter), Diesel-Personenkraftwagen mit Partikelemissionen unter 5 mg/km (Vorschlag für Euro 5) entsprechend PM5 (serienmäßige Ausrüstung mit geregeltem Partikelfilter ab Werk). Kraftfahrzeuge ohne Verbrennungsmotor (Elektromotor, Brennstoffzelle)

Die Fahrzeuge, die eine dieser Plaketten auf die Windschutzscheibe geklebt haben, dürfen in die regional ausgewiesene Umweltzone einfahren, wenn die entsprechende Klasse durch ein Zusatzschild befreit ist.

**Neue Fahrverbotsschilder**

**Verkehrszeichen 270.1 Umwelt-Zone**

*Abbildung 14: Umweltzonen-Schild*

---

*"EEV" bedeutet – Enhanced Environmentally friendly Vehicle (neue EU-Anforderungen an ein „besonders umweltfreundliches Fahrzeug")

Im Zusammenhang mit der Plaketten-Vorgabe hat der Gesetzgeber ein neues Verkehrszeichen „Umweltzone" eingeführt, das zur Umsetzung von regionalen Verkehrsbeschränkungen und Fahrverboten bei hohen Schadstoffbelastungen in der Luft dienen soll.

Fahrzeuge mit Schadstoffplaketten können von diesen regionalen Fahrverboten ausgenommen werden, wenn ein auf die jeweilige Plakette bezogenes Verkehrszeichen dies zulässt.
Fahrzeuge, die der Schadstoffgruppe 1 (Euro 1) entsprechen oder höhere Emissionswerte aufweisen (Euro 0), erhalten keine Plakette.

## 3.3.2 Regionale Fahrverbote aus Umweltschutzgründen

Mit Hilfe dieser neuen Verkehrsschilder können seit 1. März 2007 die regional zuständigen Straßenverkehrsbehörden Fahrverbote, die auf Grund von Luftreinhalte- oder Aktionsplänen erlassen werden, leichter als bisher durchsetzen und kontrollieren.
Kraftfahrzeuge, die als emissionsarm gelten, können von Fahrverboten ausgenommen werden. Hier muss ihr geringer Schadstoffausstoß durch eine Plakete kenntlich gemacht werden.
Dies ist wesentlicher Inhalt der Verordnung zum Erlass und zur Änderung von Vorschriften über die Kennzeichnung emissionsarmer Kraftfahrzeuge vom 10. Oktober 2006.
Über einen Stufenplan sollen zudem die Fahrverbote in zeitlichem Rhythmus erweitert werden; Zonen, die zunächst für alle drei Plaketten zugänglich sind, könnten so im Laufe der Zeit für Fahrzeuge mit roten oder gelben Plaketten gesperrt werden.

**Umweltzonen in den Städten geplant**

Nahezu alle größere Städte in Deutschland planen derzeit die Einführung entsprechender Fahrverbotsregelungen. Vorreiter sind Berlin, Köln und Hannover, die zum 1. Januar 2008 bereits Umweltzonen eingerichtet haben. Die Einführung wird zu größeren Problemen für Halter älterer Fahrzeuge führen, da diese nicht nur nicht mehr in die ausgewiesenen Umweltzonen einfahren dürfen; auch abgestellte Fahrzeuge werden kontrolliert und bei fehlender Plakette entsprechend abgemahnt.

## Ausnahmen

Nachfolgend aufgeführte Kraftfahrzeuge sind von Verkehrsverboten nach § 40 Abs. 1 des Bundes-Immissionsschutzgesetzes auch dann ausgenommen, wenn sie nicht mit einer Plakette gekennzeichnet sind:

– mobile Maschinen und Geräte
– Arbeitsmaschinen
– land- und forstwirtschaftliche Zugmaschinen
– zwei- und dreirädrige Kraftfahrzeuge
– Krankenwagen, Arztwagen mit entsprechender Kennzeichnung im Einsatz zur medizinischen Betreuung der Bevölkerung
– Kraftfahrzeuge, mit denen Personen fahren oder gefahren werden, die außergewöhnlich gehbehindert, hilflos oder blind sind und dies durch die nach § 3 Abs. 1 Nr. 1 bis 3 der Schwerbehindertenausweisverordnung im Schwerbehindertenausweis eingetragenen Merkzeichen „aG", „H" oder „Bl" nachweisen
– Fahrzeuge, für die Sonderrechte nach § 35 der Straßenverkehrs-Ordnung in Anspruch genommen werden können (Bundeswehr, Polizei, Feuerwehr, Katastrophenschutz, Zolldienst)
– Fahrzeuge nichtdeutscher Truppen von Nichtvertragsstaaten des Nordatlantikpaktes (NATO), die sich im Rahmen der militärischen Zusammenarbeit in Deutschland aufhalten, soweit sie für Fahrten aus dringenden militärischen Gründen genutzt werden
– zivile Kraftfahrzeuge, die im Auftrag der Bundeswehr genutzt werden, soweit es sich um unaufschiebbare Fahrten zur Erfüllung hoheitlicher Aufgaben der Bundeswehr handelt.

## Weitere Ausnahmen

Die zuständige Behörde, in unaufschiebbaren Fällen auch die Polizei, kann den Verkehr mit nicht gekennzeichneten Fahrzeugen in die Umweltzonen zulassen, soweit dies im öffentlichen Interesse liegt. Insbesondere gilt dies zur Versorgung der Bevölkerung mit lebensnotwendigen Gütern und Dienstleistungen oder wenn überwiegende und unaufschiebbare Interessen Einzelner dies erfordern oder wenn Fertigungs- und Produktionsprozesse auf andere Weise nicht aufrechterhalten werden können.

# 4. Aufgaben und Organisation der Fuhrparkverwaltung

## 4.1 Fuhrparkverwaltung

Die Fuhrparkverwaltung umfasst das gesamte Fuhrpark- und Flottenmanagement, ist also sehr komplex. Nachfolgend finden Sie die Aufgaben der Fuhrparkverwaltung im Überblick als Checkliste. Diese Checkliste, die individuell ergänzt werden kann, dient bei der Reorganisation der Aufgabenstellungen in der Verwaltung als Anhaltspunkt, um kein Gebiet zu vergessen.

Die Details dazu, wie diese Aufgaben im Einzelnen gelöst werden können, sind in den anderen Kapiteln aufgeführt.

Für die Fuhrparkverwaltung ergeben sich folgende verwaltungstechnisch zu lösende Fragestellungen:

**a) Handling des Fahrzeugs**
- Betankung (inklusive Betriebstankstelle)
- Wartung/Reparatur (Rahmenvereinbarung, Kontrollwege, Zahlungsströme, Datenerhebung, Kostenstrukturen)
- Reifenbeschaffung
- Behandlung von Glasschäden
- Kfz-Steuer, GEZ-Gebühren, Mautkosten und sonstige Abgaben
- Handling der Halterhaftung (auch technische Untersuchungen wie HU, AU, OVV etc.)
- Einsatzplanung

**b) Handling im Schadensfall**
- Aus- und Weiterbildung zur Schadensvermeidung
- Informationen von Fahrer und Halter zum Verhalten bei Unfällen
- Informationsfluss an Versicherungsabteilung, Versicherung, Rechtsabteilung

**c) Handling bei Veräußerung bzw. Rückgabe des Fahrzeugs**
- Inhalt des jeweiligen Vertrages
- Handling der Rückgabe

- Erstellung von Protokollen
- Vergabe von Gutachten
- Verkauf an Dritte oder Mitarbeiter
- Verschrottung

**d) Personalwesen**

- Personalverwaltung
- Personalbeschaffung
- Tourenplanung/Toureneinsatz
- Personaleinsatz
- Entlohnung/Entlohnungssysteme (Prämiensysteme wie zum Beispiel Schadensfreiheits- und Anwesenheitsprämien)
- Schulung und Weiterbildung von Fachpersonal
- Mitarbeitermotivations-Maßnahmen
- Behandlung und Bearbeitung von Ordnungswidrigkeiten oder Straftaten im Zusammenhang mit der Fahrzeugführung

**e) Rechungswesen**

- Belegverwaltung/Belegkontrolle
- Lieferscheinverwaltung
- Rechnungskontrolle
- Zahlungsziel-/Rabattkontrolle
- Erstellung von Kontenplänen
- Installierung von Kostenstellen und Kostenträgern mit Hilfe der Buchhaltung
- Meldewesen/Statistik an die Betriebsleitung und an Dritte
- Kostenkontrolle/Kostenvergleich
- steuerliche Behandlung/Informationen
- Finanzbuchführung

## 4.1.1 Behördengänge

**Unterlagen für die Behördengänge rund ums Kraftfahrzeug**

Behördengänge sind zeitraubend und kostenintensiv; aus diesem Grund ist es wichtig, diese möglichst rational durchzuführen.

Nachfolgend aufgelistet sind die Unterlagen, die notwendig sind, um ein Fahrzeug bei der Kraftfahrzeugzulassungsstelle an- oder abzumelden (inklusive anderer notwendiger Behördengänge rund ums Kraftfahrzeug).

### Für die Zulassung eines neuen Fahrzeugs (Erstzulassung)

1. Antragsvordruck und Steuermeldung (zu bekommen bei der Zulassungsstelle)
2. Personalausweis oder Reisepass mit Meldebestätigung
3. Versicherungs-Doppelkarte (zu erhalten bei der Kfz-Versicherung)
4. Fahrzeugbrief
5. Vollmacht, wenn ein Beauftragter den Antrag stellt

### Für die Zulassung eines gebrauchten Fahrzeugs im gleichen Landkreis

1. Antragsvordruck und Steueranmeldung (zu bekommen bei der Zulassungsstelle)
2. Personalausweis oder Reisepass mit Meldebestätigung
3. Versicherungsdoppelkarte
4. Fahrzeugbrief
5. Fahrzeugschein
6. ASU bei Pkw, Sicherheitsprüfungsbestätigung (SP) bei Lkw, Abnahmebestätigung gemäß BOKraft bei Personenbeförderungsfahrzeugen
7. Vollmacht, wenn ein Beauftragter den Antrag stellt

### Für die Zulassung eines derzeit stillgelegten Fahrzeuges im gleichen Landkreis

1. Antragsvordruck und Steuermeldung (zu erhalten bei der Zulassungsstelle)
2. Personalausweis oder Reisepass mit Meldebestätigung
3. Versicherungsdoppelkarte (zu erhalten bei der Kfz-Versicherung)
4. Fahrzeugbrief

5. ASU bei Pkw, Sicherheitsprüfungsbestätigung (SP) bei Lkw, Abnahmebestätigung gemäß BOKraft bei Personenbeförderungsfahrzeugen
6. Abmeldebescheinigung
7. Vollmacht, wenn ein Beauftragter den Antrag stellt
8. Kennzeichenschilder

*Für die Zulassung eines gebrauchten Fahrzeugs, das bisher nicht im gleichen Landkreis zugelassen war*

1. Antragsvordruck und Steueranmeldung (zu erhalten bei der Zulassungsstelle)
2. Personalausweis oder Reisepass mit Meldebestätigung
3. Versicherungsdoppelkarte (zu erhalten bei der Kfz-Versicherung)
4. Fahrzeugbrief
5. Fahrzeugschein
6. ASU bei Pkw, Sicherheitsprüfungsbestätigung (SP) bei Lkw, Abnahmebestätigung gemäß BOKraft bei Personenbeförderungsfahrzeugen
7. Vollmacht, wenn ein Beauftragter den Antrag stellt
8. Das Fahrzeug ist vorzuführen

*Für die Zulassung eines derzeit stillgelegten Fahrzeugs, das bisher nicht im gleichen Landkreis zugelassen war*

1. Antragsvordruck und Steuermeldung (zu erhalten bei der Zulassungsstelle)
2. Personalausweis oder Reisepass mit Meldebestätigung
3. Versicherungs-Doppelkarte (zu erhalten bei der Kfz-Versicherung)
4. Fahrzeugbrief
5. ASU bei Pkw, Sicherheitsprüfungsbestätigung (SP) bei Lkw, Abnahmebestätigung gemäß BOKraft bei Personenbeförderungsfahrzeugen
6. Abmeldebescheinigung
7. Vollmacht, wenn ein Beauftragter den Antrag stellt
8. Kennzeichenschilder

*Für die Zulassung eines derzeit stillgelegten Fahrzeugs durch den bisherigen Fahrzeughalter*

1. Antragsvordruck und Steueranmeldung (zu erhalten bei der Zulassungsstelle)
2. Personalausweis oder Reisepass mit Meldebestätigung
3. Versicherungs-Doppelkarte (zu erhalten bei der Kfz-Versicherung)
4. Fahrzeugbrief
5. ASU bei Pkw, Sicherheitsprüfungsbestätigung (SP) bei Lkw, Abnahmebestätigung gemäß BOKraft bei Personenbeförderungsfahrzeugen
6. Abmeldebestätigung
7. Vollmacht, wenn ein beauftragter den Antrag stellt
8. Kennzeichenschilder

*Für die Stilllegung eines Fahrzeugs*

1. Fahrzeugbrief
2. Fahrzeugschein
3. Kennzeichenschilder

*Für die Ausstellung eines Ersatz-Fahrzeugscheins*

1. Personalausweis oder Reisepass mit Meldebestätigung
2. Fahrzeugbrief
3. Vollmacht, wenn ein Beauftragter den Antrag stellt
4. Untersuchungsbericht der letzten Hauptuntersuchung

*Für die Ausstellung eines Ersatz-Fahrzeugbriefes*

1. Personalausweis oder Reisepass mit Meldebestätigung
2. Fahrzeugschein
3. Vollmacht, wenn ein Beauftragter den Antrag stellt

*Für die Erneuerung der Stempelplakette auf den Kennzeichenschildern*

1. Fahrzeugschein
2. Kennzeichenschilder

*Für die Berichtigung des Fahrzeugscheines bei Wohnungs- oder Firmenadressenwechsel innerhalb des Landkreises*

1. Personalausweis oder Reisepass mit Meldebestätigung
2. Fahrzeugschein

*Für die Berichtigung der Fahrzeugpapiere bei Namensänderung*

1. Personalausweis oder Reisepass mit Meldebestätigung
2. Fahrzeugbrief
3. Fahrzeugschein

*Für die Änderung der Firmenrechtsform (z. B. Einzelfirma in GmbH)*

1. Personalausweis oder Reisepass mit Meldebestätigung des Geschäftsführers
2. Fahrzeugbrief
3. Fahrzeugschein
4. Handelsregisterauszug
5. Vollmacht, wenn ein Beauftragter den Antrag stellt

*Für die Berichtigung der Fahrzeugpapiere bei technischen Änderungen am Fahrzeug*

1. Fahrzeugbrief
2. Fahrzeugschein
3. Untersuchungsbericht der bevollmächtigten Stelle/ABE (z. B. TÜV, DEKRA)

151

*Für rote Kennzeichen (befristete Kennzeichen), erforderlich
für Probe- und Überführungsfahrten*

1. Antragvordruck und Steueranmeldung (zu erhalten bei der Zulassungsstelle)
2. Personalausweis oder Reisepass mit Meldebestätigung
3. Versicherungs-Doppelkarte (zu erhalten bei der Kfz-Versicherung)
4. Fahrzeugbrief
5. Abmeldebescheinigung
6. Bescheinigung über die Notwendigkeit und Berechtigung (Kfz-Händler oder Kfz-Reparaturwerkstätte über die zuständige Innung)
7. Vollmacht, wenn ein Beauftragter den Antrag stellt

*Für Umkennzeichnung*

1. Personalausweis oder Reisepass mit Meldebestätigung
2. Fahrzeugbrief
3. Fahrzeugschein
4. Kennzeichenschilder

## 4.1.2 Fahrzeugvermietung/Fahrzeuganmietung

Der Fahrzeugmietvertrag ist ein formfreier gegenseitiger Vertrag, bei dem der Vermieter dem Mieter ein Fahrzeug zum Gebrauch gegen Entgelt überlässt.

---

 **Wichtig:**
Vermietet werden können Sachen, keine Rechte (EU-Lizenz, Mietwagenerlaubnis, Erlaubnis zum Omnibusausflugsverkehr usw.). Wenn zum Beispiel zur gewerblichen Güterbeförderung eine EU-Lizenz „angemietet" wird, ist im Schadensfall der Versicherungsschutz gefährdet, da es sich hierbei um eine illegale Güterbeförderung handelt. In einem solchen Fall wird der Auftraggeber auch bestraft (§ 7 c Güterkraftverkehrsgesetz).

---

Die Vermietung von eigenen Fahrzeugen erhöht deren Nutzungsgrad – Fahrzeugkapazitäten werden somit verstärkt genutzt, der Fixkostenanteil gesenkt und zusätzliche Umsätze erwirtschaftet.

Die Anmietung von Nutzfahrzeugen erfolgt bei Abdeckung von Auftragsspitzen oder bei Ausfällen der eigenen Fahrzeuge durch Unfall- und Reparaturarbeiten.

Auch bei der Übernahme von Neuaufträgen, deren Laufzeit ungewiss ist, macht es Sinn, Fahrzeuge anzumieten, um das Einsatzrisiko gering zu halten.

In der Praxis werden sehr häufig Auflieger, Hänger, Wechselbrücken und Container langfristig angemietet. Maschinenfahrzeuge werden bei der Güterbeförderung aus Kostengründen meist kurzfristig gemietet.

Im Bereich der Pkw-Nutzung ersetzt das Mietfahrzeug häufig das Taxi, um Kosten zu sparen.

---

 **Wichtig:**
Bei der Vermietung von Fahrzeugen muss sichergestellt werden, dass die betroffenen Fahrzeuge auch für den Fremdeinsatz eine Versicherungsdeckung haben. In der Regel ist dies durch die Standardversicherung nicht gewährleistet.

---

## Mietfuhrpark

Der Mietfuhrpark findet sinnvollerweise immer dort seinen Einsatz, wo ständig Fahrzeuge verwendet werden, die nicht festen Personen zugeordnet werden können. Im Rahmen eines bestehenden Vertrages zwischen dem Fuhrparkbetreiber und der Vermietungsgesellschaft werden die Fahrzeuge entweder an zentralen Stellen oder an Vermietstationen für den Kunden bereitgehalten.

Es sind nachfolgende Anmietungsvarianten üblich:

– Tagesanmietungen
– Wochenanmietungen
– Monatsanmietungen
– Langzeitanmietungen

Es gilt zu beachten, dass der Fahrzeugnutzer nicht Anspruch auf einen bestimmten Fahrzeugtyp, sondern nur auf eine bestimmte Vermietungskategorie hat.

### Langzeitmietfuhrpark (Mieting)

Langzeitmiete wurde in der Vergangenheit von relativ wenigen Firmen angeboten. In letzter Zeit gibt es aber immer mehr Unternehmen, die diese Mietform (vor allem im Nutzfahrzeugmarkt) anbieten.

Langzeitmiete unterscheidet sich von Kurzzeitmiete und Leasing durch die Tatsache, dass es sich hier um einen klassischen Mietvertrag handelt, der mit bestimmten Fristen und unter bestimmten Voraussetzungen jederzeit gekündigt werden kann. Langzeitmietverträge können abgeschlossen werden mit Vertragslaufzeiten zwischen 6 und 60 Monaten.

Im Rahmen des klassischen Mietvertrages können – im Gegensatz zum klassischen Mietfuhrpark – über Tagesanmietungen nicht nur Fahrzeuggruppen, sondern auch ganz spezielle Fahrzeugtypen angemietet werden. Ebenso können, wie auch beim Leasing, Service-Dienstleistungen mit angemietet werden.

Der Langzeitmietvertrag findet bei der Speditions- und Transportwirtschaft häufig Anwendung im Bereich von Sattelaufliegern, Wechselbrücken, Containern, der Bauindustrie (bei Großbaustellen) wie auch im Einsatz von Promotionfahrzeugen.

Die Vorteile des Langzeitmietvertrages sind im Gegensatz zur Kurzzeitmiete:
– die Schonung der liquiden Mittel
– die hohe Flexibilität
– Kfz-Feintyp-Bestimmung
– Werbemaßnahmen auf den Fahrzeugen
– Planung von Fahrzeugen für Sondereinsätze
   (z. B. Promotionfahrzeuge, Messefahrzeuge, verschiedene temporäre Projekte etc.)
– Langzeitmietverträge enthalten grundsätzlich mindestens Versiche-

rungsprämien, Kfz-Steuer, GEZ-Gebühren, An- und Abmeldung der Kraftfahrzeuge.

### Fuhrpark auf Kilometergeldbasis

Fahrzeugüberlassung mit der Bezahlung auf Kilometerbasis wird in der Praxis nur im Pkw-Bereich angewandt.

Die Grundlage des indirekten Fuhrparks auf Kilometergeldbasis besteht darin, dass die Fahrzeuge durch die Nutzer (Arbeitnehmer) gestellt werden. Diese Fahrzeuge befinden sich im eingeschränkten Risiko der Nutzer. Der Betreiber des indirekten Fuhrparks – regelmäßig der Arbeitgeber der Nutzer – haftet jedoch für betriebsbedingte oder während der Betriebszeit verursachte Unfälle und hat dafür dem Mitarbeiter einen entsprechenden Schadenersatz zu leisten. Deshalb schließen viele Unternehmen, deren Arbeitnehmer Ihr eigenes Privatfahrzeug dienstlich nutzen, sicherheitshalber eine Vollkaskoversicherung für dienstliche Fahrten mit Privatfahrzeugen ab.

Gleichzeitig hat der Fuhrparkbetreiber (Arbeitgeber) nur eingeschränkte Möglichkeiten, die Optik des Fuhrparks zu beeinflussen, da die Arbeitnehmer nur sehr selten bereit sind, Logo, Farbe und Werbung des Arbeitgebers auf ihr Fahrzeug zu übernehmen.

Die Vorteile des indirekten Fuhrparks auf Kilometergeldbasis sind unter anderem:
- Die Schonung liquider Mittel des Unternehmens
- Kosten entstehen nur bei Nutzung der Fahrzeuge
- Abrechnung der Kilometergeldkosten erfolgt über die Reisekostenabrechnung der Nutzer (steuerfrei derzeit 0,30 Euro/km)

## 4.2 Organisation der Verwaltung

Um die genannten Aufgaben der Fuhrparkverwaltung möglichst rational und kostengünstig lösen zu können, sollte folgende Ablaufstruktur verwaltungstechnisch umgesetzt werden.

Sinn dieser Vorgehensweise ist es, eine ständige Überprüfung, Veränderung und Anpassung der Verwaltung an die Anforderungen des Betriebs vorzunehmen.

## 1. Entscheidungsprozess

Im Entscheidungsprozess enthalten sind zunächst die Überprüfung des Ist-Zustandes der Verwaltung, der administrativen Organisation und das Erkennen von eventuell notwendigen Umstrukturierungsmaßnahmen.

## 2. Zielsetzung

Im nächsten Schritt werden Ziele, die erreicht werden sollen, definiert und festgelegt. Wobei nicht nur Organisationsziele isoliert betrachtet werden können, sondern diese in die gesamte Zielsetzung des Fuhrparkmanagements eingepasst werden müssen.

## 3. Planung

In der Planung werden die Schritte, die notwendig sind, um die gesteckten Ziele zu erreichen, aufgelistet und ihre Reihenfolge festgelegt.
Es ist in dieser Phase ratsam, die betroffenen Mitarbeiter zu hören, deren Anregungen und Argumente zu analysieren und möglichst in die Entscheidungsfindung mit einzubinden.

## 4. Realisierung

Die Realisierung der Planung muss vor allem bei fundamentalen Veränderungen behutsam in den täglichen Arbeitsprozess integriert werden.
Die Realisierung wird am besten durch das Personal vor Ort durchgeführt. Die Fuhrparkleitung sollte nur stichprobenartig den Fortschritt überprüfen.

## 5. Kontrolle

Die nun bestehende neu strukturierte Organisation muss einer ständigen Kontrolle unterworfen werden, vor allem daraufhin, ob die gesteckten

Ziele erreicht wurden. Zudem sollte stets darauf geachtet werden, ob die nun bestehende Organisationsform der Verwaltung mit den Anforderungen der Fuhrparkentwicklung Schritt halten kann.

Diese Analyse sollte in jährlichem Turnus vollzogen werden.

## 4.3 Fahrzeugsteuern, Schwerverkehrsabgabe und Maut

### 4.3.1 Kraftfahrzeugsteuer und Abgaben

Die Kraftfahrzeugsteuer wird beim Personenkraftwagen (Pkw) nach dem Hubraum, bei Lastkraftwagen (Lkw) und Anhängern nach der zulässigen Gesamtmasse ermittelt.

Die Kraftfahrzeugsteuer ist vom Halter solcher inländischer Fahrzeuge zu bezahlen, die zum Verkehr auf öffentlichen Straßen bestimmt sind (§ 1 Kraftfahrzeugsteuergesetz).

Die Kraftfahrzeugsteuer und die Fahrzeugabgaben werden mindestens einmal jährlich für den gesamten Fuhrpark abgerechnet.

Für bestimmte Beförderungen, wie zum Beispiel Abfalltransporte oder Anhängerzuschläge, die für Sattelzugmaschinen erhoben werden, gelten Ermäßigungen oder Steuerbefreiungen.

Zu den Fahrzeugabgaben zählen u. a. die zu entrichtenden Autobahnbenutzungsgebühren/Maut, die für Fahrzeuge ab einem zulässigen Gesamtgewicht von zwölf Tonnen erhoben werden sowie die oft nicht unerheblichen Genehmigungsgebühren für Schwer- und Spezialtransporte (überlange und überbreite Transporte) und die Gebühren für die Freistellung von Sonn- und Feiertagsfahrverboten.

### 4.3.2 Autobahnbenutzungsgebühr für den Schwerverkehr (ABBG)

Von Januar 1995 bis August 2003 wurden in der Bundesrepublik Deutschland zeitbezogene Autobahngebühren für deutsche und ausländische Lastkraftwagen erhoben. Die Gebühr musste für alle schweren Nutzfahrzeuge und Fahrzeugkombinationen – ausschließlich im gewerblichen Güterverkehr eingesetzt – mit einem zulässigem Gesamtgewicht ab 12 Tonnen entrichtet werden.

Seit dem ursprünglichen Stichtag der Mauterhebung, dem 31. August 2003, entfällt die zeitabhängige Autobahnmaut, die so genannte Eurovignette, in Deutschland. Allerdings werden die übrigen Verbundstaaten (Beneluxländer, Dänemark und Schweden) zumindest vorerst an der Eurovignette festhalten. Zuviel gezahlte Autobahngebühren werden auf Antrag von der AGES International (Düsseldorf) erstattet.

---

 **Wichtig:**

Dies bedeutet in der Praxis, dass im grenzüberschreitenden Verkehr mit und zwischen den bisherigen Verbundstaaten die „alte" Maut mittels Eurovignette zu begleichen ist, während in der Bundesrepublik die neue Maut entrichtet werden muss.

---

### 4.3.3 Die Regelungen zur Erhebung der Maut

⇨ Die Mautpflicht gilt für Fahrzeuge oder Fahrzeugkombinationen, wie z. B. Hänger- oder Sattelzüge, ab 12 Tonnen zulässigem Gesamtgewicht.

⇨ Von der Mautpflicht ausgenommen sind *Kraftomnibusse*, Lastkraftfahrzeuge (Lkw) der Streitkräfte, der Polizeibehörde, des Zivil- und Katastrophenschutzes, der Feuerwehr, Lkw des Bundes, Fahrzeuge, die *ausschließlich* für die Straßenreinigung, Straßenunterhaltung- und Straßenbetriebsdienste und/oder für den Winterdienst genutzt werden; des Weiteren gilt die Befreiung für Fahrzeuge, die ausschließlich für die Zwecke des Schausteller- und Zirkusgewerbes eingesetzt werden.

⇨ Die Höhe der Maut richtet sich nach der zurückgelegten Strecke, der Anzahl der Achsen des Fahrzeugs und dessen Emissionsklasse.

⇨ Die Maut wird für ein bestimmtes Fahrzeug mit dem ihm zugeteilten Kennzeichen entrichtet.

⇨ Die Mautpflicht besteht für Autobahnen. Das Bundesministerium für Verkehr, Bau und Stadtentwicklung kann die Mautpflicht auf genau bezeichnete Abschnitte von Bundesstraßen ausdehnen, wenn dies aus Sicherheitsgründen gerechtfertigt ist. Mit einer Ausdehnung der Mautpflicht auf Bundesstraßen kann verhindert werden, dass sich Schwerverkehr auf Bundesstraßen verlagert.

⇨ Das Mautaufkommen steht dem Bund zu.

⇨ Die Kontrolle der Mautpflicht ist dem Bundesamt für Güterverkehr (BAG) übertragen worden, das bereits für die Erhebung der ehemaligen pauschalen Autobahngebühr (Vignette) zuständig war. Das BAG hat die Möglichkeit, bei Bedarf in begrenztem Umfang den Betreiber des Mautsystems für Kontrollmaßnahmen einzuschalten.
Daneben können auch die Zollbehörden im Rahmen von zollamtlichen Überwachungsmaßnahmen die Einhaltung der Mautpflicht kontrollieren. Auch der Betreiber, die Toll Collect GmbH, ist bevollmächtigt, die Einhaltung zu überwachen.

⇨ Wurde keine Maut entrichtet, kann auch nachträglich eine Maut durch einen entsprechenden Bescheid erhoben werden. Lässt sich dabei nicht die tatsächliche Strecke ermitteln, wird eine pauschale Maut für 500 Kilometer erhoben.

⇨ Ordnungswidrigkeiten gegen die Mautpflicht können mit einer Geldbuße von bis zu 20.000,– Euro geahndet werden.

⇨ Das Bundesministerium für Verkehr, Bau und Stadtentwicklung hat im Rahmen eines Gutachtens die Höhe der Wegekosten von schweren Nutzfahrzeugen auf Bundesautobahnen errechnen lassen. Daraus wurde dann die Mauthöhe für die einzelnen Achs- und Emissionsklassen abgeleitet. (Siehe Abb. 15, S. 160)

## Die Kostenstaffelung der Maut

Nachfolgend sind die Kosten der entfernungsabhängigen Maut im Überblick dargestellt.

## Gültigkeit und Mautgebühr der verschiedenen Emissionsklassen (gemäß Gesetz zur Änderung kraftfahrzeugsteuerlicher und autobahnrechtlicher Vorschriften vom 8. Juni 2007)

| Lastkraftwagen ab 12 Tonnen zulässigem Gesamtgewicht mit bis zu drei Achsen | | |
|---|---|---|
| Emissionsklassen Euro 0, 1 und 2 | bis 30.09.2008<br>bis 30.09.2009<br>ab 01.10.2009 | 0,145  Euro/km<br>0,1365 Euro/km<br>0,1365 Euro/km |
| Emissionsklasse Euro 3 | bis 30.09.2008<br>bis 30.09.2009<br>ab 01.10.2009 | 0,12  Euro/km<br>0,1165 Euro/km<br>0,1365 Euro/km |
| Emissionsklasse Euro 4 | bis 30.09.2008<br>bis 30.09.2009<br>ab 01.10.2009 | 0,12  Euro/km<br>0,1165 Euro/km<br>0,1165 Euro/km |
| Emissionsklasse Euro 5 | bis 30.09.2008<br>bis 30.09.2009<br>ab 01.10.2009 | 0,10  Euro/km<br>0,0965 Euro/km<br>0,1165 Euro/km |
| Emissionsklasse EEV* | bis 30.09.2008<br>bis 30.09.2009<br>ab 01.10.2009 | 0,10  Euro/km<br>0,0965 Euro/km<br>0,0965 Euro/km |
| **Lastkraftwagen ab 12 Tonnen zulässigem Gesamtgewicht mit vier oder mehr Achsen** | | |
| Emissionsklassen Euro 0, 1, und 2 | bis 30.09.2008<br>bis 30.09.2009<br>ab 01.10.2009 | 0,155  Euro/km<br>0,1465 Euro/km<br>0,1465 Euro/km |
| Emissionsklasse Euro 3 | bis 30.09.2008<br>bis 30.09.2009<br>ab 01.10.2009 | 0,13  Euro/km<br>0,1265 Euro/km<br>0,1465 Euro/km |
| Emissionsklasse Euro 4 | bis 30.09.2008<br>bis 30.09.2009<br>ab 01.10.2009 | 0,13  Euro/km<br>0,1265 Euro/km<br>0,1265 Euro/km |
| Emissionsklasse Euro 5 | bis 30.09.2008<br>bis 30.09.2009<br>ab 01.10.2009 | 0,11  Euro/km<br>0,1065 Euro/km<br>0,1265 Euro/km |
| Emissionsklasse EEV* | bis 30.09.2008<br>bis 30.09.2009<br>ab 01.10.2009 | 0,11  Euro/km<br>0,1065 Euro/km<br>0,1065 Euro/km |

*"EEV" bedeutet „Enhanced Environmentally friendly Vehicle" (neue EU-Anforderungen an ein „besonders umweltfreundliches Fahrzeug").

*Abbildung 15: Mautgebühren nach Emissionsklassen*

# 5. Flotten- und Fuhrparkkostenrechnung

## 5.1 Kostenrechnung als Instrument der Fuhrparkleitung

Der Kostendruck auf das Fuhrpark- und Flottenmanagement hat in den letzten Jahren kontinuierlich zugenommen; hinzu kommt die Problematik der ständigen Kostensteigerungen wie Ökosteuer, entfernungsabhängige Straßenbenutzungsgebühr und Gebührensteigerungen der Behörden.

Dies hat zur Folge, dass der Kostenseite in den Fuhrparks immer mehr Aufmerksamkeit gewidmet werden muss, da der Fuhrparknutzen und die Beförderungsentgelte in erster Linie vom Markt bestimmt werden und weniger vom Unternehmen beeinflussbar sind.

Die Fuhrparkleitung hat grundsätzlich nur die Möglichkeit, per Kostenrechnung zu überprüfen, ob sie mit dem von den Konkurrenten angebotenen Preis (Marktpreis) mithalten kann oder sich aus diesem Marktsegment zurückziehen und andere Kunden beziehungsweise Geschäftsfelder suchen muss.

Die Kostenrechnung hat hierbei die wichtige Aufgabe, dem Unternehmen Zahlen und Daten an die Hand zu geben, um Entscheidungen zu erleichtern.

Eine zusätzliche Aufgabe der Kostenrechnung ist es, mittelfristige und langfristige Planungen durch eine klare Datenbasis zu unterstützen.

Dabei ist es allerdings wichtig, über ständig aktuelle Zahlen zu verfügen. Eine Kostenrechnung, die nur einmal im Jahr erstellt wird, ist hier nahezu nutzlos, da in der heutigen Zeit die Kosten einer ständigen Veränderung unterliegen.

Im Folgenden werden die Möglichkeiten und Erfordernisse dargestellt, wie eine Kostenrechnung so gestaltet werden kann, dass die Fuhrparkleitung des Unternehmens die Schwachstellen auf der Kostenseite schnell, direkt und vor allem kontinuierlich finden und auf dieser Datenbasis ein Angebot (Kalkulation) für Dritte (Geschäftsleitung oder Kunden) erstellen kann.

>  **Wichtig:**
> Nur wer seine Kosten im Detail aus der Vergangenheit kennt,
> kann die richtigen Maßnahmen für die Zukunft ergreifen.

Die Kostenrechnung hat drei Aufgaben zu erfüllen:

1. **Kontrolle der Wirtschaftlichkeit einzelner Kostenelemente,**

2. **Kalkulation der Angebote,**

3. **Grundlage für die Planung.**

Im zentralen Interesse der Betriebsleitung liegt es, die Preisuntergrenze mit Hilfe der Kostenrechnung zu finden. Rechnerisch muss möglichst genau diese Grenze, die auch als Break-even-point bezeichnet wird, festgestellt werden.

Hier graphisch dargestellt ist, dass die Wirtschaftlichkeit eines Unternehmens von der Höhe der Kosten, von der Einsatzmenge sowie vom Preis der Leistung bestimmt wird.

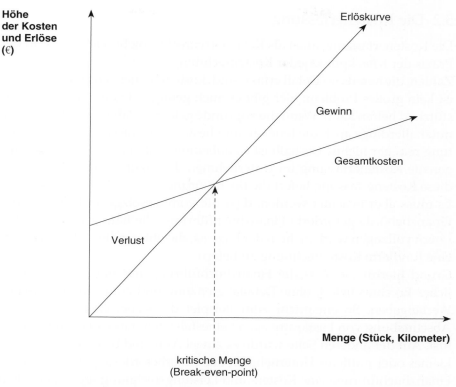

*Abbildung 16: Das Kosten-Erlös-Diagramm*

So kann zum Beispiel ein Kilometerpreis von 10,– Euro für ein Fahrzeug völlig unrentabel sein, wenn nur einmal pro Monat eine Fahrt über 100 Kilometer durchgeführt werden kann. Es muss, um zu einem günstigen Kostenverhältnis zu kommen, ein möglichst hoher Auslastungsgrad des Fahrzeugs erreicht werden.

Nur, allein diese Erkenntnis nutzt wenig, wenn der Fuhrparkleiter nicht weiß, wo er mit seinem Kosten-Erlös-Verhältnis steht, ob er eventuell eine Fahrt mit einem bestimmten Fahrzeug zum angebotenen Preis zumindest kostendeckend durchführen kann oder nicht.

## 5.2 Die Kostenerfassung

Die Kostenerfassung, auch als Kostenartenrechnung bezeichnet, ist in der Praxis der Knackpunkt jeder Kostenrechnung.

Zahlen, die bereits im Detail erfasst sind, kostenrechnerisch zu verarbeiten, ist kein großes Problem; hier gibt es auch genügend Software, die unterstützend helfen kann. Wenn die zugrunde gelegten Zahlen nicht stimmen, nutzt allerdings auch die teuerste und beste elektronische Datenverarbeitung rein gar nichts. Deshalb ist es unbedingt notwendig, eine möglichst genaue Kostenerfassung im Unternehmen durchzuführen. Die Basis für diese Kostenerfassung liefert die Buchführung.

Es muss aber beachtet werden, dass die vom Gesetzgeber bzw. von der Finanzbehörde geforderte Finanzbuchführung, die häufig von Steuerberatern vollzogen wird, nicht in der Lage ist, die notwendige Datenbasis für eine fundierte Kostenrechnung zu liefern.

Grund hierfür ist, dass die Finanzbuchführung nur ein gesamtbetriebliches Ergebnis liefert, ohne Detailabgrenzung und zum Teil mit falschen Wertangaben. So entspricht zum Beispiel die steuerrechtlich zulässige Abschreibung von Lastkraftwagen keinesfalls dem tatsächlichen Wertverlust. Auf der anderen Seite würde es zuviel Aufwand bedeuten, wenn ein kleines oder mittleres Unternehmen der Güterbeförderung zusätzlich zur Finanzbuchführung eine Kosten- und Leistungsrechnung separat erstellen müsste.

Deshalb gibt es nur eine Lösung für dieses Problem: Die Finanzbuchführung muss so gestaltet und ergänzt werden, dass sie den Anforderungen einer Kosten- und Leistungsrechnung genügt.

---

 **Wichtig:**
Eine gut strukturierte Buchführung ist die wichtigste Basis für eine funktionierende Kostenrechnung.

---

Damit die Buchführung einem derartigen Anspruch genügen kann, muss sie wie ein „Maßanzug" für die Kostenerfassung gestaltet werden, ohne dass die gesetzlichen Anforderungen vernachlässigt oder verändert werden.

Um dieses Ziel zu erreichen, müssen folgende Maßnahmen stufenweise ergriffen werden:

## 1. Erstellung eines Organigramms über die Fuhrparkstruktur

Stellen Sie die Organisation des Fuhrparks graphisch dar (Organigramm), wobei darauf zu achten ist, dass die einzelnen Abteilungen auch buchungstechnisch und organisatorisch abgegrenzt werden können.

Diese Abteilungen werden auch Kostenstellen genannt, die Fahrzeuge sind die Kostenträger.

Bei größeren Unternehmen, die eine breite Angebotspalette vorweisen können, werden Hauptkostenstellen (Abteilungen) und Kostenstellen (Unterabteilungen) gebildet, was bei einer geringeren Angebotspalette nicht notwendig ist.

Hauptkostenstelle könnte zum Beispiel Omnibusverkehr, Güterverkehr oder Pkw-Verkehr sein. Kostenstelle bei der Hauptkostenstelle Omnibusverkehr: Linienverkehr, Ausflugsverkehr, Mietomnibusverkehr; bei der Hauptkostenstelle Güterverkehr die Kostenstellen Verteilerverkehr, Fernverkehr und grenzüberschreitender Verkehr. Die Kostenträger wären dann die einzelnen Fahrzeuge innerhalb der Kostenstellen.

## 2. Groborganisation des Kontenplans

Beim zweiten Schritt bildet dieses Organigramm die Grundlage für die Grobstruktur eines neuen Kontenplans, der nicht nur das Finanzamt zufrieden stellt, sondern auch die wichtigste Voraussetzung für eine permanente betriebliche Kostenrechnung ist.

Wenn sich die Buchhaltung bisher in erster Linie an steuer- und handelsrechtlichen Erfordernissen orientiert hat, ist es ratsam, eine derartige Umgliederung des Kontenplans zum Jahresbeginn vorzunehmen, damit im neuen Jahr die Buchhaltung mit dem neu strukturierten Kontenplan arbeiten kann. Ein Wechsel im laufenden Wirtschaftsjahr würde unter Umständen eine Zwischenbilanzierung erfordern, was mit einem erheblichen Aufwand verbunden wäre.

Im Nachfolgenden ist beispielhaft dargestellt, wie eine derartige Gliederung in einem größeren Unternehmen realisiert werden könnte.

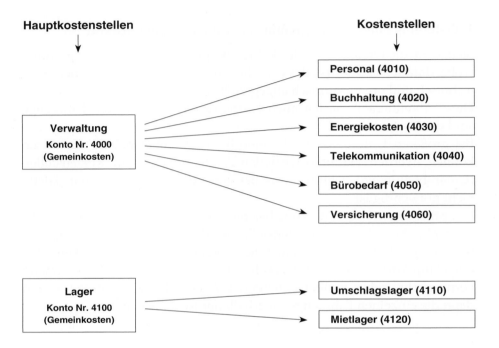

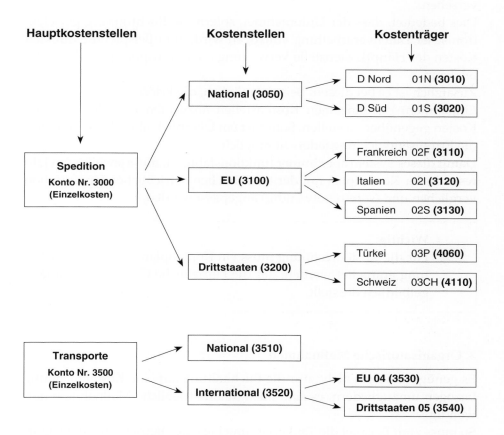

*Abbildung 17: Kontenorganisations-Muster*

Wie deutlich zu sehen ist, wurden bei diesem Beispiel einzelne Kostenstellen und Hauptkostenstellen gebildet und mit Sammelkonten-Nummern versehen.

Dies bedeutet, dass der Unternehmer, sofern die Buchführung per elektronischer Datenverarbeitung vollzogen wird, zum Beispiel die direkten Kosten der Hauptkostenstelle Verwaltung oder Transport, jederzeit abrufen kann.

Zusätzlich ist es bei diesem Beispiel möglich, die Erlöse (betriebsbedingte Einnahmen) der einzelnen Kostenstellen abzurufen und den direkten Kosten gegenüber zu stellen. Somit ist ein Überblick über die Kosten und die Ertragsentwicklung jederzeit möglich.

Damit dieses System aber immer funktionsfähig ist, muss jeweils zum Jahresende der Kontenplan mit der tatsächlichen betrieblichen Organisation verglichen und (sofern notwendig) angepasst werden.

---

 **Wichtig:**
Für die Kostenrechnung muss ein Kontenplan für die Buchhaltung erarbeitet werden, der die betriebliche Organisation spiegelbildlich darstellt.

---

### 3. Organisatorische Maßnahmen

Es genügt natürlich nicht, nur die Buchhaltung auf eine Kostenrechnung bezogen umzugliedern, es sind auch innerbetriebliche Maßnahmen notwendig.

So muss zum Beispiel die Tankerfassung bei einer Betriebstankstelle fahrzeugbezogen, am besten mit Tankkarten oder Tankschlüssel, durchgeführt werden oder bei Reparaturarbeiten im Betrieb die Kostenzuordnung für jedes Fahrzeug einzeln erfasst werden. Denn nur wenn die Kostentrennung auch organisatorisch gelingt, kann die Buchhaltung die Daten dem betreffenden Kostenverursacher zuordnen.

## 5.3 Die Kostenstellenrechnung

In der Vollkostenrechnung werden alle Kosten, die im Betrieb erfasst werden, der jeweiligen Kostenstelle (Abteilung), die direkt oder indirekt die Kosten verursacht hat, zugeordnet.

Dies geschieht mit Hilfe der Kostenstellenrechnung, sie ist Hauptbestandteil der Vollkostenrechnung.

### Die Zurechenbarkeit der Kosten

*1.) Einzelkosten*

Eine Vielzahl der Kosten kann bei entsprechender Organisationsstruktur des Betriebes dem Kostenverursacher direkt zugeordnet werden, wie beispielsweise die Kraftfahrzeughaftpflichtversicherung dem einzelnen Fahrzeug oder dessen Treibstoffkosten.

Diese Kosten werden Einzelkosten genannt.

*2.) Gemeinkosten*

Es gibt allerdings auch Kosten, die selbst bei bester Organisationsstruktur des Betriebes und der Buchhaltung nicht direkt einem Kostenverursacher zugeordnet werden können.

So können zum Beispiel eine Betriebshaftpflichtversicherung oder die Kosten der Buchhaltung nicht einem Fahrzeug direkt zugeordnet werden, sie müssen mittels eines Verteilungsschlüssels auf die Kostenstelle oder die Fahrzeuge verteilt werden.

Diese Kosten werden als Gemeinkosten bezeichnet.

Das größte Sammelbecken für Gemeinkosten ist die Kostenstelle Verwaltung.

 **Wichtig:**
Die Gemeinkosten sind Kosten, die einem Kostenverursacher nicht direkt zugeordnet werden können.

## Die zwischenbetriebliche Kostenverrechnung

Mit Hilfe des Systems Betriebsabrechnungsbogen (BAB) werden stufenweise die Gemeinkosten auf die einzelnen Kostenstellen verteilt. Diese Art der Kostenverteilung nennt man auch das Stufenleiterverfahren oder die innerbetriebliche Leistungsverrechnung.

In der heutigen Zeit wird dies mit Hilfe der elektronischen Datenverarbeitung (EDV) durchgeführt. Der Aufbau und der Gemeinkostenverteilungsschlüssel muss der Software vorgegeben werden, da diese nur Rechenaufgaben wahrnehmen kann. Deshalb ist es sinnvoll, zuerst einen BAB, zumindest in der Grobkonzeption, auf Papier aufzuzeichnen, damit die Gesamtheit der Kostenstellen sichtbar wird und die Gliederung des BABs, der die betriebliche Organisationsstruktur widerspiegeln muss, darstellt.

Im nächsten Schritt wird dann diese Konzeption und die notwendige Zuordnung mittels eines Kostenrechnungsprogramms, das mit der Buchhaltung verknüpft sein kann, EDV-technisch umgesetzt.

Auch hierbei müssen die Zuordnung sowie der Verteilerschlüssel regelmäßig der betrieblichen Entwicklung angepasst werden, damit die errechneten Ergebnisse möglichst genau die Realität widerspiegeln.

## Ergebnis des Betriebsabrechungsbogens

Am Schluss der Kostenumlage des BABs sind die Gesamtkosten jeder Hauptkostenstelle berechnet und werden den jeweiligen Erlösen gegenübergestellt. Die Wirtschaftlichkeit der Hauptkostenstellen wird so ersichtlich.

 **Wichtig:**
Mit dem Betriebsabrechnungsbogen (BAB) werden die gesamten Kosten eines Betriebes stufenweise auf Kostenstellen verteilt.

## 5.4 Die Kostenträgerrechnung

Die Kostenträgerrechnung bildet in erster Linie die Grundlage für die Kalkulation eines Angebotes an die Kunden. Im Gegensatz zur Kostenstellenrechnung: deren Hauptaufgabe ist es, die Kosten der Vergangenheit bezogen auf Organisationseinheiten (Kostenstellen) zu ermitteln.

Bei der Kostenträgerrechnung werden die Kostenelemente eines Fahrzeugs und/oder Angebots, basierend auf Datenquellen der Kostenstellenrechnung, zusammengefasst und ein Angebot erstellt.

---

 **Wichtig:**
Die Kostenträgerrechnung bildet die Grundlage für die Kalkulation eines Angebots an die Kunden.

---

### Trennung der Kostenarten nach deren Eigenschaft

Wenn beispielsweise eine Busreise kalkuliert werden soll, sind zunächst zwei Faktoren wichtig:

Wie viel Kilometer muss das Fahrzeug zurücklegen

und

wie lange dauert der Auftrag insgesamt?

Denn der Zeitverbrauch verursacht andere Kosten als die Kilometerleistung des Fahrzeugs. Beides muss berücksichtigt werden.

Deshalb müssen, um ein fundiertes Angebot erstellen zu können, die Kostenarten nach ihrer grundsätzlichen Eigenschaft getrennt werden. Diese werden *fixe* und *variable Kosten* genannt.

FIXE KOSTEN:

Fixe Kosten sind Kosten, die unabhängig vom Beschäftigungsgrad entstehen. Sie sind u. a. in der Fahrzeugkostenrechnung vom Faktor Zeit abhängig.

So kostet ein Lastkraftwagen zum Beispiel immer die gleiche Summe Haftpflichtversicherung, egal ob er im Jahr 5.000 Kilometer oder 200.000 Kilometer fährt. Auch die Fahrerlohnkosten sind bei einer Fahrt über 100 Kilometer wenn die gesamte Transportzeit acht Stunden beträgt so hoch wie bei 400 Kilometern im gleichen Zeitraum. Nur die kilometerabhängigen (variablen) Kosten sind hier unterschiedlich anzusetzen.

In der Praxis gibt es natürlich nur wenige absolut starre Fixkosten, denn wenn das Fahrpersonal aufgestockt wird, erhöhen sich die fixen Kosten sprungartig, genauso wie sie wieder sprungartig sinken, wenn ein Fahrer entlassen wird. Deshalb wird hier auch von *sprungfixen Kosten* gesprochen.

VARIABLE KOSTEN:

Zu dem Grundstock fixe Kosten, die sich leistungs**un**abhängig verhalten, werden leistungsabhängige (variable) Kosten hinzugerechnet.

Die Höhe der fixen Kosten ist hierbei von der Zeitdauer des Einsatzes abhängig und die Summe der variablen Kosten von der Kilometerleistung des Fahrzeugs.

Auch bei den variablen Kosten ist die Verbrauchshöhe in der Praxis nicht exakt proportional zu den gefahrenen Kilometern. So verbraucht beispielsweise ein Lastkraftwagen im Nahbereicheinsatz mehr Diesel als bei einer Fernfahrt. Auch der Reifenverschleiß ist bei andauernden Kurzstrecken anders als bei Autobahnfahrten. Deshalb wird hier von unproportionalen variablen Kosten gesprochen.

### Die Kalkulation beim Einsatz eines Lastkraftwagens

Hauptbestandteile einer Angebotskalkulation für einen Gütertransport sind der Zeitverbrauch (fixe Kosten), die Kilometerkosten des Einsatzfahrzeugs (variable Kosten) und, nicht zu vergessen, ein Gewinnanteil, der zum einen als Verzinsung des eingesetzten Kapitals, zum anderen als Unternehmerlohn betrachtet werden muss.

Bei der Vollkosten-Berechnung werden die Kosten erfasst, die direkt dem Fahrzeug und dem Auftrag zugerechnet werden können (Einzelkosten) und die Kosten, die indirekt durch den Einsatz entstehen (Gemeinkosten).

172

## FAHRZEUG – DATENBALTT

Um die Datenbasis für eine Fahrzeugkostenrechnung zu erstellen, wurde früher ein Fahrzeugdatenblatt für jedes betrieblich eingesetzte Fahrzeug geführt. Heute wird die Mehrzahl der Daten, wie beschrieben, mit Hilfe der Buchführung erfasst, ergänzt um die zusätzlich notwendigen Daten und dann mit Hilfe eines Kostenrechnungsprogrammes verarbeitet.

Auch heute noch sollten, vor allem wenn eine neue Software für die EDV angeschafft werden soll, manuell nachfolgende Datenblätter entworfen, probeweise angewendet und EDV-technisch umgesetzt werden.

Vorteil dieser Vorgehensweise ist, dass die logische Verknüpfung der einzelnen Elemente der Kalkulation sichtbar wird und vor der Neubeschaffung von Software leichter ein Anforderungskatalog für die Softwarefirma erstellt werden kann.

## BERECHNUNGSFORMBLÄTTER

Die folgenden Muster für die Fahrzeugkalkulation zeigen auf, welche grundsätzlichen Elemente berücksichtigt werden müssen, wenn eine Angebotsrechnung für eine Güterbeförderung vorgenommen werden muss. Wie bei allen Mustervorgaben sollten natürlich auch hier beim Einsatz eines solchen Formblattes die individuell notwendigen Änderungen bzw. Ergänzungen vorgenommen werden.

Zum Üben einer Kostenrechnung oder als Vorbereitung für die Beschaffung von Kostenrechnungssoftware sind solche "traditionellen" Berechnungsblätter ideal.

| Berechnungsblatt Nr. 1 | FIXE KOSTEN | |
|---|---|---|
| nutzungsabhängige Abschreibung pro Kilometer (halber Jahres-Abschreibungssatz, ohne Reifen) | | € |
| Fahrpersonalkosten pro Jahr, brutto | | € |
| Lohnnebenkosten pro Jahr | | € |
| Prämien und Spesen pro Jahr | | € |
| Kraftfahrzeug-Steuer pro Jahr | | € |
| Autobahnbenutzungsgebühren pro Jahr (für Verbundstaaten) | | € |
| Kfz-Versicherung inklusive Kaskoversicherung pro Jahr | | € |
| Kreditzinsen pro Jahr | | € |
| kalkulatorische Zinsen pro Jahr (halber Kapitaleinsatz mal dem Durchschnitts-Zinssatz) | | € |
| Leasing-Rate pro Jahr | | € |
| Kfz-Prüfkosten (Haupt- und Sicherheitsprüfung) pro Jahr | | € |
| Prüfkosten der Zusatzausrüstung pro Jahr, z. B. Feuerlöscher | | € |
| Garagen-Mietkosten pro Jahr | | € |
| fahrzeugbezogene Rüstzeitkosten pro Jahr (Arbeitsvorbereitung) | | € |
| sonstige direkt aufs Fahrzeug zurechenbare Fixkosten | | € |
| **1. SUMME der direkt zurechenbaren Jahres-Fixkosten** | **=** | € |
| ./. fahrzeugbezogene Fördergelder (Investitionszulage o. ä.) | | € |
| **= SUMME** | | € |
| **2. TAGESSATZ der direkt zurechenbaren Fixkosten** (Jahres-Fixkosten geteilt durch die Einsatztage) | **=** | € |

*Abbildung 18: Berechnungsblatt 1: Fixkostenberechnung*

Beim Berechnungsblatt Nr. 1 werden die direkt auf das Fahrzeug zurechenbaren Zeitkosten auf ein Jahr bezogen berechnet, um einen Jahresdurchschnitt zu erhalten.

Im nächsten Schritt werden die Jahreskosten durch die möglichen Einsatz-tage geteilt, um die fixen Fahrzeugkosten je Einsatztag zu berechnen. Die Einsatztage sind die durchschnittliche Tagesmenge in einem Jahr, die ein solches Fahrzeug bei entsprechendem Einsatz durchführen kann.

Im Berechnungsblatt 2 werden die kilometerabhängigen Kosten des Fahrzeugs berechnet. Ziel dieser Berechnung ist es, die Kosten des Ein-satzfahrzeugs auf einen Kilometer bezogen zu errechnen. Um saisonale Schwankungen auszugleichen, werden hierbei die variablen Jahreskosten als Bezugsgröße ermittelt und dann durch die Jahreskilometer geteilt. Die Jahreskilometer werden aus den Erfahrungen der vergangenen Jahre für ein vergleichbares Fahrzeug ermittelt.

| Berechnungsblatt Nr. 2 | VARIABLE KOSTEN | |
|---|---|---|
| zeitabhängige Abschreibung pro Jahr (halber Jahres-Abschreibungsbetrag, ohne Reifen, geteilt durch die km/Jahr) | | € |
| Kraftstoffkosten, betriebseigene Tankstelle (Verbrauch mal Kosten pro Liter geteilt durch 100) | | € |
| Kraftstoffkosten, Fremdbetankung (Verbrauch mal Kosten pro Liter geteilt durch 100) | | € |
| Öl/Schmierstoffkosten (Jahreskosten geteilt durch die gefahrenen Kilometer/Jahr) | | € |
| Reifenkosten (Kosten für einen Satz Reifen geteilt durch die Laufleistung/Kilometer) | | € |
| Reparaturkosten (Jahreskosten geteilt durch die Kilometer/Jahr) | | € |
| Kfz-Wartungskosten und Wartungskosten der Zusatzausrüstungen (Jahreskosten geteilt durch die Kilometer/Jahr) | | € |
| kilometerabhängige Autobahnbenutzungsgebühr/km (gefahrene Jahreskilometer minus mautfreier Anteil, mal Kilometersatz geteilt durch die Mautkilometer) | | € |
| sonstige variable Kosten pro Kilometer | | € |
| **3. SUMME der variablen Kosten pro Kilometer** | **=** | € |

*Abbildung 19: Berechnungsblatt 2: Berechnung der variablen Kosten*

Berechnungsblatt 3 zeigt beispielhaft auf, wie die fixen Einzelkosten durch Gemeinkostenzuschläge ergänzt werden, um die gesamten Fixkosten pro Tag zu errechnen.

Alternativ können prozentuale Gemeinkostensätze aus dem Betriebsabrechnungsbogen verwendet werden, vor allem dann, wenn es sich nicht um einen reinen Fahrbetrieb handelt.

| Berechnungsblatt Nr. 3 | GESAMTFIXKOSTEN | |
|---|---|---|
| Summe von 2. Vom Berechnungsblatt 1<br>(direkt zurechenbare Fixkosten pro Tag) | | € |
| GEMEINKOSTEN-ZUSCHLÄGE: | | |
| Verwaltungskosten-Anteil pro Tag<br>(Verwaltungskosten pro Jahr geteilt durch die Fahrzeuge,<br>geteilt durch die Einsatztage des Jahres) | | € |
| betrieblicher Versicherungsanteil pro Tag<br>wie Warentransportversicherung, Betriebshaftpflicht u. ä.<br>(Versicherungsjahreskosten geteilt durch die Fahrzeuge,<br>geteilt durch die Einsatztage pro Jahr) | | € |
| Reinigungskosten der Fahrzeuge wie Lohnkosten der Putzhilfen,<br>Reinigungsmittel usw.<br>(gesamte Jahreskosten geteilt durch die Einsatztage) | | € |
| Unternehmerlohn<br>(fiktiver Fahrerlohn bei selbstfahrendem Unternehmer) | | € |
| 4. SUMME der gesamten Fixkosten pro Tag | = | € |

*Abbildung 20: Berechnungsblatt 3: Gesamtfixkostenberechnung des Fahrzeugs*

Im Berechnungsblatt 4 wird dargestellt, wie ein Preisangebot für einen Auftrag errechnet werden könnte.

Letztendlich muss noch einmal betont werden, dass, wenn ein Betrieb mit derartigen Berechnungsblättern arbeiten will, diese auf die jeweiligen betrieblichen Bedürfnisse abgestimmt werden müssen.

| Berechnungsblatt Nr. 4 | EINSATZKOSTEN | |
|---|---|---|
| Berechnung der variablen Kosten, Lastkilometer (Auftragskilometer mal Summe Nr. 3 vom Berechnungsblatt Nr. 2) | | € |
| Berechnung der variablen Kosten, Leerkilometer (notwendige Leerkilometer, wie Zufahrt oder Rückfahrt, mal Summe Nr. 3 des Berechnungsblattes Nr. 2) | | € |
| Berechnung der fixen Kosten (Fahrzeit plus Be- und Entladezeiten umgerechnet auf die Summe von 4. des Berechnungsblattes 3) | | € |
| Auftragsbezogene Rüstzeit (der Zeitbedarf für die Transportvor- und Transportnachbereitung umgerechnet auf die Summe 4.) | | € |
| Auftragsbezogene Zusatzkosten/Gebühren (Zollgebühren, Ökopunkte, Fährgebühren u. ä.) | | € |
| Verzinsung des Umlaufvermögens (Zahlungsziel-Verzinsung des Auftrags mittels banküblichem Girozinssatz) | | € |
| sonstige auftragsbezogene Kosten | | € |
| **Auftragskosten/PREISUNTERGRENZE** | = | € |
| **PREISANGEBOT** | = | € |

*Abbildung 21: Berechnungsblatt 4: Berechnung der Einsatzkosten*

Bis zu dieser Darstellung wurde die traditionelle *Vollkostenrechnung* behandelt.

Das Prinzip der Vollkostenrechnung lautet:

**Wichtig:**
Alle im Unternehmen anfallenden Kosten werden den Kostenstellen bzw. Kostenträgern möglichst verursachungsgerecht anteilig zugeordnet.

In der Güterbeförderungsbranche ist sinnvollerweise die Vollkostenrechnung die Basis der Kostenkontrolle und der Angebotserstellung, es kann aber nützlich sein, zusätzlich das Instrument der *Deckungsbeitragsrechnung* bei Bedarf einzusetzen.

### Die Deckungsbeitragsrechnung

Die Deckungsbeitragsrechnung auch *Teilkostenrechnung* oder auch *Proportionalkostenrechnung* genannt, ist die modernere Art einer Kostenrechnung.
Hier wird nur ein bestimmter Teil der Kosten (variable Kosten oder Einzelkosten) dem einzelnen Kostenträger zugerechnet.
Dabei gehen die Befürworter dieser Kalkulationsart von der Überlegung aus, dass sich nicht alle Kosten verursachungsgerecht den einzelnen Kostenträgern zurechnen lassen.
Eine unmittelbare Kostenverursachung durch einzelne Kostenträger lässt sich nie für die Gesamtheit, sondern nur für einen Teil der Kosten erfassen.
Deshalb wird bei dieser Kalkulationsart die Forderung erhoben, nur dann Kosten zu verteilen, wenn sich eine Verursachung unmittelbar feststellen lässt.
Der Deckungsbeitrag ist der Beitrag, den ein Fahrzeug oder ein Transportauftrag zur Deckung der *fixen* Kosten und zur Gewinnerzielung des Unternehmens leistet.

---

 **Formel für den Deckungsbeitrag**

   Erlös pro Dienstleistung/km
   − direkt zurechenbare variable Kosten pro Dienstleistung/km

   ⇨ Deckungsbeitrag

---

Denkbar ist die Anwendung dieser Kalkulationsform in der Güterbeförderung, wenn zum Beispiel bei einem Transportauftrag nach Hamburg der avisierte Rücktransportauftrag entfällt, weil das Schiff nicht angekommen ist.

Bei der Suche nach einer neuen Fracht wird nur eine Teilpartie angeboten. Da der Transport nicht zu Vollkosten gefahren werden kann, muss nun ausgerechnet werden, ob wenigstens ein positiver Deckungsbeitrag anfällt. Ist dies nicht der Fall, ist es ratsam, leer nach Hause zu fahren, um den Verlust nicht noch zu erhöhen.

Ist der Deckungsbeitrag positiv, wird der Auftrag angenommen, um wenigstens einen Teil der Ausfallkosten einzufahren.

Aber Vorsicht! Wenn bei allen Transporten nur noch der Deckungsbeitrag erwirtschaftet wird, ist die Firma schnell pleite!

## KOSTENSTELLE Silo-Sattelzugtransporte

| durchschnittliche Beträge in Euro pro Tag | Fahrzeug Nr. 4 | Fahrzeug Nr. 5 | Fahrzeug Nr. 6 |
|---|---|---|---|
| 1. Erlöse | 1.200,– | 1.000,– | 890,– |
| 2. *minus* variable Kosten | 450,– | 410,– | 380,– |
| 3. ergibt **Deckungsbeitrag I** | **750,–** | **590,–** | **510,–** |
| 4. *minus* kfz-abhängige fixe Kosten | 310,– | 300,– | 290,– |
| 5. ergibt **Deckungsbeitrag II** | **440,–** | **290,–** | **220,–** |
| 6. Deckungsbeitrags-Anteil in % | 72,13% | 47,54% | 36,07% |
| 6. Deckungsbeitrag gesamt | 950,– € = 155,74% | | |
| 7. *minus* fixe **Gemeinkosten** | 610,– € = 100% | | |
| 8. *ergibt* **Ergebnis der Kostenstelle** | 340,– € Gewinn | | |

*Abbildung 22: Deckungsbeitragsrechnung für die Fahrzeugkostenrechnung*

In Abbildung 22 finden Sie ein Zahlenbeispiel zur Deckungsbeitragsrechnung.

Bei der Position Nr. 4 handelt es sich um fixe Kosten wie z. B. Kraftfahrzeug-Haftpflichtversicherungen, die direkt dem Fahrzeug zugeordnet werden können.

Hinweis:

Die in diesem Kapitel angesprochenen Kostenrechnungsvarianten sind nur Kurzdarstellungen, um dem Leser einen Einblick in die Methodik einer auf den Betrieb zugeschnittenen Kostenrechnungssystematik zu geben und auch Anregungen für die Umsetzung in der Praxis beispielhaft darzustellen.

## 5.5 Fahrzeugkostenkontrolle mit Hilfe von Kennzahlen

### Informationsquellen für den Erfolg

Die Standardinformationsquellen für den Erfolg sind die vom Gesetzgeber vorgegebene Finanzbuchführung (FiBu), die betriebsinterne Kostenrechnung (Betriebsbuchführung) sowie der Jahresabschluss bestehend aus der Bilanz und der Gewinn- und Verlustrechnung (GuV).

Der Gewinn oder Verlust, der im jährlich vorgeschriebenen Jahresabschluss eines Güterbeförderungsunternehmens ausgewiesen werden muss, sagt in der Praxis sehr wenig über den tatsächlichen Erfolg des Unternehmens aus.

Verzerrt wird das Bild unter anderem von Einlagen, Entnahmen, Gewinnausschüttungen, Rücklagen, Rückstellungen, die Form und Höhe der Abschreibungen sowie Investitionsintervallen und saisonalen Ertrags- und Kostenschwankungen.

Damit aber die Betriebsleitung ein jährlich vergleichbares Bild vom Erfolg des Unternehmens hat, müssen die Zahlen aus der Buchhaltung/Jahresabschluss entsprechend aufbereitet und umgruppiert werden, um eine entsprechende Bewertung vornehmen zu können.

Durch die Aufbereitung, Zusammenfassung und Umgliederung von Zahlen aus der Buchführung und des Jahresabschlusses werden neue Zahlen geschaffen, die in Bezug zu anderen gesetzt werden können. Diese neuen Zahlen, die so entstehen, nennt man **KENNZAHLEN.**

Nachfolgend einige der wichtigsten Kennzahlen für die Fahrzeugkostenkontrolle, die für einen internen und/oder externen Betriebsvergleich gebildet werden können.

## 5.5.1 Fahrzeugbezogene Kennzahlen

**Durchschnittlicher Fahrzeugeinsatz:**

Beispiel: Unser Unternehmen könnte theoretisch an 205 Kalendertagen im Bezugsjahr einen Lastkraftwagen im Verteilerverkehr einsetzen, tatsächlich war das Fahrzeug nur 171 Tage im Einsatz.

---

 **Berechnungsformel zur Auslastung des Fahrzeugs**

$$\frac{205 \text{ Tage (Maximum)}}{100} = 2{,}05;$$

$$\frac{171 \text{ Tage (tatsächlicher Einsatz)}}{2{,}05} = 83{,}41 \ \% \quad \begin{array}{l}\text{Auslastungsgrad des} \\ \text{Fahrzeugs pro Jahr.}\end{array}$$

---

Je höher der Auslastungsgrad eines Fahrzeugs ist, desto geringer ist der Fixkostenanteil pro Fahrzeugeinsatztag. So kostet das Fahrzeug die gleiche Summe Kfz-Haftpflichtversicherung, ganz gleich ob es 205 Tage im Einsatz ist oder „nur" 171 Tage. Bei 171 Tagen ergibt sich so ein höherer Anteil der Versicherung (Fixkosten) pro Tag.

### Kennzahlberechnung für eine Paletten-Kosten-Berechnung

Problemstellung: Der Kunde eines Güterbeförderers möchte ein Angebot für einen Auftrag, der sich über ein ganzes Jahr erstreckt und einen 7,49 t Lastkraftwagen erfordert bezogen auf eine EURO-Palette. Um dieses

Angebot abgeben zu können, benötigt der Güterbeförderer die Durchschnittszahlen der benötigten Zeit (Transport-, Be- und Entladezeiten), die zurückgelegten Kilometer sowie die Anzahl der Paletten um die Kosten-Nutzen-Grenze – **den Break-even-point** – berechnen zu können.

Der Break-even-point ist der Punkt, an dem die Kosten des Fahrzeugs von den Erlösen (Einnahmen) gedeckt werden, ohne dass ein Gewinn oder Verlust entsteht.

---

 **Berechnungsformeln**
*Berechnung der zeitabhängigen Kosten pro Palettenplatz:*

$$\frac{\text{Fixkosten (zeitabhängige Kosten) des Fahrzeugs pro Jahr}}{\text{durchschnittlich belegte Palettenzahl}} =$$

= Kosten pro Jahr pro Palettenplatz (F1)

$$\frac{F1}{\text{durchschnittl. Einsatztage (bzw. Stunden/Einsatz) pro Jahr}} =$$

**= Kosten des Palettenplatzes pro Einsatztag (F2)
(bzw. Einsatzstunden)**

*Berechnung der kilometerabhängigen Kosten pro Palettenplatz:*

$$\frac{\text{Variable Kosten (kilometerabhängige Kosten) des Lkw p. Jahr}}{\text{durchschnittlich belegte Palettenzahl}} =$$

= Kosten pro Jahr pro Palettenplatz

$$\frac{\text{Kosten pro Jahr pro Palettenplatz}}{\text{gefahrene Jahreskilometer des Fahrzeugs}} =$$

**= Kosten pro Palette pro Kilometer (V2)**

---

Diese durchschnittliche Kostenberechnung des Fahrzeugs, fix und variabel, kann nun mit den anderen Lkw verglichen werden, um den Grad der Wirtschaftlichkeit des Fahrzeugs, zeit- und kilometerbezogen, zu berechnen. Natürlich ist es hierbei wichtig, die gleichen Eckdaten zu verwenden.

Mit dieser Methode ist es möglich, die Zahlen der Fahrzeugkostenrechnung zusätzlich als Kennzahlen zu verwenden.

 **Angebotsberechnung pro Palettenstellplatz:**

V 2
+ F 2
_____

Break-even-point für den Transport einer Palette
+ 20 % kalkulator. Gewinn
_____

Angebotspreis

Der kalkulierte Gewinn setzt sich aus 3 % kalkulatorischer Verzinsung des eingesetzten Vermögens, 2 % kalkulatorischem Risiko (z. B. weniger Paletten als im Vorjahr) und 5 % kalkulatorischem Unternehmerlohn sowie 10 % Verhandlungsmasse für die Angebotsverhandlung mit dem Kunden zusammen.

## 5.5.2 Kurzfristige Fahrzeug-Erfolgsrechnung (Deckungsbeitragsrechnung)

 **Formeln:**

**Stufe I**

Alle direkt a. d. Fahrzeug zurechenbaren Erlöse (Einn.) p. Jahr
− alle variablen Kosten (kilometerabhängige Kosten (p. Jahr)
_____

= Deckungsbeitrag I **pro Jahr**

$$\frac{\text{Deckungsbeitrag I pro Jahr}}{\text{tatsächliche Einsatztage pro Jahr}} =$$

= Deckungsbeitrag I des Fahrzeugs **pro Tag**

**Stufe II**

    Alle direkt a. d. Fahrzeug zurechenbaren Erlöse (Einn.) p. Jahr

− alle direkt zurechenbaren Kosten, ohne Berücksichtigung der Abschreibungen pro Jahr (kilometerabhängige Kosten (p. Jahr)

= Deckungsbeitrag II **pro Jahr**

$$\frac{\text{Deckungsbeitrag II pro Jahr}}{\text{tatsächliche Einsatztage pro Jahr}} =$$

= Deckungsbeitrag II des Fahrzeugs **pro Tag**

**Stufe III**

    Alle direkt a. d. Fahrzeug zurechenbaren Erlöse (Einn.) p. Jahr

− aller direkt zurechenbaren Kosten, **mit** Berücksichtigung der fahrzeugbezogenen Abschreibungen pro Jahr

= Deckungsbeitrag III **pro Jahr**

$$\frac{\text{Deckungsbeitrag III pro Jahr}}{\text{tatsächliche Einsatztage pro Jahr}} =$$

= Deckungsbeitrag III des Fahrzeugs **pro Tag**

Bei dieser Berechnung werden die so genannten Gemeinkosten nicht berücksichtigt.

Gemeinkosten sind Kosten, die nicht direkt dem Fahrzeug zugerechnet werden können, wie zum Beispiel die Verwaltungskosten der Firma, die bei der Vollkostenrechnung per Schlüssel den einzelnen Fahrzeugen zugerechnet werden.

Der Deckungsbeitrag ist jener Betrag, den ein Fahrzeug erwirtschaftet, um die durch das Fahrzeug verursachten Kosten zu decken und zeigt bei einem Plusergebnis die Summe auf, welche zur Deckung der gesamtbetrieblichen Gemeinkosten beiträgt.

### Umsatzrentabilität des Fahrzeugs

Um herauszufinden, wie rentabel die einzelnen Fahrzeuge des Fuhrparks im Vergleich zu anderen Fahrzeugen sind, sollte die Umsatzrentabilität mit Hilfe der folgenden Formel ermittelt werden.

 **Formel:**

$$\frac{\text{Erzielter Gewinn des Fahrzeugs}}{\text{Umsatz (Einnahmen / Erlöse) des Fahrzeugs}} - 100 =$$

$$= \text{Prozentuale Rentabilität des Fahrzeugs}$$

# 6. Controlling im Fuhrparkmanagement

Controlling ist ein – zuerst in amerikanischen, jetzt auch in deutschen Unternehmen – sich bewusst herausbildendes, funktionsübergreifendes Führungsinstrument innerhalb der Unternehmensleitung.

Hierbei haben die „Controller" die Aufgabe, durch fundierte Informationen (hauptsächlich aus dem Bereich Rechnungswesen, Zahlen ebenso wie Fakten) für die Unternehmensleitung aufzubereiten, zu interpretieren und Strategien für die Zukunft zu erarbeiten.

Das Controlling soll folglich Informationen für die Steuerung des Unternehmens liefern, um auf Fakten der Gegenwart das Fundament der Zukunft zu bereiten.

Idealerweise wird das Controlling innerhalb der Unternehmensorganisation als Stabsstelle, die direkt der Unternehmensleitung unterstellt ist, angesiedelt.

Diese Platzierung in der Organisation gibt dem Controller die Unabhängigkeit, die für diese Funktion notwendig ist.

In einem Unternehmen mit eigenem Fuhrpark ist das Fuhrparkmanagement für den Controller ein wichtiges Operationsfeld.

## 6.1 Aufgabengebiete des Controllings

Die Aufgabengebiete des Controllings im Fuhrparkmanagement sind:

⇨ **Ist-Kontrolle**      als Bestandsaufnahme des Ist-Zustands aller Abläufe, Zahlen und Fakten des Fuhrparks

⇨ **Planung**      hier werden die kurz-, mittel- und langfristigen Ziele des Fuhrparkmanagements definiert und in Zusammenarbeit mit der Unternehmensleitung festgelegt

⇨ **Steuerung**      Erarbeiten der Vorschläge für notwendige Korrekturmaßnahmen

⇨ **Permanent-Erfolgskontrolle** Soll-Ist-Vergleich mit Hilfe einer Ab-
weichungsanalyse in regelmäßigen Ab-
ständen

Durch das Registrieren und Sammeln von Erfahrungswerten, das heißt
durch die laufende Kontrolle der geplanten Werte (Soll-Werte) im Vergleich mit den effektiv angefallenen Werten (Ist-Werte) durch den Controller, können die Schwachstellen beim Fuhrparkmanagement rechtzeitig
erkannt werden.

Unternehmensleitung wie Führungskräfte haben dann die Möglichkeit,
relativ schnell Gegenmaßnahmen bei Fehlentwicklungen durchzuführen.

**Die Aufgaben des Controllers**

Die Aufgaben des Controllers bestehen in der Beschaffung, Verarbeitung,
Zusammenstellung und Präsentation externer und interner Daten zum
Zwecke der Entscheidungsfindung.

Der Controller hat also Informationen zusammenzutragen und auszu-
werten. Deshalb muss er ein ergebnisorientiertes Planungs-, Kontroll- und
Steuerungssystem im Fuhrparkmanagement einführen.

Alle Führungskräfte des Fuhrparks sollten sich am Planungs-, Kontroll-
und Steuerungsprozess beteiligen. Die Durchführung dieser Aufgaben
darf nicht allein dem Controller überlassen werden. Der Controller sollte
nur Koordinator, Berater und Navigator bei der Fuhrparkverwaltung sein.
Die Einführung einer Controlling-Konzeption stellt einen ständigen Lern-
prozess für alle Mitarbeiter im Unternehmen dar. Der Controller hat auch
für die eventuell notwendigen internen sowie externen sukzessiven Schulungen der Mitarbeiter zu sorgen.

## 6.2 Die Bausteine des Controlling-Systems

## 6.2.1 Ist-Kontrolle

Um ein funktionierendes Controlling-System in einem Betrieb zu instal-
lieren, muss zunächst einmal der Ist-Zustand aller Teilbereiche des Unternehmens festgestellt werden.

## Prüfelemente für die Ist-Analyse

### 1. Finanzen
– Fahrzeugfinanzierungsarten
– Finanz- und Liquiditätsplan (Finanzmanagement)
– Bankverbindungen
– Zahlungsfristen (Kunden, Lieferanten)

### 2. Branche
– Stellung und Produktpalette innerhalb der Transportbranche
– operative, taktische und strategische Konjunkturperspektiven
– Abhängigkeiten von anderen Branchen
– Abhängigkeiten von einzelnen Auftraggebern (Oligopol, Monopol)

### 3. Markt
– Marktstellung, Konkurrenzbetrachtungen
– politische Risiken, Problemstellungen im grenzüberschreitenden Verkehr
– Vertriebs- und Produktpolitik, Nischen- oder Massenprodukte
– Abhängigkeiten von Großkunden
– Marktanteil vor Ort

### 4. Produktionspotenzial
– derzeitiges und künftiges Potenzial des Fuhrparks in der Standard- und Nischenfunktion
– Anteil der Investitionen für Neu- und Wiederbeschaffungen
– Lagerhaltung, Vorratsmanagement für die Wartung und Reparatur der Fahrzeuge
– Fahrzeug- und Material-Beschaffungsmethoden

### 5. Management
– Wer leitet den Fuhrpark?
– Ist genügend technisches und vor allem kaufmännisches Know-how in der Fuhrparkleitung vorhanden?
– Organisation und Gliederung des Fuhrparkmanagements
– Vertretungsbefugnisse, Vollmachten
– Aus- und Weiterbildung des Führungspersonals
– Ist eine eventuell notwendige Nachfolgeregelung getroffen?

## 6. Organisation
– Organisationsbetrachtungen von Bereichen wie EDV,
Personalwesen, Verwaltung, Produktion, Beschaffung
– interne und externe Organisationsstrukturen (Stärken/Schwächen)
– Produktprozessablauf vom Eingang der Aufträge bis zur Erfüllung

## 7. Planung
– Fuhrparkplanungsgrundsätze
– operative, taktische und strategische Planungen für Einkauf,
Produktion und Vertrieb
– Produktplanungen
– Personalbeschaffungsplanungen
– Risikomanagement
– Umsatz-, Gewinn- und Kostenplanungen
– Fuhrparkentwicklungen


### Das Rechnungswesen als Kontrollinstrument

Sofern noch kein funktionierendes betriebliches Rechnungswesen für die Verwaltung des Fuhrparks installiert ist, muss dies eingerichtet werden; nur mit Hilfe des Rechnungswesens ist eine innerbetriebliche Detail-Ist-Kontrolle möglich.

Dabei muss jedes Fahrzeug separat als Kostenfaktor erfasst, verwaltet und ausgewertet werden können.

Die Aufgabe des Controllers bei der Ist-Kontrolle ist hierbei das Vorhandensein sowie die Funktionsfähigkeit der Fahrzeugkostenrechnung zu überprüfen und, sofern notwendig, Verbesserungsvorschläge einzubringen.


### Überprüfung der Aufbau- und Ablauforganisation

Des Weiteren muss die Fuhrparkorganisation durchleuchtet und als Organigramm festgehalten werden.

Die Qualität der Produkte bzw. der Dienstleistungen rund um den Fuhrpark muss einer ständigen Überprüfung unterworfen werden, was mit Hilfe des Qualitätszirkels durch den Controller realisiert werden kann.

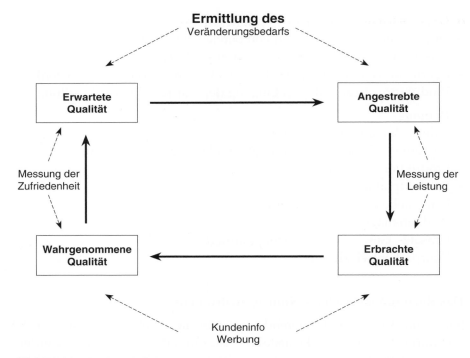

*Abbildung 23: Qualitätszirkel*

Diese Überprüfung beinhaltet selbstredend auch die Führungsorganisation sowie Lenkungs- und Leitungsmethoden des Fuhrparkmanagements.

### Die Kontrolle des Personalwesens

Da Betrieb und Verwaltung des Fuhrparks nach wie vor sehr personalintensiv sind, wird es für einen Controller unabdingbar sein, auch das Personalwesen und die Personalpolitik auf ihre Effektivität und Effizienz hin zu überprüfen, einschließlich der Ausbildung von Mitarbeitern und des Führungspersonals.

## 6.2.2 Controlling und Fuhrparkplanung

Bei der Fuhrparkplanung hat das Controlling in erster Linie die Aufgabe, Planungsfehler zu verhindern. Dabei ist es notwendig, die Planungen der Vergangenheit und deren Abweichungen zur Gegenwart abzugleichen und diese für die Zukunft zu minimieren.

Zentrale Bestandteile des Controllings der Fuhrparkplanung:
- Formulierung von Unternehmensgrundsätzen für die Fuhrparkplanung;
- operative, taktische und strategische Planungen für den Einkauf von Fahrzeugen, Reparatur- und Wartungsleistungen;
- Abgleich der Ist- und Plankosten;
- Mittel- und langfristige Beschaffungsplanungen des Fahrpersonals;
- Permanentvergleich eigener Kosten mit den Kosten anderer Fuhrparks;
- Umsatz-, Gewinn- und Kostenplanungen;
- die Überprüfung von Teiloutsourcing- und Komplettoutsourcingmodellen im Hinblick auf Realisierungsmöglichkeiten im eigenen Betrieb;
- Überprüfung des Risikomanagements;
- Fuhrparkentwicklung.


**Planungsfristen**

Je nach Fristigkeit der Planung werden kurz-, mittel- und langfristige Pläne unterschieden.

**Langfristige Pläne** umfassen in der Regel mehr als 5 Jahre (strategische Planung).

Bei **strategischen Plänen** handelt es sich insbesondere um Orientierungseckdaten für zukünftige Strategien auf dem Fuhrparkmarkt, keinesfalls aber um Detailplanungen.

**Die mittelfristige oder taktische Planung** umfasst den Zeitraum von ein bis fünf Jahren. Für diesen Zeitraum werden die strategischen Pläne konkretisiert und als genaue Marketing- oder Objektziele definiert.

**Die kurzfristigen oder operativen Planungen** haben einen Zeitbezug, der bis zu einem Jahr angelegt ist.

Hier werden Einzelmaßnahmen, die für die Umsetzung der operativen sowie strategischen Planung notwendig sind, durchdacht und festgelegt.

### Planungsmethoden

Je nach betriebsbedingter Notwendigkeit werden starre oder gleitende Planungen vorgenommen.

**Die starre Planung** wird für einen bestimmten Zeitraum vorgenommen und während dieses Zeitabschnittes nicht verändert.

Im Gegensatz dazu wird die **rollende** (oder gleitende) **Planung** zunächst für einen längeren Zeitraum erstellt und dabei aktualisiert, sowie den wechselnden Realitäten angepasst.

Die für das Fuhrparkmanagement bedeutendsten Pläne sind:
Der **Beschaffungsplan**, der **Organisations- oder Produktionsplan,** der **Marketing- oder Absatzplan** und der **Finanzplan.**

### Der Beschaffungsplan

dient in erster Linie der Einsatzmaterial-Beschaffung des Fuhrparks; hier werden innerbetriebliche Verknüpfungen sowie Beschaffungsquantitäten festgelegt.

### Der Organisationsplan

regelt den inner- wie außerbetrieblichen Ablauf, aber auch Zuständigkeiten im Fuhrparkmanagement. Bei langfristig angelegten Aufträgen kann es sinnvoll sein, diese separat zu planen, um Friktionen (Reibungen) mit dem üblichen Betriebsablauf zu vermeiden. Dem Organisationsplan vorangestellt wird zunächst eine Organisationsanalyse. Die Durchführung einer Organisationsanalyse beginnt mit dem Erkennen eines Organisationsproblems und der Erteilung eines entsprechenden Organisationsauftrages an die zuständigen Führungskräfte durch den Controller. Dieser überwacht laufend die Planvorgaben mit dem Ist-Zustand.

## Der Marketingplan

hat die Aufgabe, den in Frage kommenden Absatzmarkt beim Nutzfahrzeugfuhrpark nach bestimmten Kriterien in homogene Marktsegmente aufzusplitten, um eine optimale Dienstleistung zu ermöglichen. Auch die Erschließung neuer Märkte sowie das entsprechende Realisierungskonzept zählt zur Marketingplanung.

## Der Finanzplan

legt die Finanzierung künftiger Vorhaben oder Projekte fest. In ihm werden die Bildung von Rücklagen, die Bildung und Auflösung von Reserven, die Aufnahme von Fremdkapital wie zum Beispiel von Bankkrediten sowie die Zins- und Tilgungsraten festgelegt.

## 6.2.3 Controlling und Fuhrparksteuerung

Das wichtigste Instrument der Fuhrparksteuerung ist das Informationswesen.

Unter einem betrieblichen Informationswesen versteht man die Gesamtheit aller Mittel, Maßnahmen und Einrichtungen, die ein Betrieb aufbietet, um die Betriebsangehörigen mit den zur Aufgabenerfüllung notwendigen Informationen zu versorgen. Dieser Informationsfluss muss – möglichst mit Hilfe eines Organigramms – gesteuert und ständig vom Controller auf Verbesserungsmöglichkeiten hin überprüft werden.

Um Friktionen innerhalb des Fuhrparkmanagements zu vermeiden, ist auch in der heutigen Zeit eine klare Hierarchie notwendig. Dabei wird mit Hilfe eines Aufgabenverteilungsplanes in Verbindung mit entsprechenden Stellenbeschreibungen eine klare Abgrenzung und Unterteilung der einzelnen Bereiche vorgenommen. Diese Hierarchiestruktur muss ständig überprüft und entsprechend den personellen Veränderungen und Unternehmensentwicklungen angepasst werden.

## *Hierarchiesysteme*

### Das Liniensystem

Das Liniensystem ist die straffste Form der organisatorischen Gliederung des Betriebes. Hier darf eine Instanz nur von einer übergeordneten Instanz Anweisungen erhalten. Folglich sind sämtliche Abteilungen in einen einheitlichen Instanzenweg eingegliedert. Es besteht von der Fuhrparkleitung bis zur untersten Stelle eine eindeutige Linie der Weisungsbefugnis und Verantwortung, die über mehrere Zwischenstufen führt.

### Das Stabliniensystem

Das Stabliniensystem ist ebenso strukturiert wie das Liniensystem, mit der Ausnahme, dass der Führungsebene eine oder mehrere Stabstellen zur Seite gestellt werden. Diese Stabstellen haben meistens keine Weisungsbefugnisse und sind nur der Geschäftsleitung untergeordnet. Eine Stabstelle kann zum Beispiel die Controllingabteilung sein.

### Das Funktionssystem

Der Weg der Aufträge, Weisungen und Mitteilungen wird hier nicht durch den Instanzenweg bestimmt, sondern von der Art der betreffenden Aufgaben.

### Die Matrixorganisation

Die Matrixorganisation entsteht durch die Überlagerung von funktionsorientierten Organisationsstrukturen, die formal einer Matrix gleichen. Jede Abteilung hat auf ihrem Gebiet Entscheidungsvollmacht und muss mit den anderen Abteilungen kooperieren. Jede Abteilung bildet eine Kostenstelle, die separat erfolgsorientiert sein muss (Profit Center).
Die Fuhrparkleitung hat hier in erster Linie eine Koordinationsfunktion.

## Permanent-Erfolgskontrolle

Die Permanent-Erfolgskontrolle bedeutet, dass nicht nur stichproben-
weise oder bei Sonderaufträgen eine Erfolgskontrolle durchgeführt wird.
Vielmehr wird systematisch mit Hilfe des Rechnungswesens in Verbindung mit der betriebswirtschaftlichen Statistik eine dauernde Kontrolle
des gesamten betrieblichen Ablaufs detailliert durch den Controller vorgenommen.

## 6.3 Realisierung des Controllings

Es genügt nicht, einen Controller einzustellen, auszubilden, ihm einen
Schreibtisch zuzuweisen und darauf zu schließen, dass nun ein funktio-
nierendes Controlling-System eingeführt ist.
Dies bedarf vielmehr gründlicher innerbetrieblicher Maßnahmen:

## 6.3.1 Anforderungen an die Unternehmensleitung

Zunächst muss sicher gestellt werden, dass alle Führungskräfte des Fuhrparkmanagements über die Funktion und Befugnis des Controllers infor-
miert werden, mit der Auflage, diesen von Beginn an zu unterstützen.
Weiterhin sollte anfangs monatlich, später vierteljährlich ein Führungs-
briefing stattfinden. Hier werden alle Informationen und Ergebnisse des
Controllings zusammengefasst, ausgewertet und weitere Maßnahmen be-
schlossen.
Dabei ist ein kooperativer Führungsstil angebracht, da mit autoritären
Maßnahmen eventuell notwendige Umstrukturierungen bei altgedienten
Führungskräften auf Unverständnis stoßen könnten.

## 6.3.2 Anforderungen an die Controllerstelle

Die Controllerstelle sollte nach Möglichkeit eine Stabstelle sein und nur
der Geschäftsleitung direkt unterstehen. Der Controller muss direkte Weisungsbefugnisse gegenüber dem Leiter des Finanz- und Rechnungswesens haben.

Ohne eine moderne Datenverarbeitungsanlage inklusive entsprechender Software ist der Arbeitsplatz des Controllers nur eingeschränkt funktionsfähig.

Weiterhin ist es zwingend erforderlich, den Arbeitsplatz des Controllers in der Nähe der Buchhaltung bzw. der Kostenrechnungsstelle anzusiedeln. Der Controller muss jederzeit Zugriffsmöglichkeiten auf alle Buchungs- und Kostenrechnungsunterlagen haben.

### 6.3.3 Anforderungen an den Controller

Die Person, die als Controller in einem Betrieb eingestellt wird, muss eine fundierte Ausbildung, basierend auf praktischer Kostenrechnungserfahrung und externen Weiterbildungslehrgängen haben.

Die Fähigkeit, überzeugen zu können, ist unerlässlich.

Weiter sollte eine kaufmännische Ausbildung, wie Verkehrsfachwirt oder Betriebswirt, möglichst mit Erfahrung in der Branche, absolviert worden sein. Die Anwendung der elektronischen Datenverarbeitung darf für den Controller kein Problem darstellen.

### 6.3.4 Erforderliche Organisationsmaßnahmen

Bevor Controlling in einer Fuhrparkorganisation eingeführt wird, ist die Organisation des Unternehmens, in die der Fuhrpark eingebettet ist, mit Hilfe eines Organigramms zu überprüfen.

Dabei zeigen sich vor allem in Betrieben, die überwiegend mittelständisch strukturiert sind, oft Schwächen, die beseitigt werden müssen. Häufig sind die Verantwortungsbereiche nicht klar abgegrenzt. Es entstehen laufend Überschneidungen und folglich Friktionen zwischen einzelnen Führungskräften, die dann Arbeitsabläufe negativ beeinflussen.

Um diese oder andere Probleme im Unternehmen zu beseitigen, ist eine Überarbeitung der Organisation erforderlich.

Das Führungspersonal akzeptiert relativ schnell die neue Organisationsform, wenn neben der Unternehmensleitung auch jede Führungskraft selbst kooperativ und konstruktiv ihre Vorschläge zur Änderung der Organisation einbringen kann.

# 7. Outsourcing des Fuhrparks

Das Fuhrparkmanagement wird immer wieder konfrontiert mit der Frage, ob die Leistung „Fuhrpark" nicht günstiger durch Dritte erbracht werden kann. Um dagegen „gewappnet" zu sein, müssen Argumente und Gegenargumente gesammelt und ausgewertet werden. Es ist auch zu prüfen, ob nicht doch zumindest Teile der Dienstleistung „Fuhrpark" von Dritten günstiger erbracht werden können.

Nachfolgend aufgelistet die wichtigsten Fakten rund um dieses Thema.

Zunächst stellt sich die Frage, warum bei der Unternehmensleitung diese Auslagerungsüberlegungen entstehen.

### Motivation fürs Outsourcing

Die wichtigsten Auslöser für das Outsourcing des Fuhrparks an Dritte:

⇨ Zeitintensiver Wettbewerb bei der Erfüllung von Kundenwünschen;

⇨ Deregulierung und Privatisierung öffentlicher Dienste;

⇨ Konzentration auf die sogenannten Kernkompetenzen der Unternehmen: Produktion und Marketing;

⇨ Shareholder-Value-Denken der Vorstände von AGs;

⇨ Kostenreduzierung durch „schlanke Produktion";

⇨ Umwandlung fixer Kosten in variable Kosten;

⇨ Prozessdenken der Unternehmensführung („Supply Chains");

⇨ Komplexitätsreduzierung der Produktion;

⇨ Internationalisierung der Lieferantenbeziehungen;

⇨ Verstärkung der B2C-Lieferungen (vom Unternehmen direkt an den Kunden/Verbraucher); ausgelöst durch E-Commerce.

### Denkbare Outsourcing-Formen

- Inhouse-Partnerschaft, Dienstleistungen in unternehmenseigenen Räumen wie zum Beispiel die Nutzung der eigenen Werkstatteinrichtung durch Dritte;
- Kooperations-Partnerschaft (strategische Partnerschaft, Joint-Venture), ein Fuhrpark für mehrere Unternehmen;
- Dienstleistungs-Partnerschaft, wie zum Beispiel Leiharbeiter als Fahrpersonal oder gemeinsamer Einkauf von Ersatzteilen;
- Projekt-Outsourcing, komplette Auslagerungen wie Werkstätte oder Fuhrparkverwaltung;
- internes Outsourcing (Profit-Center); es wird entweder kostenrechnungstechnisch getrennt oder gesellschaftsrechtlich mittels einer eigenen Transportfirma als Tochterunternehmen.

### Mögliche Outsourcing-Bereiche

- Reifen-Dienste
- Reparatur und Wartung
- Treibstoff- und Schmierstoffbereich
- Kosten-Controlling
- Fahrzeugbeschaffung
- Fahrzeugverkauf
- Versicherungswesen/Schadensbearbeitung
- Flottenverwaltung
- Personenbeförderungen
- Güterbeförderungen

### Vertragsinhalt

Werden Teile des eigenen Unternehmens „outgesourct" (an externe Firmen vergeben) oder übernimmt das eigene Unternehmen Aufgaben outsourcender Unternehmen, sollte in jedem Fall ein Vertrag geschlossen werden.

Nachfolgend eine Checkliste mit den wichtigsten Bestandteilen für Outsourcing-Verträge

- Fixierung der Vertragspartner im Detail;
- genaue Datumsabgrenzung von Vorlaufzeit, Einweisungszeiten und der Leistungsübernahme;
- genaue Definition der zu erbringenden Leistungsbereiche;
- Regelungen für Leistungsänderungen;
- Qualitätsvereinbarungen;
- Vorgaben für die Ausführung der Leistungen;
- Abgrenzung und detaillierte Auflistung aller Pflichten beider Vertragspartner;
- Übertragungen und Rückübertragungen von Umlauf- und/oder Anlagevermögen;
- Preis, Abrechungsperioden, Zahlungsweise;
- Haftung des Dienstleisters gegenüber dem Auftraggeber und Dritten;
- Haftungsabgrenzungen zwischen Dienstleister und Auftraggeber;
- Haftung bei Verstößen gegen Gesetze und Verordnungen;
- Haftungsbegrenzungen;
- Abdeckung von Risiken durch Versicherungen sowie deren Deckungssummen;
- Versicherungsnachweis;
- Verpflichtungen der Vertragspartner nach Kündigung des Vertrages;
- Salvatorische Klausel, Gerichtsstand, Änderungen in Schriftform, Unterschriften.

## Der Projektierungsablauf für die Übernahme von Outsourcing-Bereichen

Hinter der Übernahme von Outsourcing-Bereichen verbergen sich häufig sehr komplexe Prozesse und Aufgaben. Daher ist es sinnvoll, den Ablauf im Vorfeld der Übernahme bereits zu analysieren. Erst dann kann auch über die Sinnhaftigkeit der Übernahme entschieden werden.

⇨ **Phase 1** *Projektanalyse*
  Ist-Zustand, Warenflussanalyse, Prozessbetrachtung, Personalquantität und -qualität.

⇨ **Phase 2** *Futuring:*

Veränderungsbedarfsanalyse, Szenarioentwicklungen, Maßnahmenkatalog (nach der ABC-Analyse), Zeithorizont der Übernahme (operativ, strategisch, taktisch); Fixierung des notwendigen Humankapitals, der zu beschaffenden bzw. zu übernehmenden Anlagegüter, des Materialbedarfs und Kapitalbedarfsplans, Erstellung des Organisationsaufbau- und Ablaufplans, Riskmanagement.

⇨ **Phase 3** *Interaktive Simulation:*

„Was passiert, wenn..?", EDV-Simulation, Organisation, Personaleinsatz, Simulation von möglichen Crashszenarien.

⇨ **Phase 4** *Implementierung:*

„Was kann wer tun – und wann?", Budget-Planung, Aktionsplanung, Personalbeschaffung, Material- und Kapitalbeschaffung, Softwareauswahl.

# Sozialvorschriften und Personalwesen

## 1. Sozialvorschriften und Dienstanweisungen

### 1.1 Verantwortlichkeiten des Fuhrparkmanagements und des Fahrpersonals

Die meisten tödlichen Unfälle, 26 Prozent, gehen auf das Konto von übermüdeten Fahrzeugführern, melden Unfallforscher des Instituts für Fahrzeugsicherheit in München. Der Anteil leichter Lastkraftwagen und Transporter liegt dabei sogar bei 35 Prozent.

Aus diesem Grund gibt es vom Gesetzgeber Vorgaben, wie lange ein Kraftfahrer, der gewerbliche Güterbeförderungen durchführt, am Steuer sitzen darf. Übertretungen werden mit teils drastischen Strafen von den Vollzugsorganen in ganz Europa geahndet.

Zunächst trägt der Fahrzeugführer (Fahrer) die Hauptverantwortung für eine eventuelle Überschreitung und wird entsprechend bestraft.

Wurde allerdings diese Überschreitung der Lenk- und Ruhezeit durch die zu enge Terminplanung des Disponenten oder Fuhrparkleiters veranlaßt oder gar erzwungen, wird der Verantwortliche mit zur Rechenschaft gezogen, was in der Vergangenheit sogar schon zu Haftstrafen der Verantwortlichen bei schweren Unfällen geführt hat.

Aus diesem Grunde ist es unabdingbar, dass der Disponent die gesetzlichen Regelungen bis ins Detail kennt, um bei der Disposition des Fahrpersonals (Fahrzeugführer) keinen Fehler zu machen.

Nur wenn er dafür Sorge trägt, dass der Fahrer bei der Tourenplanung die vorgeschriebenen Lenk- und Ruhezeiten einhalten kann, trägt für Verstöße alleine das Fahrpersonal die Verantwortung.

### 1.2 Fahrpersonalvorschriften

In Verbindung mit der Einführung des digitalen Kontrollgerätes hat der europäische Gesetzgeber in der Verordnung (EG) Nr. 561/2006 geänderte Vorschriften zu den Lenk- und Ruhezeiten erlassen. Diese Vorschrift der

Europäischen Union ersetzt die bis dato geltende VO (EWG) Nr. 3820/85.
Zu dieser Neuerung hinzu kamen die neuen Vorschriften des Arbeitszeit-
gesetzes (ArbZG), die am 1. September 2006 in Kraft getreten sind.
Vor allem die neuen Detailregelungen erfordern eine umfassende Umstel-
lung der Fahrerdisposition, die auf den ganzen Transportprozess Auswirkungen haben kann.
Übertretungen werden mit teils drastischen Strafen von den Vollzugsorganen in ganz Europa geahndet.


## 1.2.1 Geltungsbereich und Verantwortlichkeiten

Die EU-Verordnung gilt unabhängig vom Land der Zulassung des Fahrzeugs für

– gewerbliche Beförderungen im Straßenverkehr,
– ausschließlich innerhalb der EU-Gemeinschaft und
– zwischen der Schweiz und den Vertragstaaten des Abkommens über den
  Europäischen Wirtschaftsraum.

Für grenzüberschreitende Beförderungen von oder in Drittstaaten gilt an-
stelle der EU-Verordnung für die ganze Beförderungstrecke das AETR.
Die Bestimmungen des AETR sind schon weitgehend an die Verordnung
angepasst und sollen noch weiter harmonisiert werden.

In erster Linie trägt der Fahrzeugführer (Fahrer) die Verantwortung für
eventuelle Überschreitung und wird entsprechend bestraft.
Wurde diese Überschreitung der Lenk- und Ruhezeit allerdings durch
die zu enge Terminplanung des Fuhrunternehmens veranlasst oder gar
erzwungen, wird der Verantwortliche mit zur Rechenschaft gezogen, was
in der Vergangenheit (etwa bei schweren Unfällen) sogar schon zu Haftstrafen der Verantwortlichen geführt hat.

Neu hinzugekommen ist die Ausweitung der Verantwortlichkeiten für die
Sozialvorschriften auf den Auftraggeber des Transportes, den Absender,
Verlader und je nach Auftragsvergaben, den Spediteur.

Aus diesem Grunde ist es unabdingbar, dass alle am Frachtauftrag Beteiligten die gesetzlichen Regelungen bis ins Detail kennen, um bei der Auf-

tragsvergabe und Disposition des Fahrpersonals (Fahrzeugführer) keinen Fehler zu machen.

Nur wenn alle weiteren Beteiligten dafür Sorge tragen, dass der Fahrer bei der geplanten Tour die vorgeschriebenen Arbeits-, Lenk- und Ruhezeiten einhalten kann, trägt für Verstöße alleine das Fahrpersonal die Verantwortung.

Nachfolgend werden die neuen Sozialvorschriften für Fahrpersonal, die in Deutschland und Europa gültig sind, umfassend aufgeführt.

## 1.2.2 Rechtsgrundlagen für die Sozialvorschriften im gewerblichen Kraftverkehr

Die Regelung der Lenk- und Ruhezeiten, Arbeitszeiten für das Fahrpersonal und die Verwendung eines Kontrollgerätes sind in den nachfolgend genannten Rechtsgrundlagen im Detail geregelt:

⇨ Europäisches Übereinkommen über die Arbeit des im internationalen Straßenverkehr beschäftigten Fahrpersonals (AETR).

⇨ Fahrpersonalgesetz (FPersG) – das FPersG enthält u. a. Bußgeldvorschriften und Zuständigkeitsregelungen.

⇨ Fahrpersonalverordnung (FPersV) – hier werden die Abweichungen von den europäischen Bestimmungen, wie z. B. der Anwendungsbereich der Sozialvorschriften und die Vorschriften über Bescheinigungen für dienstfreie Tage, geregelt.

⇨ Arbeitszeitgesetz (ArbZG) – mit Gültigkeit zum 1. September 2006 die Arbeitzeitregelung des Fahrpersonals (Rechtsbasis ist die EU-Richtlinie 2002/15/EG).

⇨ Verordnung (EG) Nr. 561/2006 des Europäischen Parlaments und des Rates vom 15. März 2006 zur Harmonisierung bestimmter Sozialvorschriften im Straßenverkehr und zur Änderung der Verordnung (EWG) Nr. 3821/85 (Einbauvorschriften für das EU-Kontrollgerät) und (EG) Nr. 2135/98 des Rates sowie zur Aufhebung der Verordnung (EWG) Nr. 3820/85 des Rates. Diese Vorschrift ist (ausgenommen der 1. Mai

2006 in Kraft getretenen Artikel 10 Absatz 5, Artikel 26 Absätze 3 und 4, und Artikel 27) am 11. April 2007 in Kraft getreten.

**Inhalt der EU-Verordnung**

Zu den wichtigsten Regelungen der Verordnung (EG) Nr. 561/2006 gehören u. a.

– der Einführungstermin für digitale Kontrollgeräte (für die Beschaffung von Neufahrzeugen nach dem 1. Mai 2006),

– die Änderungen der Lenk- und Ruhezeitvorschriften,

– die Bestimmungen über die vom Fahrpersonal mitzuführenden Unterlagen,

– die Aufbewahrung- und Vorlagepflichten für Unternehmen und

– neue Regelungen der Haftung im Zusammenhang mit Verstößen.

# 1.3 Die Lenk- und Ruhezeiten

| | Nationale Vorschriften | EG- und AETR-Regelung |
|---|---|---|
| **Gültig für** | Deutschland Fahrzeuge zur Güterbeförderungen mit oder ohne Hänger/Auflieger über 2,8 t zGG bis 3,5 t zGG | Deutschland, EU, AETR-Staaten Fahrzeuge zur Güterbeförderung mit oder ohne Hänger/Auflieger über 3,5 t; KOM (Busse) |
| **Fahrer Mindestalter** | 18 Jahre | bis 7,5 t zGG    18 Jahre über 7,5 t zGG 21 Jahre |
| **Lenkzeit** | | |
| täglich | 9 Stunden 2 x wöchentlich 10 Stunden | |
| wöchentlich | Ø 45 Stunden, maximal 56 Stunden | |
| zwei aufeinander-folgende Wochen | 90 Stunden | |
| **Unterbrechung der Lenkzeit** | | |
| nach einer Lenkzeit von | 4 Stunden 30 Minuten | |
| Lenkzeitunterbrechung mindestens | 45 Minuten aufteilbar in 2 Teilunterbrechungen von 15 Minuten und 30 Minuten (in dieser Reihenfolge!) | |
| **Tagesruhezeit** | | |
| 1 Fahrer | 11 Stunden ohne Unterbrechung innerhalb von 24 Stunden oder 12 Stunden mit Verkürzung auf zwei Blöcke von mindestens 3 und 9 Stunden, (in dieser Reihenfolge!). Verkürzungen: maximal drei Mal die Woche auf 9 Stunden ohne Unterbrechung. | |
| 2 oder mehr Fahrer | 9 Stunden innerhalb jedes Zeitraums von 30 Stunden | |
| **Wöchentliche Ruhezeit** | 45 Stunden einschließlich einer Tagesruhezeit, Verkürzung auf 24 Stunden Ausgleich bis zum Ende der 3. Woche | |
| **EU-Arbeitszeit** | | |
| täglich wöchentlich | Ø 8 Stunden, höchstens 10 Stunden Ø 48 Stunden höchsten 60 Stunden Ausgleich innerhalb von 4 Monate | |
| **Arbeitszeitnachweise** | Digital/EG-Kontrollgerät oder persönliches Kontrollbuch | Digital/EG- bzw. AETR-Kontrollgerät |
| **Aufbewahrungspflichten** | im Kfz 28 Tage und der laufende Tag, im Büro 1 Jahr | |

*Abbildung 24: Schautafel Lenk- und Ruhezeiten*

## 1.3.1 Anwendung und Gültigkeit der Fahrpersonalvorschriften

Die Fahrpersonalvorschriften über die Lenk- und Ruhezeiten gelten grundsätzlich für alle nationalen und internationalen Beförderungen mit Fahrzeugen, die dem Gütertransport dienen, auf öffentlichen Straßen gelenkt werden und deren zulässiges Gesamtgewicht einschließlich Anhänger oder Sattelanhänger 3,5 Tonnen übersteigt. Hiervon ist auch der Werkverkehr (Transport von Gütern zu eigenen Zwecken) nicht ausgenommen.

Ferner gelten die Vorschriften für Unternehmer und Fahrer von Fahrzeugen, die zur Personenbeförderung dienen und die nach ihrer Bauart und Ausstattung geeignet und dazu bestimmt sind, mehr als 9 Personen einschließlich Fahrer zu befördern (Kraftomnibusse – KOM).

Es ist für die Anwendung der Fahrpersonalvorschriften unerheblich, ob das Fahrzeug beladen oder unbeladen ist.

## 1.3.2 Nationale Sonderregelung für Kleinfahrzeuge

Die Fahrpersonalvorschriften gelten in Deutschland auch für Fahrer von Fahrzeugen, die zur gewerblichen Güterbeförderung dienen und deren zulässiges Gesamtgewicht einschließlich Anhänger oder Sattelanhänger mehr als 2,8 Tonnen und nicht mehr als 3,5 Tonnen beträgt.

Allerdings ist bei diesen Fahrzeugen der Einbau eines EU-Kontrollgerätes nicht vorgeschrieben. Deshalb können die Fahrzeugführer dieser Fahrzeuge (statt mittels Fahrtenblätter oder digitalen Tachographen) die Aufzeichnungen der Lenk- und Ruhezeiten manuell in einem sog. Fahrtenbuch festhalten.

Diese Aufzeichnungen müssen über die Lenkzeiten, alle sonstige Arbeitszeiten, die Lenkzeitunterbrechungen und die Ruhezeit geführt werden.

### Fahrtenbuch/Kontrollgerät

Sofern bei dieser Fahrzeuggröße ein Kontrollgerät eingebaut ist, müssen die Aufzeichnungen durch die Benutzung des Gerätes durchgeführt werden. Die Benutzung des Kontrollgeräts ist in diesen Fällen zwingend, auch wenn das Fahrzeug unter dem zulässigen Gesamtgewicht von 3,5 Tonnen liegt.

**Das Führen eines Fahrtenbuchs**

Sofern kein Fahrtenschreiber eingebaut ist und das Fahrzeug unter 3,5 Tonnen zulässigem Gesamtgewicht liegt, können Tätigkeitsnachweise durch manuelle Aufzeichnungen erfolgen (§ 6 Abs. 1 FPersV). Diese Tätigkeitsnachweise werden auch als „Fahrtenbuch" bezeichnet.

Die Aufzeichnungen müssen für jeden Tag separat erfolgen. Der Fahrer muss dabei jedes Blatt der Aufzeichnungen mit Vor- und Zuname, dem Datum, dem amtlichen Kennzeichen, den Kilometerständen bei Fahrtbeginn und Fahrtende sowie der Gesamtfahrstrecke versehen (§ 6 Abs. 6 FPersV).

Die Aufzeichnungspflicht besteht über die in der Fahrpersonalverordnung eingestellten Vordrucke. Auf diesen müssen die Lenk- und Ruhezeiten dokumentiert werden.

## 1.3.3 Begriffsbestimmungen

**Lenkzeit**

Als Lenkzeit gelten solche Zeiten, die tatsächlich mit Fahrtätigkeit zugebracht werden.

Zur Lenkzeit gehört auch das vorübergehende Stehen des Fahrzeugs, wenn dies nach allgemeiner Anschauung zum Fahrvorgang gehört. So ist die Zeit für einen verkehrsbedingten Aufenthalt an Ampeln, an Bahnschranken, an Kreuzungen, in Staus oder an der Grenze der Lenkzeit hinzuzurechnen.

Hingegen gehören Fahrpausen (auch von weniger als 15 Minuten) dann nicht zur Lenkzeit, wenn sie aus anderen als den vorgenannten Gründen stattfinden und der Fahrer dabei seinen Platz am Lenkrad verlassen kann.

**Tageslenkzeit**

Als Tageslenkzeit wird die addierte Gesamtlenkzeit zwischen dem Ende einer täglichen Ruhezeit und dem Beginn der darauf folgenden täglichen Ruhezeit oder zwischen einer täglichen und einer wöchentlichen Ruhezeit bezeichnet.

## Lenkzeitunterbrechungen

Lenkzeitunterbrechungen dürfen innerhalb der vorgesehenen 4 Stunden 30 Minuten Lenkzeit oder unmittelbar danach erfolgen. Während einer Lenkzeitunterbrechung darf der Fahrer keine anderen Arbeiten (zum Beispiel Be- oder Entladetätigkeiten, Wartungs- und Instandsetzungsarbeiten) ausführen.

Dagegen zählen Wartezeiten als Lenkzeitunterbrechung, sofern sie nach allgemeiner Verkehrsanschauung nicht dem Fahrvorgang zuzurechnen sind. Hierzu können beispielsweise Wartezeiten bei der Grenzabfertigung oder beim Be- und Entladen des Fahrzeugs gerechnet werden. Das Gleiche gilt für die Zeiten auf dem Beifahrersitz oder in der Schlafkabine im fahrenden Fahrzeug sowie auf Fähr- und Eisenbahnfahrten.

Nach jeder Unterbrechung von insgesamt 45 Minuten (zusammenhängend oder in Teilen) beginnt ein neuer, für die Unterbrechung relevanter Lenkzeitabschnitt von 4 Stunden und 30 Minuten.

Dies bedeutet, dass auch nach einer beispielsweise nur zweistündigen Lenkzeit mit anschließender 45-minütiger Unterbrechung ein neuer Lenkzeitabschnitt von 4 Stunden und 30 Minuten beginnt. Lenkzeitunterbrechungen dürfen nicht der täglichen Ruhezeit zugerechnet werden.

## Ruhepause

Als Ruhepause wird jeder ununterbrochener Zeitraum betrachtet, in dem ein Fahrer frei über seine Zeit verfügen kann.

Um allerdings als ordnungsgemäße Lenkzeitunterbrechungen (vorgeschriebene Pausen) Gültigkeit zu erlangen, muss die Ruhepause entweder komplett

– mindestens 45 Minuten am Stück betragen oder alternativ

– in zwei Abschnitte von mindestens 15 Minuten (1. Abschnitt) und mindestens 30 Minuten (2. Abschnitt) aufgeteilt werden.

Die Reihenfolge der beiden Abschnitte ist vom Gesetzgeber vorgeschrieben.

## Tägliche Ruhezeit

Die tägliche Ruhezeit beträgt mindestens 11 Stunden innerhalb von 24 Stunden. Sie kann pro Woche dreimal auf 9 Stunden verkürzt werden. An Tagen ohne Kürzung kann wie folgt gesplittet werden: 1. Abschnitt mindestens 3 Stunden, zweiter Abschnitt mindestens 9 Stunden (Reihenfolge auch hier wieder obligatorisch).

## Woche

Als Woche wird der Zeitraum zwischen Montag 00.00 Uhr und Sonntag 24.00 Uhr definiert.

## Wochenlenkzeit

Als Wochenlenkzeit wird die addierte Lenkzeit innerhalb einer Woche bezeichnet. Sie umfasst durchschnittlich 45 Stunden, darf jedoch höchstens 56 Stunden betragen. Die maximale Lenkzeit pro Doppelwoche beträgt 90 Stunden.

## Lenkdauer

Die Lenkdauer ist die Gesamtlenkzeit zwischen dem Zeitpunkt, zu dem ein Fahrer nach einer Ruhezeit oder einer Fahrtunterbrechung beginnt, ein Fahrzeug zu lenken, und dem Zeitpunkt, zu dem er eine Ruhezeit oder Fahrtunterbrechung einlegt.

## Arbeitsbereitschaft

Keine täglichen Ruhezeiten sind Zeiten der Arbeit oder Arbeitsbereitschaft sowie die im fahrenden Fahrzeug verbrachten Kabinenzeiten.
Die tägliche Ruhezeit kann jedoch im Fahrzeug verbracht werden, sofern es mit einer Schlafkabine ausgestattet ist und nicht fährt.

Der Fahrer muss innerhalb jedes 24-Stunden-Zeitraumes eine tägliche Ruhezeit einlegen. Der 24-Stunden-Zeitraum braucht nicht mit dem Kalendertag identisch sein.

Beginnt der Fahrer die Fahrt am Sonntag 22.00 Uhr, so muss er spätestens am Montag 22.00 Uhr seine tägliche Ruhezeit eingelegt haben.

### Ruhezeit im kombinierten Verkehr

Sonderregelungen gelten für die Fahrer eines Fahrzeugs, das im kombinierten Verkehr mit einem Fährschiff oder mit der Eisenbahn befördert wird.

Seine tägliche Ruhezeit darf zweimal unterbrochen werden, wenn folgende Voraussetzungen erfüllt sind:

– Ein Teil der täglichen Ruhezeit wird auf der Eisenbahn beziehungsweise dem Schiff, der andere Teil auf dem Land verbracht.

– Der Zeitraum zwischen den beiden Teilen einer täglichen Ruhezeit ist so kurz wie möglich und darf vor der Verladung des Fahrzeugs oder nach dem Verlassen des Fahrzeugs vom Fährschiff oder der Eisenbahn eine Stunde nicht übersteigen. (Der Vorgang der Verladung beziehungsweise des Verlassens umfasst auch die Zollformalitäten.)

– Dem Fahrer muss während der beiden Teile der täglichen Ruhezeit ein Bett oder eine Schlafkabine zur Verfügung gestellt werden.

### Beförderung im Straßenverkehr

Der Verordnung unterliegt jede ganz oder teilweise auf einer öffentlichen Straße durchgeführte Fahrt eines zu gewerblichen Zwecken, zur Personen- oder Güterbeförderung verwendeten, leeren oder beladenen Fahrzeugs.

## 1.3.4 Welche Lenk- und Ruhezeiten sind zu beachten?

### Unterbrechung der Lenkzeit

Die Unterbrechung der Lenkzeit muss nach spätestens 4 Stunden und 30 Minuten für mindestens 45 Minuten erfolgen.

Diese 45 Minuten Ruhezeit können auch schon zuvor in 2 Abschnitten, aufgeteilt in je 15 Minuten (erster Abschnitt) und 30 Minuten (zweiter Abschnitt) genommen werden. Diese Reihenfolge ist verpflichtend.

## Tageslenkzeit

Die Lenkzeit darf pro Tag höchstens 9 Stunden betragen; sie darf zweimal pro Woche auf 10 Stunden erweitert werden.

## Wöchentliche Lenkzeit

Die wöchentliche Lenkzeit darf maximal 56 Stunden betragen und nicht dazu führen, dass die in der Richtlinie 2002/15/EG festgelegte wöchentliche Höchstarbeitszeit überschritten wird.

## Doppelwochenlenkzeit

Die addierte Gesamtlenkzeit während zweier aufeinander folgenden Wochen darf 90 Stunden nicht überschreiten.

Dies bedeutet: Wenn in der ersten Woche 56 Stunden Lenkzeit ausgeschöpft werden, kann der Fahrer folglich in der zweiten Woche nur noch 34 Stunden am Steuer seines Fahrzeugs verbringen.

## Tagesruhezeit

Die tägliche Ruhezeit beträgt mindestens 11 Stunden; sie darf pro Woche dreimal auf 9 Stunden reduziert werden.

## Tagesruhezeit bei Doppelbesetzung

Auch bei einer Besetzung des Fahrzeuges mit zwei Fahrern ist eine Ruhezeit im fahrenden Fahrzeug unzulässig.

Die Mindestruhezeit hierbei beträgt mindestens 9 Stunden innerhalb eines Zeitraumes von 30 Stunden.

## Wochenruhezeit

Bei einer Ruhezeit innerhalb von zwei jeweils aufeinander folgenden Wochen hat der Fahrer nachfolgende Mindestruhezeiten einzuhalten:

– alle zwei Wochen mindestens 45 Stunden einschließlich einer Tagesruhezeit am Stück oder
– eine regelmäßige wöchentliche Ruhezeit und eine reduzierte wöchentliche Ruhezeit von mindestens 24 Stunden. Dabei muss jedoch die Reduzierung durch eine gleichwertige Ruhepause ausgeglichen werden, die ohne Unterbrechung vor dem Ende der dritten Woche nach der betreffenden Woche genommen werden muss.

Diese Regelungen gelten am Standort sowie auch außerhalb.

**Zulässige Überschreitung der maximalen Lenkzeit in Notfällen**

*Wichtig!*

Im Rahmen von folgenden Notfällen kann die maximale Lenkzeit überschritten werden:
– akute Gefahr (drohender Verderb der Ware, Ausfall der Heizung oder Kühlung bei Thermo-Fahrzeugen)
– höhere Gewalt (Stau wegen Unfall (bei stehendem Rad), Verzögerungen an der Grenze wegen unerwartetem Streik der Zöllner, Naturkatastrophen)
– unverschuldete Panne am Fahrzeug

Der Fahrzeugführer muss Art und Grund dieser Abweichung spätestens bei Erreichen des nächsten geeigneten Halteplatzes handschriftlich auf dem Schaublatt des Kontrollgerätes (Rückseite) oder einem Ausdruck aus dem digitalen Kontrollgerät oder im Arbeitsplan vermerken.

## 1.3.5 Kontrolle von Lenk- und Ruhezeiten

Lenk- und Ruhezeiten werden aufgrund der EU-Vorschriften (Europäische Union) und dem AETR (Europäisches Übereinkommen über die Arbeit des im internationalen Straßenverkehr beschäftigten Fahrpersonals) per Kontrollgerät und Schaublättern oder alternativ über die Fahrerkarte des digitalen Kontrollgerätes kontrolliert.

## 1.3.6 Einbauvorschrift des Kontrollgeräts

Gemäß der Verordnung (EWG) Nr. 3821/85 müssen grundsätzlich in Fahrzeugen, die im gewerblichen Güterverkehr eingesetzt werden und deren zulässiges Gesamtgewicht einschließlich Anhänger oder Sattelanhänger 3,5 Tonnen übersteigt, Kontrollgeräte eingebaut sein.

Für privat eingesetzte Fahrzeuge (Wohnmobile etc.) gilt diese Einbauvorschrift erst ab 7,5 Tonnen zulässigem Gesamtgewicht.

Diese Kontrollgeräte zeichnen die vom Fahrzeug zurückgelegte Wegstrecke, die Geschwindigkeit des Fahrzeugs, die Lenkzeit, die sonstigen Arbeits- und Bereitschaftszeiten, die Arbeitsunterbrechungen sowie die Tagesruhezeiten und das Öffnen des (das Schaublatt enthaltenden) Gehäuses sowie Manipulation am digitalen Kontrollgerät auf.

**Eichpflicht**

Deutsche Kraftfahrzeughalter müssen das Kontrollgerät mindestens einmal innerhalb von 2 Jahren auf Funktionsfähigkeit prüfen (eichen) lassen (§ 57 b StVZO) oder (beim digitalen Kontrollgerät) durch eine zugelassene Werkstatt und einen Bevollmächtigten auf seine Funktionsfähigkeit prüfen lassen.

## 1.3.7 Pflichten des Fahrpersonals

Der Fahrer muss Arbeitszeitnachweise für alle Tage erstellen, an denen er tatsächlich lenkt.

Beim EG- bzw. AETR-Kontrollgerät ist für jeden dieser Tage ab dem Zeitpunkt, an dem er das Fahrzeug übernimmt, ein Schaublatt zu benutzen. Das Schaublatt darf grundsätzlich erst nach der täglichen Arbeitszeit entnommen werden, es sei denn, eine Entnahme ist aus anderen Gründen (zum Beispiel bei Fahrerwechsel) zulässig.
Es ist personengebunden und bei einem Wechsel des Fahrzeugs vom Fahrer mitzunehmen.

## Ausfüllen des Schaublattes

Der Fahrzeugführer muss auf dem Schaublatt im Innenfeld folgende Angaben eintragen:

– den Namen und Vornamen des Fahrers
– den Ort, an dem das Schaublatt eingelegt wurde
– das Datum des Arbeitsbeginns
– das amtliche Kennzeichen des Fahrzeugs und
– den Kilometerstand des Fahrzeugs zu Beginn der ersten Fahrt

Nach der Entnahme des Schaublattes ist noch Folgendes einzutragen:

– der Ort, an dem das Schaublatt entnommen wurde
– das Datum des Arbeitsendes
– der Kilometerstand am Ende der Fahrt

Auf der Rückseite des Schaublattes können bis zu drei Fahrzeugwechsel eingetragen werden. Als Angaben sind erforderlich:

– die Uhrzeit des Fahrzeugwechsels
– das polizeiliche Kennzeichen des neuen Fahrzeugs
– der Endkilometerstand des vorherigen Fahrzeugs und
– der Anfangskilometerstand des neuen Fahrzeugs

Außerdem können auf der Rückseite eventuell notwendige handschriftliche Eintragungen vorgenommen werden, um zum Beispiel eine Abweichung von vorgeschrieben Lenk- und Ruhezeiten zu begründen (voller Autobahnparkplatz, Staus, Unfall etc.).


## Sonstige Tätigkeiten

Neben den vom Kontrollgerät aufgezeichneten Lenk- und Ruhezeiten sind alle sonstigen Arbeitszeiten, die außerhalb des Kraftfahrzeugs verrichtet werden, handschriftlich in das Schaublatt einzutragen.
Als „sonstige Arbeitszeit" gilt auch die Zeit, die der Fahrer für die Anreise benötigt, um ein mit einem Kontrollgerät ausgestattetes Fahrzeug zu übernehmen oder die Zeit, die er damit verbringt, Fahrzeuge zu lenken, die nicht mit einem Kontrollgerät ausgerüstet sein müssen.

## Aufbewahrungsfristen der Kontrollscheiben im Fahrzeug

Die Schaublätter des Kontrollgerätes müssen für den laufenden und die vorangegangenen 28 Tage mitgeführt werden.

Zudem sind alle in diesem Zeitraum entstandenen handschriftlichen Aufzeichnungen und nach VO (EWG) Nr. 3821/85 und VO (EG) 561/2006 vorgeschriebenen Ausdrucke mitzuführen. Falls der Fahrer Eigentümer einer Fahrerkarte ist, muss diese ebenfalls mitgeführt werden, auch wenn im entsprechenden Zeitraum kein Fahrzeug mit digitalem Tachographen gefahren wurde.

## Aufzeichnungspflicht für Fahrzeuge mit digitalem Tachographen bei mehr als 3,5 t zGG.

Beim Einsatz des digitalen Tachographen müssen die Daten aus dem *Massenspeicher* spätestens alle drei Monate, die Daten auf der *Fahrerkarte* spätestens alle 28 Tage kopiert werden.

## Mitführen einer Bescheinigung über arbeitsfreie Tage/Arbeitszeitnachweis

Wie schon dargelegt, muss der Fahrzeugführer (Fahrer) die Schaublätter des Kontrollgeräts für den laufenden und die letzten 28 Tage, an denen er gefahren ist, mitführen.

Können diese Schaublätter nicht vorhanden sein, etwa weil der Fahrzeugführer eine andere betriebliche Tätigkeit ausgeübt hat, im Urlaub oder krank war, muss der Fahrzeugführer entweder eine Bescheinigung des Unternehmers oder einen anderen geeigneten Nachweis mitführen, um diesen auf Verlangen den zuständigen Kontrollbehörden vorlegen zu können.

**Wichtig:**
Für Sonn- und Feiertage ist eine solche Bescheinigung nicht notwendig.

Aus der Bescheinigung müssen sich Zeitpunkt, Dauer und Grund ergeben, warum der Fahrer im fraglichen Zeitraum kein Fahrzeug gelenkt hat oder weshalb für das Lenken des Fahrzeuges keine Nachweispflicht besteht (z. B. bei Fahrzeugen bis 2,8 Tonnen zGG).
Der Arbeitszeitnachweis muss maschinenschriftlich (Schreibmaschine oder Computer) vom Unternehmer oder der im Unternehmen verantwortlichen Person ausgefüllt und unterschrieben werden.

Nachfolgend dargestellt ist ein Muster für einen derartigen Arbeitszeitnachweis. Da dieser Arbeitszeitnachweis für die lenkfreien Tage auch bei grenzüberschreitenden Güterbeförderungen vorgeschrieben ist, wurde dieses Muster in englischer, französischer und italienischer Sprache ausgefertigt.

## Arbeitszeitnachweis gem. § 20 FPersV

**Bescheinigung nach § 20 Fahrpersonalverordnung über Vortage ohne Arbeitszeitnachweis** © DLB-Kerler Consult
(Certificate under section 20 of the Ordinance on Crews of Vehicles for previous days without proof of working hours // Certificat délivrè conformoмént à l'article 20 du réglement relatif á l'èquipage des véhicules pour es jours précédents sans attestation d'heures de travall // Certificato a norma del § 20 del regolamento sul personale viaggiante concernente giorni precedenti senza certificati sugli orari di lavoro)

**Der Fahrer** (The driver/Le ConduCteur/Il conducente)

_____

Name, Vorname (name, first name/nom prénom/Cognome, nome)

**kann für den** _____ **bzw. den Zeitraum vom** _____ **bis** _____

(is not able, for _____ or for the period from _____ to _____ /
ne peut pas pour la date du _____ pour la période du _____ au _____ /
non puó, per Il _____ (dato) o per if periodo da _____
al _____)

**keinen Nachweis über eine Tätigkeit an den Vorlagen gemäß Artikel 15 Abs. 7 der Verordnung (EWG) Nr. 3821/85 oder Artikel 10 Abs. 1 Buchstabe d des Europäischen Übereinkommens über die Arbeit des im internationalen Straßenverkehr beschäftigten Fahrpersonals (AETR) vorlegen, weil er**
(to furnish proof of his working hours on previous days in accordance with Article 15 para. 7 of the Council Regulation (EEC) No. 3821/85 or with Article 10 para. 1 letter d of the AETR, because he / présenter conformément au paragraphe 7 de l'article 15 du règlement (CEE) n* 3821/85 ou conformément á la lettre d) du paragraphe 1 de l'article 10 de l'AETR une attestation portant sur une activité exercée pendant les jours precedents, parce qu'il / presentare nessun certificato riguardante le attività esercitate nei giorni precedenti a norma dellarticolo 15, 7* comma, del regolamento (CEE) n. 3821/85 o a norma dell'articolo 10, 1* comma, lettera d dell'AETR, in quanto)

☐ **\*krank war, Urlaub, Frei- oder Ruhezeit hatte** (was sick, on leave, had free or rest periods / était malade, en congés, avait des heures de repos ou de ioisir / era malato, in vacanza, tempo libero, tempo di riposo)

☐ **\*keine oder nur solche Fahrzeuge gelenkt hat, für die eine Nachweispflicht nach den o. a. Vorschriften nicht besteht**
(did not drive at all or only those vehicles for which he is notrequired to furnish proof under the above-mentioned provisions / n'avait pas conduit ou n'avait conduit que des véhicules pour lesquels le réglement cite au-dessus ne prévoit pas l'obligation de presenter une attestation / non ha guidato veicoli oppure ha guidato veicoli per i quali non esiste un obbligo di documentazione a norma della prescrizioni di cui sopra)

☐ **\*aus folgenden sonstigen Gründen kein Fahrzeug gelenkt hat:**
(did not drive a vehicle for the following other reasons: / n'avait pas conduit de véhicule pour es raisons suivantes: / non ha guidato veicoli per i seguenti motivi:)

**\*zutreffendes ankreuzen und ggf. erläutern**
(tick the appropriate box an specifiy if necessarty / marquer d'une croix la mention qui correspond et préciser le cas échéant/ Segnare con coroce ció che interessa, all'occorrenza spiegazioni)

_____

**Ort** (Place/Lieu/luogo)

_____

**Datum** (Date/Date/Data)

**Firmenstempel**
(Company stamp/Cachet de l'entreprise/Timbro dell'impresa)

_____

**Unterschrift des Unternehmers oder seines Beauftragten**
(Signature of the employer or his authorized representative/Sicinature de l'entrepreneur ou de son représentant / Firma dell 'imprenditore)

*Abbildung 25: Arbeitszeitnachweis*

## 1.3.8 Pflichten des Unternehmens (Frachtführer)

### Disposition

Die verantwortlichen Personen des Unternehmens (Frachtführer) müssen den Fahrbetrieb so disponieren und die Arbeit der Fahrzeugführer (Fahrer) so planen, dass diese die Fahrpersonalvorschriften einhalten können.

### Kontrollpflichten

Zusätzlich muss der Verantwortliche (Geschäftsführer) regelmäßig prüfen, ob die gesetzlichen Bestimmungen eingehalten worden sind.

Damit Zuwiderhandlungen sich nicht wiederholen können, müssen entsprechende Maßnahmen (Abmahnungen etc.) von Seiten der Verantwortlichen ergriffen werden.

218

Diese Pflichten können von der Geschäftsleitung nicht vollständig auf den Disponenten oder Fuhrparkleiter übertragen werden. Bei Übertragung der Kontrollpflichten auf einen leitenden Angestellten muss der Geschäftsführer (beziehungsweise bei Einzelunternehmen der Inhaber) trotzdem in regelmäßigen Abständen stichprobenartige Kontrollen vornehmen, um seiner Verantwortung gerecht zu werden.

Der Verantwortliche muss dem Fahrpersonal zudem eine ausreichende Anzahl passender Schaublätter aushändigen. Für arbeitsfreie Tage des Fahrers muss der Unternehmer (unter Angaben der Gründe) Bescheinigungen auszustellen und diese dem Fahrer aushändigen.

### Aufbewahrungspflicht im Büro

Im Büro müssen diese Aufzeichnungen mindestens ein Jahr aufbewahrt werden. Diese Frist läuft ab dem Zeitpunkt des Kopierens. Die Vernichtung der aufbewahrten Daten hat bis zum 31. März des darauf folgenden Jahres stattzufinden, sofern die Daten nicht aus anderen Gründen länger aufbewahrt werden müssen (z. B. zur Lohnabrechnung 10 Jahre).

## 1.3.9 Pflichten, die sowohl Fahrer als auch Unternehmer betreffen

### Kontrollpflichten EU-Kontrollgerät

Der Unternehmer und der Fahrer müssen für das ordnungsgemäße Funktionieren und die richtige Anwendung des Kontrollgerätes sorgen. Dazu gehört auch, dass die Plomben des Gerätes unversehrt bleiben.

Dieses Überprüfungspflicht gilt auch für die Funktionsweise des Digitalen Tachographen.

### Altersvorschriften für die Fahrzeugführer

Das Mindestalter der Fahrer im gewerblichen Güterkraftverkehr von Fahrzeugen mit einem zulässigen Gesamtgewicht von mehr als 7,5 Tonnen ist auf das vollendete 21. Lebensjahr festgesetzt.

Sofern der Fahrzeugführer Inhaber eines Befähigungsnachweises über den erfolgreichen Abschluss einer anerkannten Ausbildung für Fahrer im Güterkraftverkehr (Berufskraftfahrer) ist oder er eine erfolgreich abgelegte Prüfung der Grundqualifikation der Berufskraftfahrer-Qualifikation nachweisen kann (bei Güterbeförderern ab September 2009 Pflicht), darf er Fahrzeuge der oben angeführten Art bereits mit dem vollendeten 18. Lebensjahr fahren.

### Verantwortung für Verstöße der Auftraggeber

Durch die neue EU-Verordnung wurden die Verantwortlichkeiten auch auf die Auftraggeber der Frachtführer ausgeweitet.

Unternehmen, Verlader, Spediteure, Reiseveranstalter, Hauptauftragnehmer, Unterauftragnehmer und Fahrervermittlungsagenturen müssen sicherstellen, dass die vertraglich vereinbarten Beförderungszeitpläne nicht gegen die Fahrer-Sozialvorschriften verstoßen.

Wenn beispielsweise ein Transportauftrag aufgrund der Vorgaben des Versenders nur durchgeführt werden kann, wenn gegen die geltenden Lenk- und Ruhezeiten verstoßen wird, kann auch der Auftraggeber hierfür zur Rechenschaft gezogen werden.

## 1.3.10 Strafen bei Verstößen (Verwarnungsgelder/Geldbußen)

Kleinere Verstöße werden als geringfügige Ordnungswidrigkeiten geahndet und können bei Kontrollen mit einem Verwarnungsgeld von 5,– bis 35,– Euro geahndet werden.

Die Verwarnungsgeldsätze betragen in der Regel 15,– Euro. So kosten beispielsweise eine Unterschreitung der täglichen Ruhezeit bis zu 30 Minuten, die Überschreitung des vorgeschriebenen Zeitpunktes der Lenkzeitunterbrechung bis zu 30 Minuten oder ein fehlender Eintrag auf dem Schaublatt jeweils 15,– Euro.

30,– Euro werden bei einer Verkürzung der Lenkzeitunterbrechung bis zu 15 Minuten, für eine Überschreitung des vorgeschriebenen Zeitpunktes der Lenkzeitunterbrechung bis zu 60 Minuten oder eine Überschreitung der Tageslenkzeit von 9 Stunden bis zu 60 Minuten fällig.

## Ahndung bei schweren Verstößen

Schwerwiegende Verstöße werden mit Geldbußen geahndet. Die Sätze für Fahrzeugführer staffeln sich bis zu 5.000,– Euro, die für den Unternehmer bis zu 15.000,– Euro. Hinzu kommen Gebühren in Höhe von 5 Prozent der Geldbuße, mindestens jedoch 20,– Euro sowie die Auslagen der Verwaltungsbehörde.

Nicht geringfügige Verstöße sind beispielsweise

– Überschreitung der täglichen Lenkzeiten um 20 Prozent
– Unterschreitung der Mindestruhezeiten um 20 Prozent
– Unterschreitung der Mindestunterbrechung um mindestens 33 Prozent
– ein nicht gemäß den Anforderungen der VO (EWG) Nr. 3821/85 eingebautes Kontrollgerät

## Gewinnabschöpfung

Hinzu kommt, dass die Behörde den § 29 a des Gesetzes über Ordnungswidrigkeiten (OWiG), vollziehen kann und den erlangten Vermögensvorteil einzieht (Gewinnabschöpfung). Dies ist vor allem bei regelmäßigen schweren Verstößen der Fall.

## 1.3.11 Ausnahmen von den Bestimmungen

Ausgenommen von den Bestimmungen des Fahrpersonalrechts sind nachfolgende Beförderungsfälle.

## Öffentliche Organe

Fahrzeuge, die Eigentum der Streitkräfte, des Katastrophenschutzes, der Feuerwehr oder der für die Aufrechterhaltung der öffentlichen Ordnung zuständigen Kräfte sind oder von ihnen ohne Fahrer angemietet werden, sofern die Beförderung aufgrund der diesen Diensten zugewiesenen Aufgaben stattfindet und ihrer Aufsicht unterliegt.

## Landwirtschaft

Fahrzeuge, die von Landwirtschafts-, Gartenbau-, Forstwirtschafts- oder Fischereibetrieben zur Güterbeförderung, insbesondere auch zur Beförderung lebender Tiere, im Rahmen der eigenen unternehmerischen Tätigkeit in einem Umkreis von bis zu 100 Kilometern vom Standort des Unternehmens verwendet oder von diesem ohne Fahrer angemietet werden.

## Tierkörper

Fahrzeuge, die in einem Umkreis von 250 km vom Standort des Unternehmens zum Transport tierischer Nebenprodukte, die nicht für den menschlichen Verzehr bestimmt sind, verwendet werden.

## Marktfahrten

Fahrzeuge, die als Verkaufswagen auf örtlichen Märkten oder für den ambulanten Verkauf verwendet werden und für diesen Zweck besonders ausgestattet sind, soweit das Lenken des Fahrzeugs nicht die Haupttätigkeit des Fahrers darstellt.

## Kulturveranstaltungen

Fahrzeuge, die speziell für mobile Projekte ausgerüstet sind und die hauptsächlich im Stand verwendet werden.

## Handwerkerregelung

Fahrzeuge oder Fahrzeugkombinationen mit einer zulässigen Höchstmasse von nicht mehr als 7,5 t, die in einem Umkreis von 50 Kilometern vom Standort des Unternehmens von Postdienstleistern, die Post-Universaldienstleistungen oder zur Beförderung von Material oder Ausrüstungen verwendet werden, die der Fahrer in Ausübung seines Berufes benötigt, z. B. Fahrzeuge mit jeweils für diesen Zweck bestimmter, besonderer Ausstattung, die als Verkaufswagen auf öffentlichen Märkten oder für den ambulanten Verkauf dienen, verwendet werden, soweit das Lenken des Fahrzeugs für den Fahrer nicht die Haupttätigkeit darstellt.

Im Gewichtsbereich 2,8–3,5 t entfällt die Begrenzung durch den 50 km-Radius für Fahrzeuge, die zur Beförderung von Material und Ausrüstung dienen, die der Fahrer zur Ausübung seines Berufes benötigt.

## Inselbefahrung

Fahrzeuge, die ausschließlich auf Inseln mit einer Fläche von nicht mehr als 2.300 km$^2$ verkehren, welche mit den übrigen Teilen des Hoheitsgebiets weder durch eine Brücke noch durch eine Furt, noch durch einen Tunnel, die von Kraftfahrzeugen benutzt werden können, verbunden sind.

## Alternative Antriebe

Fahrzeuge, die im Umkreis von 50 km vom Standort des Unternehmens zur Güterbeförderung mit Druckerdgas, Flüssiggas- oder Elektroantrieb dienen und deren höchstzulässiges Gesamtgewicht einschließlich der Anhänger oder der Sattelanhänger 7,5 Tonnen nicht übersteigt.

## Fahrschulen

Fahrzeuge, die zur Ausbildung von Fahrschülern und Fahrlehrern sowie für entsprechende Prüfungen verwendet werden.

## Traktoren

Traktoren (Zugmaschinen), die ausschließlich land- und forstwirtschaftlichen Arbeiten dienen und in einem Umkreis von 100 km vom Standort des Unternehmens verwendet werden.

## Geldtransporte

Ausgenommen sind Fahrzeuge für Geld- und/oder Werttransporte.

### Linienverkehr § 42 PBefG

Fahrzeuge, die zur Personenbeförderung im Linienverkehr verwendet werden, wenn die Linienstrecke nicht mehr als 50 km beträgt.

### Langsamfahrzeuge

Fahrzeuge mit einer zulässigen Höchstgeschwindigkeit von nicht mehr als 40 km/Stunde.

### Hilfstransporte

Fahrzeuge – einschließlich Fahrzeugen, die für nicht gewerbliche Transporte bzw. humanitäre Hilfe verwendet werden –, die in Notfällen oder bei Rettungsmaßnahmen verwendet werden.

### Krankenwagen

Spezialfahrzeuge für medizinische Zwecke.

### Abschleppfahrzeuge

Spezielle Pannenhilfefahrzeuge, die innerhalb eines Umkreises von 100 km um ihren Standort eingesetzt werden.

### Probefahrten

Fahrzeuge, mit denen zum Zweck der technischen Entwicklung oder im Rahmen von Reparatur- oder Wartungsarbeiten Probefahrten auf der Straße durchgeführt werden, sowie neue oder umgebaute Fahrzeuge, die noch nicht in Betrieb genommen worden sind.

### Privatfahrten

Fahrzeuge oder Fahrzeugkombinationen mit einer zulässigen Höchstmasse von nicht mehr als 7,5 t, die zur nichtgewerblichen Güterbeförderung verwendet werden (Privatfahrten).

**Oldtimer**

Nutzfahrzeuge, die nach den Rechtsvorschriften des Mitgliedstaates, in dem sie verwendet werden, als historisch eingestuft werden und die zur nichtgewerblichen Güter- oder Personenbeförderung verwendet werden (Oldtimer-Regelung).

## 1.4 Arbeitszeitregelungen für das Fahrpersonal

### Arbeitszeit

Arbeitszeit ist die Zeit von Beginn bis zum Ende der Arbeit des Arbeitnehmers.

Hierzu zählt neben dem reinen Fahren auch eine mitunter vorkommende Wartezeit beim Be- und Entladen des Fahrzeugs, die Pflege und Wartung des Fahrzeugs, berufsbedingte administrative Tätigkeiten wie die Erledigung von Zollformalitäten oder Hilfeleistungen beim Ein- und Aussteigen von Fahrgästen.

Im Vier-Monats-Zeitraum darf die durchschnittliche Arbeitszeit des Fahrpersonals 48 Wochenstunden nicht überschreiten. Es ist also möglich, mehrere Wochen jeweils 60 Stunden zu arbeiten und durch entsprechenden Freizeitausgleich im jeweiligen Zeitraum den 48-Stunden-Durchschnitt einzuhalten.

Bestehen tarifvertragliche Regelungen, kann sich der Bezugszeitraum auch auf sechs Monate verlängern.

### Nicht zu den Arbeitszeiten gehören:

– Ruhezeiten,
– Bereitschaftszeiten (wenn der Zeitraum und dessen Dauer im Voraus, spätestens unmittelbar vor Beginn des betreffenden Zeitraums bekannt ist)
– während der sich ein Arbeitnehmer am Arbeitsplatz aufhalten muss, um seine Tätigkeit aufzunehmen (ist aber keine Ruhezeit und keine Ruhepause!);

– während der sich ein Arbeitnehmer bereithalten muss, um seine Tätigkeit auf Anweisung aufnehmen zu können, ohne sich an seinem Arbeitsplatz aufhalten zu müssen (ist aber keine Ruhezeit und keine Ruhepause!),

– Zeiten als Fahrer auf dem Beifahrersitz oder in der Schlafkabine im fahrenden Fahrzeug.

Durch die Regelung zu den Bereitschaftszeiten ergibt sich eine neue Gestaltungsvariante bezüglich der Wartezeiten beim Be- und Entladen. Erkundigt sich der Fahrer bei der Ankunft ausdrücklich nach der voraussichtlichen Warte- und Lade- bzw. Entladezeit und verlässt er daraufhin das Fahrzeug, um die Wartezeit in einem Aufenthaltsraum zu verbringen, fällt dafür keine Arbeitszeit an.

Die Information zu Verzögerungszeiten kann auch bereits durch den Disponenten des Frachtführers eingeholt werden. Eine Weitergabe der Information an den Fahrer muss dann jedoch sichergestellt sein – ein schriftlicher Aktenvermerk allein reicht nicht aus.
„Andere Arbeiten" (die im Arbeitszeitgesetz genannten Tätigkeiten) und Bereitschaftszeiten müssen entweder handschriftlich auf dem Schaublatt oder Ausdruck aufgezeichnet oder manuell in das digitale Kontrollgerät eingegeben werden.

### Verantwortlichkeiten der Beteiligten

Die Hauptverantwortlichen sind zum einen der Fahrzeugführer (Fahrer) sowie sein Chef, der Frachtführer (Transportunternehmer), die gleichermaßen dafür sorgen müssen, dass die Sozialvorschriften eingehalten werden.

Neu ist allerdings, dass gemäß Artikel 10 Absatz 4 der Verordnung (EG) Nr. 561/2006 Unternehmen, Verlader, Spediteure, Reiseveranstalter, Hauptauftragnehmer, Unterauftragnehmer und Fahrvermittlungsagenturen sicher stellen müssen, dass die vertraglich vereinbarten Beförderungspläne nicht gegen die Sozialvorschriften im Straßenverkehr verstoßen.

Sofern der Auftrag so eng gefasst wird, dass die Sozialvorschriften vom Fahrzeugführer/Frachtführer nicht eingehalten werden können, bedeutet dies, dass auch der Auftraggeber zur Verantwortung herangezogen werden kann.

Dies wird gemäß der Bußgeldvorschrift § 8 a Abs. 1 Nr. 4 des Fahrpersonalgesetzes mit bis zu 15.000,– Euro geahndet; ansonsten gibt es Strafen bis 5.000,– Euro gegen Verstöße.

## 1.5 Verträge, Vereinbarungen und Anweisungen im Personalbereich

Gerade bei der Nutzung von Fahrzeugen durch Firmenangehörige ist es grundsätzlich ratsam, sämtliche Vereinbarungen, Verträge und Anweisungen schriftlich zu tätigen. **Im Anhang** finden Sie daher zahlreiche Muster, die Ihnen als Orientierung bei der Gestaltung von Vereinbarungen im Personalbereich dienen können. So haben wir eine Dienstanweisung für den Einsatz von Pkw (Muster 1), eine Dienstwagenvereinbarung (Muster 2) und einen Arbeitsvertrag für Kraftfahrer (Muster 3) erstellt.

### 1.5.1 Wichtige Elemente einer Stellenanzeige

Gutes und geeignetes Personal ist ein wesentlicher Erfolgsfaktor für jedes Unternehmen. Insbesondere im Transportsektor ist der Fahrer das Aushängeschild und der Repräsentant des Unternehmens nach außen. Nicht nur deshalb ist eine gelungene Stellenanzeige ein erster Schritt zum Erfolg durch gutes Personal.

Die nachfolgend aufgeführte Checkliste gibt einen Überblick über die wichtigsten Elemente einer Stellenanzeige für die Tageszeitung/Zeitschrift oder Internet.

⇨ Markante auffällige Überschrift (Blickfang)
⇨ Beschreibung des Unternehmens (Visitenkarte/Marketing)
  – Branche
  – Kundenkreis
  – Marktbedeutung
  – Größe des Unternehmens
  – Standort

⇨ Genaue Bezeichnung der Stelleneigenschaft
  – bei Teilzeitstellen
  – bei befristeter Anstellung
  – bei unbefristeter Anstellung
  – Bildung einer neuen Arbeitsstelle

⇨ Befugnis der Position

⇨ Kurzbeschreibung der Tätigkeit

⇨ Leistung des Unternehmens (wir bieten/es erwartet Sie)
  – Entlohnung (leistungsgerecht, überdurchschnittlich usw.)
  – Soziale Leistungen
  – Einarbeitung
  – Möglichkeiten zur Fort- und Weiterbildung
  – Betriebsklima
  – Firmenwagen
  – Arbeitsumfeld
  – Form u. Inhalt der Bewerbung sowie Ansprechpartner im Unternehmen

⇨ Fachliche Anforderungen (wir setzen voraus, wir erwarten, Sie sollten haben)
  – Ausbildung und Berufserfahrung
  – Führerscheine
  – Kenntnisse/Erfahrungen
  – persönliche Anforderungen
  – gewünschtes Alter
  – Arbeitseinstellung
  – Eintrittsdatum.

## 1.5.2 Beförderungs- und Begleitpapiere für den gewerblichen Güterverkehr

| Papiere | Güterkraftverkehr | |
|---|---|---|
| | zulässiges Gesamtgewicht (zGG) | |
| | bis 3,5 Tonnen | über 3,5 Tonnen |
| Führerschein gemäß FeV | ja | ja |
| Kraftfahrzeugschein gemäß StVZO | ja | ja |
| Anhängerschein beim Mitführen eines Anhängers gemäß StVZO | ja | ja |
| **Aufzeichnungen** über Lenk- und Ruhezeiten gemäß PersG (pers. Kontrollbuch) ab 2,8 Tonnen zGG | ja | nein |
| Fahrtenschreiberblätter (fahrerbezogen) von nationalen Fahrtenschreibern, statt **Aufzeichnungen**, für den laufenden Tag und die 28 vorausgegangenen Tage (alternativ Bescheinigung über arbeitsfreie Tage) | ja | nein |
| EG-Kontrollgerät-Schaublätter (fahrerbezogen) für den aktuellen und die vorangegangenen 28 Tage gem. VO EWG 3821/85 (alternativ Bescheinigung über arbeitsfreie Tage gemäß FPersG) | ja | ja |
| Erlaubnis gemäß GüKG/EU-Lizenz | nein | ja |
| Beförderungs- und Begleitpapiere gemäß HGB | ja | ja |
| Frachtbrief gemäß HGB | nein | empfohlen |
| Versicherungsnachweis gemäß GüKG | nein | ja |
| Einbuchungsbeleg bzw. -nummer zur Lkw-Maut | nein | ab 12 t zGG |
| GGVSE-Fahrzeugführer-Befähigungsbescheinigung bei kennzeichnungspflichtigen Gefahrgutbeförderungen | ja | ja |
| Ozonplakette oder Ausnahmegenehmigung bei Fahrten zu besonderen Zwecken gemäß BimschG | ja | ja |

*Abbildung 26: Mitzuführende Papiere im nationalen Güterverkehr*

## 2. Das Digitale Kontrollgerät

Seit 1. Mai 2006 ist das digitale Kontrollgerät in Deutschland Pflicht. Seit diesem Termin kann eine Erstzulassung von Lastkraftwagen mit einem zulässigem Gesamtgewicht von mehr als 3,5 Tonnen und von Omnibussen mit mehr als acht Fahrgastplätzen nur erfolgen, wenn die Fahrzeuge mit einem digitalen EU-Kontrollgerät ausgerüstet sind.

## 2.1 Rechtliche Grundlagen

Die rechtlichen Grundlagen für den digitalen Tachograph (Fahrtenschreiber) in der Europäischen Union (EU) sind

– die Lenk- und Ruhezeitenverordnung VO (EWG) 3820/85,
– die Fahrtenschreiberverordnung VO (EWG) 381/85,
– die Verordnung zur Änderung der Fahrtenschreiberverordnung VO (EWG) 2135/98,
– der Anhang I B zur VO (EWG) 3821/85 vom 13. Juni 2002 und
– die Verordnung (EG) 561/2006 vom 15. März 2006.

Die Basis für die Einführung des digitalen Tachographen ist durch die Veröffentlichung des Anhangs I B im EU-Amtsblatt (EG Nr. L 207 vom 5. August 2002) geschaffen worden.

Der Einführungstermin in der Europäischen Union (EU) wurde aufgrund technischer Probleme im Laufe der nachfolgenden Jahre immer wieder verschoben.

Mit der Verordnung (EG) 561/2006 vom 13. März 2006 wurde der Einführungstermin für das digitale Kontrollgerät nun endgültig verkündet. Bestandteil dieser Verordnung ist auch die Einführung der neuen EU-Sozialvorschriften, die die Verordnung (EG) 3820/85 nach einjähriger Übergangsfrist (mit Wirkung zum 11. April 2007) abgelöst haben.

### Veränderungen der Mitführungspflicht und Aufbewahrungspflichten

Bestandteil dieser Verordnung ist auch die Verlängerung der Mitführpflichten von Schaublättern beziehungsweise der Fahrdaten des Fahrpersonals nach Artikel 15 Abs. 7 VO (EWG) 3821/85. Tachoscheiben und Fahrdaten müssen nicht mehr wie bisher für die laufende Woche und den letzten Fahrtag der vorausgehenden Woche, sondern seit 1. Januar 2008 für den laufenden Tag und die vorausgehenden 28 Tage mitgeführt werden.

## 2.1.1 Speicherpflicht im Büro

Der Unternehmer muss sicherstellen, dass die Daten aus dem Massenspeicher des Kontrollgeräts spätestens alle drei Monate, beginnend mit dem ersten Tag der Aufzeichnung, zur Speicherung im Betrieb kopiert werden.

Zusätzlich muss der Unternehmer sicherstellen, dass die Daten der Fahrerkarten spätestens alle 28 Tage, beginnend mit dem ersten Tag der Aufzeichnung, zur Speicherung im Betrieb kopiert werden. Der Fahrzeugführer muss hierzu dem Unternehmer die Fahrerkarte sowie die eventuell erstellten Ausdrucke zur Verfügung stellen.

## 2.1.2 Aufbewahrungspflichten im Büro

Der Unternehmer muss alle sowohl von den Kontrollgeräten als auch von den Fahrerkarten kopierten Daten (ab dem Zeitpunkt des Kopierens) ein Jahr lang speichern und auf Verlangen einer zur Kontrolle befugten Stelle (Polizei, BAG, Gewerbeaufsichtsamt) entweder unmittelbar, durch Datenfernübertragung oder auf einem durch die zuständige Behörde zu bestimmenden Datenträger zur Verfügung stellen.

Die gespeicherten Daten müssen bis zum 31. März des darauf folgenden Jahres vernichtet werden, es sei denn, dass sie die Grundlage für die Lohnabrechung bilden. In diesem Fall müssen sie mindestens zehn Jahre aufbewahrt werden.

**Sicherungskopien müssen gemacht werden**

Das Unternehmen muss von allen kopierten Daten unverzüglich Sicherheitskopien erstellen, die auf gesonderte Datenträger gespeichert werden müssen.

## 2.2 Keine Tauschpflicht für Altfahrzeuge

Eine generelle Austauschpflicht traditioneller Tachographen wurde nicht vorgeschrieben.

Nachgerüstet werden müssen nur Altfahrzeuge, die nach dem 1. Januar 1996 erstmals zugelassen wurden und deren Diagrammfahrtenschreibersystem, bestehend aus Registriereinheit und Geschwindigkeitsgeber, komplett ausgetauscht werden muss.

**Ziele des Gesetzgebers**

Der Tachograph soll durch die Aufzeichnung der Lenk- und Ruhezeiten von Berufskraftfahrern im Straßenverkehr zur Einhaltung der Sicherheitsvorschriften beitragen.

Das neue Gerät soll nutzerfreundlich, schwer manipulierbar und von Fahrern, Aufsichtsbehörden und Güterkraftverkehrsunternehmen leichter überprüfbar sein.

Mit dem Gerät soll es unmöglich sein, dass Fahrer ihre Lastkraftwagen tauschen und augenscheinlich jeweils eine „neue" Fahrt antreten, obwohl sie bereits die zulässige Höchstfahrzeit erreicht haben.

## 2.3 Funktionsweise des Tachographen

Während der analoge Tachograph aus einem mechanisch betriebenen Fahrzeugbauteil und Aufzeichnungsblättern aus Papier besteht, ist der neue Tachograph ein digitales Fahrzeugbauteil im Radioformat. Dieses setzt sich aus einem Geschwindigkeitsgeber, Verbindungskabeln und einer Fahrzeugeinheit zusammen. Alle Geräte verfügen über zwei Chipkartenleser für die persönlichen Fahrerkarten (smart card) von zwei Fahrern, einen integrierten Drucker zum Erstellen von Protokollen, einem Display, einer Echtzeituhr sowie den Bedienelementen. Beim digitalen Kontrollgerät werden die Fahrerdaten doppelt gespeichert, zum einem in einem so genannten „Massenspeicher", der sich im digitalen Tachographen befindet, und zum anderen auf der Fahrerkarte.

**Massenspeicher**

Im Massenspeicher werden fahrzeugbezogene Vorgänge von bis zu 365 Tagen gespeichert:

– alle Daten, die auf die Fahrerkarte geschrieben werden,
– Fahrzeugdaten (Fahrgesellnummer, Kennzeichen),
– jeweiliger mitternächtlicher Kilometerstand,

– Systeminfos (Sensoren, Installation, Kalibrierung, Überprüfung),
– gefahrene Geschwindigkeit (der letzten 24 Stunden),
– Wegstrecke und
– einsatzspezifische Parameter (zum Beispiel Drehzahl).

## Daten-Speicherkarten

Für den Betrieb der Geräte sind verschiedene Speicherkarten vorgesehen: Fahrerkarten, Werkstattkarten, Unternehmenskarten und Kontrollkarten. Mit der Ausgabe der Karten wurde am 6. Mai 2004 begonnen.

## Karte für Fahrzeugführer

Die Fahrerkarte (smart card) ist eine persönliche Chipkarte des Fahrzeugführers, die er bei jeder Fahrt zur Kontrolle seiner Lenk- und Ruhezeiten mitführen muss. Sie ist unabhängig vom eingesetzten Fahrzeug mitzuführen und gegebenenfalls zu verwenden.

Die Fahrerkarte enthält Daten zur Identität des Fahrers (Name, Geburtsdatum, Führerscheinnummer) und ermöglicht die Speicherung der Tätigkeitsmerkmale (Lenken, Bereitschaft, Arbeit, Unterbrechung und Ruhe). Des Weiteren werden das Kraftfahrzeug-Kennzeichen, Kontrollen, Fehlermeldungen sowie der Kilometerstand des gefahrenen Fahrzeugs aufgezeichnet. Die Daten werden mindestens 28 Tage gespeichert; danach werden die jeweils ältesten Daten überschrieben.

## Die Bedingungen zum Erwerb einer Fahrerkarte

### Antrag auf eine Fahrerkarte

Um in Deutschland eine Fahrerkarte zu erhalten, muss der Fahrer seinen Hauptwohnsitz oder ein legales Beschäftigungsverhältnis in der Bundesrepublik Deutschland haben.

Der Fahrer benötigt für die Antragstellung den entsprechenden EU-Kartenführerschein. Ein alter Führerschein muss deshalb vor Antragstellung für die Fahrerkarte in den neuen EU-Kartenführerschein umgetauscht werden.

*Gültigkeit der Fahrerkarten*

Die Fahrerkarten haben eine Gültigkeit von fünf Jahren, entsprechend muss im fünfjährigen Rhythmus eine neue Fahrerkarte beantragt werden. Der Fahrzeugführer als Antragsteller muss persönlich bei der Ausgabestelle zur Personenidentifikation erscheinen. Für jeden Fahrer wird nur eine gültige Fahrerkarte ausgestellt.

Zur Überprüfung der Fahrerkartenerteilung wird ein nationales und internationales Kartenregister geführt. In Deutschland ist dies das vom Kraftfahrtbundesamt geführte Zentrale Kontrollgerätkartenregister (ZKR); das Zentralregister in dem die Daten für die EU zusammengeführt werden, wird TACHOnet genannt.

Mit dieser zentralen Registrierung soll verhindert werden, dass ein Fahrer zwei Fahrerkarten bekommen kann.

Die Fahrerkarten kosten je nach Bundesland zwischen 32,– und 42,– Euro. Diese Kosten müssen in Deutschland grundsätzlich vom Arbeitnehmer getragen werden (Entscheidung des Bundesarbeitsgerichts (BAG) in Erfurt (9 AZR 170/07)).

## Ausgabestellen für die Fahrerkarten

|  | Ausgabestellen für Fahrerkarten |
|---|---|
| Bayern | TÜV/DEKRA |
| Baden-Württemberg | TÜV/DEKRA |
| Berlin | Landesamt für Bürger- und Ordnungsangelegenheiten (LABO) |
| Brandenburg | Fahrerlaubnisbehörden |
| Bremen | Fahrerlaubnisbehörden |
| Hamburg | Fahrerlaubnisbehörde (LBV) |
| Hessen | TÜH |
| Mecklenburg-Vorpommern | Fahrerlaubnisbehörden |
| Niedersachsen | Fahrerlaubnisbehörden |
| Nordrhein-Westfalen | Fahrerlaubnisbehörden |
| Rheinland-Pfalz | Fahrerlaubnisbehörden |
| Saarland | Gemeinden |
| Sachsen | TÜV/DEKRA |
| Sachsen-Anhalt | TÜV/DEKRA |
| Schleswig-Holstein | Fahrerlaubnisbehörden |
| Thüringen | Fahrerlaubnisbehörden |

*Abbildung 27: Ausgabestellen Fahrerkarte*

**Wichtig:**
Ohne gültige Fahrerkarte darf ein Fahrer ein Fahrzeug mit digitalem Tachographen nicht fahren! Dies gilt auch für Aushilfsfahrer.

### *Wichtige Hinweise für die Nutzung einer Fahrerkarte*
– Bei Arbeitsstellenwechsel verliert die Fahrerkarte nicht ihre Gültigkeit!
  Der Fahrer kann die Karte einfach mitnehmen, auch wenn der Arbeitgeber sie finanziert hat. Sie ist ein persönliches Dokument des Fahrers.

– Wenn ein Kraftfahrer im Besitz einer Fahrerkarte ist, muss er diese immer mitführen, auch wenn er ausschließlich ein Fahrzeug mit analogem Tachograph fährt.

– Der Unternehmer ist dafür verantwortlich, dass sein Fahrer bei Bedarf eine Karte hat.

– Die Fahrerkarte darf bei einem Führerscheinentzug nicht eingezogen werden und verliert dadurch auch nicht ihre Gültigkeit.

– Bei Fehlfunktion, Diebstahl oder Verlust darf die Fahrt höchstens fünfzehn Kalendertage fortgesetzt werden. Diese Frist darf nur dann überzogen werden, wenn dies für die Rückkehr des Fahrzeugs zum Standort erforderlich ist. Die neue Fahrerkarte muss allerdings innerhalb von sieben Kalendertagen beantragt werden.

– Ist die Fahrerkarte vor Beginn der Fahrt an defekt, darf der Fahrer die Fahrt nicht antreten, sondern muss warten, bis er eine neue Fahrerkarte erhalten hat. Die täglichen Ausdrucke aus dem digitalen Tachographen sind in diesem Fall als Ersatz nicht ausreichend.

– Bei Diebstahl der Fahrerkarte muss umgehend bei der Polizei am Deliktort Anzeige erstattet werden. Ohne Vorlage einer Diebstahlsanzeige der Polizei wird keine Ersatzkarte ausgestellt.

– Die Ausstellung der Ersatzkarte erfolgt – bei Vorliegen der vollständigen Antragsunterlagen – innerhalb von fünf Werktagen.

– Der Unternehmer muss grundsätzlich einmal pro Woche seine Fahrer auf die Einhaltung der Lenk- und Ruhezeiten überprüfen und deshalb die Fahrerkarte auslesen. Diese Frist kann sich bei längerer Abwesenheit des Fahrers vom Betriebssitz verlängern, er muss jedoch spätestens bis zum 28. Tag die Fahrerkarte auslesen (lassen), da bei einem längeren Zeitraum ein Datenverlust droht.

– Sofern bei Diebstahl, Beschädigung, Fehlfunktion oder Verlust ohne Fahrerkarte gefahren wird, muss zu Beginn der Fahrt ein Ausdruck aus dem Kontrollgerät gefertigt werden und auf diesem der Fahrername und die Nummer der Fahrerkarte oder des Führerscheins sowie die zuvor an diesem Arbeitstag erbrachten sonstigen Arbeitszeiten eingetragen und mit Unterschrift versehen werden. Am Ende der Fahrt muss ein weiterer Ausdruck mit den vom Gerät registrierten Daten angefertigt werden. Auch dieser Ausdruck ist wieder mit Namen und Nummer der Fahrerkarte oder des Führerscheins zu versehen.

### Mischeinsatz analog/digital

Beim Mischeinsatz von Fahrzeugen mit analogen und solchen mit digitalen Kontrollgeräten sind sowohl die Nachweise der Fahrtätigkeit mit analogem Gerät und die zusätzlich erfolgten Aufzeichnungen als auch die Fahrerkarte samt eventuell erfolgter Ausdrucke (bei Störung des Geräts/ der Karte, Verlust der Karte) für den aktuellen und die vorangegangenen 28 Tage mitzuführen.

### Antragsfrist für die Wiedererteilung

Eine Fahrerkarte (Folgekarte) kann frühestens sechs Monate vor Ablauffrist und muss spätestens fünfzehn Werktage vor Ablauf der Gültigkeit beantragt werden.

## Ausnahmen vom Einsatz einer Fahrerkarte

### Werkstattfahrten

Für Fahrten in eine Werkstatt muss keine Fahrerkarte benutzt werden.

### Überführungsfahrten

Ebenso ausgenommen sind Überführungsfahrten (ohne Fracht beziehungsweise Fahrgäste).

### Fahrten auf dem Betriebsgelände

Auch Fahrten auf dem Betriebsgelände sind ohne Fahrerkarten möglich. Jedoch müssen in solchen Fällen zeitnah Papierausdrucke angefertigt werden.

## Unternehmenskarten

### Identifikation des Unternehmens

Die Unternehmenskarte weist das Unternehmen aus und ermöglicht die Anzeige, das Herunterladen und den Ausdruck der Daten, die im Massenspeicher (Black Box) gespeichert sind.

Die Daten stehen, je nach Funktionsweise der benutzten Software, über Schnittstellen zur Weiterverarbeitung in der Lohnbuchhaltung und Einsatzplanung zur Verfügung.

Mit Hilfe der Unternehmenskarte sind keine Fahraktivitäten möglich. Das heißt: Ein selbstfahrender Unternehmer benötigt eine Fahrerkarte und eine Unternehmenskarte.

### Gültigkeit der Unternehmenskarte

Die Unternehmenskarten haben ebenfalls eine Gültigkeit von fünf Jahren.

### Voraussetzungen für den Erwerb

Auf Unternehmenskarten hat jedes Verkehrsunternehmen Anspruch, das den digitalen Tachographen einsetzt und zu gewerblichen Zwecken einschlägige Fahrzeuge selbst betreibt, least oder mietet. Bei der Antragstellung ist ein persönliches Erscheinen des Unternehmens beziehungsweise des Geschäftsführers oder Vorstands nicht erforderlich.

### Übertragungsfrist der Daten

Die Daten aus dem Massenspeicher des digitalen Kontrollgerätes müssen vom Unternehmer spätestens alle drei Monate in die betriebliche Datenverarbeitung kopiert werden. Das alleinige Ablegen eines Papierausdrucks reicht nicht aus!

Die Auswertung der Daten erfordert eine entsprechende Software im Unternehmen, alternativ kann ein externer Dienstleister damit beauftragt werden.

Diese Daten und zusätzliche Papierausdrucke müssen mindestens ein Jahr lang im Büro aufbewahrt werden. Im Büro müssen diese Aufzeichnungen ab dem Zeitpunkt des Kopierens ein Jahr aufbewahrt werden (Löschung bis zum 31. März des darauf folgenden Jahres).

Jedes Unternehmen, das Fahrzeuge mit digitalem Tachograph einsetzt, benötigt zumindest eine Unternehmenskarte. Es ist auch möglich, bei Bedarf (großer Fuhrpark, mehrere Niederlassungen) weitere Unternehmenskarten zu beantragen (bis zu 62 Karten, weitere auf Antrag einer neuen Unternehmenskarte mit separater Nummer).

*Antragsfrist für die Wiedererteilung*
Der Antrag auf die Wiedererteilung (Folgekarte) der Unternehmenskarte kann frühestens sechs Monate und muss spätestens fünfzehn Werktage vor Ablauf der alten Karte gestellt werden.

Die Unternehmenskarte kostet je nach Bundesland zwischen 30,– und 42,– Euro.

## Ausgabestellen für die Unternehmenskarten

| | Ausgabestellen für Unternehmenskarten |
|---|---|
| Bayern | TÜV/DEKRA |
| Baden-Württemberg | TÜV/DEKRA |
| Berlin | Landesamt für Bürger- und Ordnungsangelegenheiten (LABO) |
| Brandenburg | Fahrerlaubnisbehörden |
| Bremen | Gewerbeaufsicht |
| Hamburg | Fahrerlaubnisbehörde (LBV) |
| Hessen | TÜH |
| Mecklenburg-Vorpommern | Landesamt für Gesundheit und Soziales Abteilung Arbeitsschutz und technische Sicherheit |
| Niedersachsen | Gewerbeaufsicht |
| Nordrhein-Westfalen | Arbeitsschutzämter |
| Rheinland-Pfalz | Kreis-/Stadtverwaltung |
| Saarland | Landesamt f. Verbraucher, Gesundheit, Arbeitsschutz (LVGA) |
| Sachsen | TÜV/DEKRA |
| Sachsen-Anhalt | TÜV/DEKRA |
| Schleswig-Holstein | Kreis-/Stadtverwaltung |
| Thüringen | Arbeitsschutzämter |

*Abbildung 28: Ausgabestellen Unternehmenskarten*

## Einsatz der Unternehmenskarte in Mietfahrzeugen

Vor dem ersten Fahreinsatz wird die Unternehmenskarte in den digitalen Fahrtenschreiber eingeführt; vor der Rückgabe des Fahrzeugs werden mit Hilfe der Unternehmenskarte die Daten ausgelesen.

Mit der Unternehmenskarte können keine Daten von anderen Unternehmen ausgelesen werden. Es können somit weder die Daten des vorherigen Mieters angesehen werden noch kann der Vermieter die Daten des Mieters auslesen.

**Achtung!** Wichtige Hinweise für die Nutzung einer Unternehmenskarte

– Die Unternehmenskarte bekommen Inhaber oder vertretungsberechtigte Personen von Firmen oder Betrieben, die Fahrzeuge über 3,5 Tonnen zulässigem Gesamtgewicht und Kraftomnibusse mit mehr als neun Sitzplätzen in Deutschland einsetzen. Die Fahrzeuge müssen in Deutschland zugelassen sein.

– Ein Unternehmen kann eine unbeschränkte Anzahl von Unternehmenskarten haben.

– Auf den Unternehmenskarten sind folgende Daten gespeichert: Kartennummer, Ausstellungsland, Ausstellungsorgan, Ausstellungsdatum, Gültigkeitsdauer, Unternehmensname und -adresse, ausgeführte Aktivitäten (Herunterladen der Daten), Zeitraum des Herunterladens, Fahrzeugregistrierung und Registrierungsbehörde.

– Fahraktivitäten werden nicht auf der Unternehmenskarte gespeichert (nur auf der Fahrerkarte und im Gerät).

## Werkstattkarten

Antragsteller sind autorisierte Reparaturwerkstätten, aber auch Hersteller von Fahrzeugen oder den Kontrollgeräten selbst. Die Karten selbst sind personenbezogen und auf den Techniker der Werkstätte ausgestellt.
Die Werkstatt ist verantwortlich für die ordnungsgemäße Übergabe und Verwendung der Karte.
Zur Antragsvoraussetzung gehört unter anderem der Nachweis der Fachkunde und Zuverlässigkeit des Antragstellers. Lichtbild und persönliches Erscheinen des Werkstattleiters sind nicht erforderlich.
Die Werkstätten greifen mittels der speziellen Werkstattkarte auf Kalibrierfunktionen des Gerätes zu. Die Karten ermöglichen die Einstellung der Kontrollgeräte sowie die Veränderungen daran. Sie sind somit die sensibelsten Karten des Systems und müssen bei Personalwechsel von den Werkstätten zurückgegeben oder eingezogen werden.
Die Schulung des Werkstattpersonals muss alle drei Jahre erfolgen.
Die Werkstattkarten haben eine Gültigkeit von einem Jahr, die Karte muss dementsprechend jedes Jahr neu beantragt werden.

Wenn der Inhaber einer Werkstattkarte aus dem Unternehmen ausscheidet, muss die Werkstattkarte zurückgegeben werden.

### *Bedingungen für den Antrag auf eine Werkstattkarte*

Der Antragsteller für eine Werkstattkarte muss folgende Angaben machen und durch entsprechende Unterlagen nachweisen (§ 7 Abs. 2 FPersV):

– Name, Anschrift und Sitz der Werkstatt,

– Geburts- und Familiennamen, Vornamen, Tag und Ort der Geburt der nach Gesetz oder Satzung zur Vertretung berufenen Person,

– Geburts- und Familiennamen, Vornamen, Tag und Ort der Geburt sowie die aktuelle Wohnsitzanschrift der verantwortlichen Fachkraft, für die die Werkstattkarte beantragt wird,

– Eine aktuelle Anerkennung oder Beauftragung der Werkstatt nach § 57 b der Straßenverkehrs-Zulassungs-Ordnung,

– Gewerbeanmeldung,

– Auszug aus dem Gewerbezentralregister zur Vorlage bei der Behörde,

– Einen Schulungsnachweis der verantwortlichen Fachkraft, für die die Werkstattkarte beantragt wird, entsprechend der Richtlinie für die Durchführung von Schulungen der verantwortlichen Fachkräfte, die Prüfungen der Fahrtschreiber und Kontrollgeräte nach § 57 b Abs. 3 der Straßenverkehrs-Zulassungs-Ordnung (StVZO) durchführen,

– eine schriftliche, von der verantwortlichen Fachkraft handschriftlich zu bestätigende Erklärung über das mit der verantwortlichen Fachkraft, für die die Werkstattkarte beantragt wird, bestehende Arbeitsverhältnis oder eine Kopie des Arbeitsvertrages.

### *Antragsfrist für die Wiedererteilung*

Der Antrag auf die Wiedererteilung (Folgekarte) der Unternehmenskarte kann frühestens einen Monat und muss spätestens fünfzehn Werktage vor Ablauf der alten Karte gestellt werden.

Die Werkstattkarte kostet je nach Bundesland zwischen 31,– und 52,– Euro.

## Ausgabestellen für die Werkstattkarten

|  | Ausgabestellen für Unternehmenskarten |
|---|---|
| Bayern | TÜV/DEKRA |
| Baden-Württemberg | TÜV/DEKRA |
| Berlin | Landesamt für Bürger- und Ordnungsangelegenheiten (LABO) |
| Brandenburg | Fahrerlaubnisbehörden |
| Bremen | Gewerbeaufsicht |
| Hamburg | Fahrerlaubnisbehörde (LBV) |
| Hessen | TÜH |
| Mecklenburg-Vorpommern | Gewerbeaufsicht |
| Niedersachsen | Gewerbeaufsicht |
| Nordrhein-Westfalen | Arbeitsschutzämter |
| Rheinland-Pfalz | Kreis-/Stadtverwaltung |
| Saarland | Landesamt f. Verbraucher, Gesundheit, Arbeitsschutz (LVGA) |
| Sachsen | TÜV/DEKRA |
| Sachsen-Anhalt | TÜV/DEKRA |
| Schleswig-Holstein | Kreis-/Stadtverwaltung |
| Thüringen | Arbeitsschutzämter |

*Abbildung 29: Ausgabestellen Werkstattkarten*

## Kontrollkarten

Die Kontrollkarten bekommen ausschließlich die staatlichen Kontrollorgane wie Polizei, Bundesamt für Güterverkehr (BAG) und die Staatlichen Gewerbeaufsichtsämter. Zweck dieser Kontrollkarten ist in erster Linie die Kontrolle von Lenk- und Ruhezeiten des Fahrpersonals von gewerblich genutzten Fahrzeugen über 3,5 Tonnen zulässigem Gesamtgewicht oder Omnibussen mit mehr als neun Sitzplätzen.

Die Kontrollkarte ermöglicht das Auslesen und Drucken der Daten aus dem Massenspeicher des digitalen Tachographen und der Fahrerkarten.

## Kontroll- und Wartungsintervalle

### Erstkontrolle

Innerhalb von zwei Wochen nach der Zulassung eines Fahrzeugs mit digitalem Fahrtenschreiber muss eine autorisierte Tachographenwerkstatt eine erste Prüfung und Kalibrierung vornehmen.

### Kontrollrhythmus

Künftig müssen die Geräte dann alle zwei Jahre kontrolliert und gewartet werden.

Auf einem Rollprüfstand oder auf freier Strecke müssen die so genannten Wegimpulse zur Anpassung der exakten Geschwindigkeit und Wegstrecke an die Fahrzeugeigenschaften ermittelt und im Speicher des Tachographen festgeschrieben werden.

### Gerätetausch

Bei jedem Gerätetausch müssen zudem die Daten im Speicher ausgelesen, gesichert und dem Fahrzeugbetreiber zur Verfügung gestellt werden.

Die Voraussetzung, um einen digitalen Tachographen austauschen zu dürfen, ist die Beauftragung, das heißt die offizielle Autorisierung durch den Hersteller und die zuständigen Behörden der EU-Mitgliedsstaaten. Dazu müssen die entsprechenden Mitarbeiter spezielle Schulungen durchlaufen. Außerdem muss Soft- und Hardware für die vorgeschriebenen Einstell- und Wartungsarbeiten vorhanden sein. Zur Arbeit am Gerät muss eine Werkstattkarte beantragt werden, da diese zur entsprechenden Bedienung der Geräte erforderlich ist.

## Geschwindigkeitskontrollen

### Kontrollmöglichkeiten

Die Geschwindigkeit des Fahrzeugs wird im Massenspeicher des Tachographen gespeichert. Dabei wird zu jeder Sekunde der letzten 24 Stunden, in denen sich das Fahrzeug bewegt hat, die Momentangeschwindigkeit des Fahrzeugs mit den dazugehörigen Datums- und Uhrzeitangaben festgehalten.

*Kontrolle bei Verkehrsunfall*

Im Falle eines Verkehrsunfalls ist es deshalb ratsam, den Massenspeicher rechtzeitig auszulesen, um die Rekonstruktion des Unfalls zu erleichtern.

*Begrenzung*

Darüber hinaus wird eine Überschreitung der von Seiten des Fahrzeugherstellers oder einer autorisierten Werkstatt über die Geschwindigkeitsfunktion eingestellten „Höchstgeschwindigkeit" (nach StVO 90 km/h abgeregelt) festgehalten, wenn diese eingestellte „Höchstgeschwindigkeit" vom Fahrer länger als eine Minute überschritten worden ist.

Diese Informationen (jeweils die letzten fünf Überschreitungen) werden dann im Massenspeicher und auf der Fahrerkarte gespeichert!

# 3. Qualifizierung von Fahrpersonal im Güter- und Personenverkehr

### Neue Aus- und Weiterbildungspflicht der Berufskraftfahrer

Künftig muss das Fahrpersonal im gewerblichen Güterkraft- und Personenverkehr nach der EU-Richtlinie 2003/59 eine besondere Qualifikation nachweisen. Betroffen sind Fahrer und Fahrerinnen von Fahrzeugen mit einem zulässigen Gesamtgewicht über 3,5 t im Güterkraftverkehr – auch im Werkverkehr – (Fahrerlaubnis der Klassen C1, C1E, C, CE) oder von Fahrzeugen mit mehr als 8 Fahrgastplätzen im Personenverkehr (Fahrerlaubnis der Klassen D1, D1E, D, DE).

Diese Vorschrift gilt grundsätzlich für alle betroffenen Güter- und Personenbeförderungen innerhalb der Europäischen Union (EU).

Sinn, Zweck und Ziel dieser neuen Gesetzgebung ist insbesondere die Verbesserung der Sicherheit im Straßenverkehr durch die Vermittlung besonderer tätigkeitsbezogener Fertigkeiten und Kenntnisse. Sie findet Anwendung auf Fahrer und Fahrerinnen in den bezeichneten Fahrerlaubnisklassen.

## 3.1 Rechtsgrundlagen

Die Basis für die neuen Vorgaben des Gesetzgebers ist die vom Europäischen Parlament und vom Europäischen Rat erlassene Richtlinie 2003/59/EG vom 15. Juli 2003 über die Grundqualifikation und Weiterbildung der Fahrer bestimmter Kraftfahrzeuge für den Güter- oder Personenkraftverkehr (Amtsblatt EU Nr. L 226, Seite 4).

Der deutsche Gesetzgeber hat mit dem „Gesetz zur Einführung einer Grundqualifikation und Weiterbildung der Fahrer im Güterkraft- oder Personenverkehr vom 14. August 2006 – BKrFQG", das am 1. Oktober 2006 rechtswirksam wurde, die EU-Verordnung in nationales Recht umgesetzt.

## 3.2. Beförderungen, die ohne eine Zusatzqualifikation durchgeführt werden können

### 3.2.1 Ausnahmen

Beförderungen, die gemäß BKrFQG auch weiterhin ohne eine Grundqualifikation und/oder Weiterbildung durchgeführt werden können:

**– Kfz mit reduzierter Geschwindigkeit**
Güter- oder Personenbeförderungen mit Kraftfahrzeugen, deren zulässige Höchstgeschwindigkeit 45 Kilometer pro Stunde nicht überschreitet.

**– staatlich eingesetzte Kfz**
Güter- oder Personenbeförderungen mit Kraftfahrzeugen, die von der Bundeswehr, der Truppe und dem zivilen Gefolge der anderen Vertragsstaaten des Nordatlantikpaktes (NATO), den Polizeien des Bundes und der Länder, dem Zolldienst sowie dem Zivil- und Katastrophenschutz und der Feuerwehr eingesetzt werden oder ihren Weisungen unterliegen.

**– Notfallrettung**
Güter- oder Personenbeförderungen mit Kraftfahrzeugen, die zur Notfall-

rettung von den nach Landesrecht anerkannten Rettungsdiensten eingesetzt werden.

### – Reparatur und Wartungseinsatz

Güter- oder Personenbeförderungen mit Kraftfahrzeugen, die zum Zwecke der technischen Entwicklung, zu Reparatur- oder Wartungszwecken
oder zur technischen Untersuchung Prüfungen unterzogen werden, in
Wahrnehmung von Aufgaben, die den Sachverständigen oder Prüfern im
Sinne des § 1 des Kraftverkehrsachverständigengesetzes oder der Anlage
VIII b der Straßenverkehrs-Zulassungs-Ordnung (STVZO) übertragen
sind (zum Beispiel TÜV, DEKRA, GTÜ) oder die neu oder umgebaut und
noch nicht in Betrieb genommen worden sind.

### – Handwerkerregelung

Güter- oder Personenbeförderungen in Kraftfahrzeugen zur Beförderung
von Material oder Ausrüstung, das der Fahrer oder die Fahrerin zur Ausübung des Berufs verwendet, sofern es sich beim Führen des Kraftfahrzeugs nicht um die Hauptbeschäftigung handelt.

## 3.3. Grundqualifikation

### Zwang zur Zusatzausbildung

Damit künftig Fahrer oder Fahrerinnen berufsmäßig Güter- oder Personenbeförderungen durchführen dürfen, genügt künftig nicht nur das
Bestehen des entsprechenden Führerscheins, er/sie muss noch zusätzlich
eine Grundqualifikation nachweisen.

Dieser Nachweis wird im Führerschein dokumentiert mit der Schlüsselnummer 95.

Ohne diesen Nachweis kann der Führerscheinbesitzer nur private Fahrten
durchführen.

## 3.3.1 Grundqualifikation für den gewerblichen Güterkraftverkehr

**Voraussetzungen für die Grundqualifikation**

Ab 10. September 2009 dürfen Fahrer oder Fahrerinnen Fahrten im Güterverkehr zu gewerblichen Zwecken (in den Führerscheinklassen C oder CE) nur durchführen, wenn sie
– das 18. Lebensjahr vollendet haben,
– erfolgreich den entsprechenden Führerschein erworben haben sowie
– die Prüfung zur Grundqualifikation erfolgreich absolviert haben.

Der Nachweis der Grundqualifikation kann durch eine erfolgreich abgeschlossene Berufsausbildung zum Berufskraftfahrer oder zur Fachkraft im Fahrbetrieb oder durch eine Prüfung bei der jeweiligen zuständigen Industrie- und Handelskammer (IHK) erbracht werden.

**Prüfung über 450 Min. (7,5 Stunden) bei der Grundqualifikation**

Die IHK-Prüfung besteht aus einer theoretischen Prüfung von 240 Minuten und einer praktischen Prüfung von insgesamt 210 Minuten (Fahrprüfung 120 Minuten, praktischer Prüfungsteil 30 Minuten und Sicherheitstraining maximal 60 Minuten). Zum Ablegen der Prüfung ist die Teilnahme an einem Vorbereitungsunterricht nicht vorgeschrieben. Erforderlich für die Zulassung ist jedoch der Besitz der jeweiligen Fahrerlaubnis.

## 3.3.2 Beschleunigte Grundqualifikation für den gewerblichen Güterkraftverkehr

**Alternative**

Alternativ zur Grundqualifikation, die eine Prüfung von 7,5 Stunden ohne Pflichtvorbereitung beinhaltet, kann der Antragsteller die beschleunigte Grundqualifikation wählen, um ab 10. September 2009 (Personenbeförderer: ab 10. September 2008) den Anforderungen für Einsteiger zum gewerblichen Güterverkehr zu genügen.

**Voraussetzungen für die beschleunigte Grundqualifikation**

Die beschleunigte Grundqualifikation wird durch
– die Teilnahme an einer Schulung von 140 Stunden bei einer anerkannten Ausbildungsstätte und
– die erfolgreiche Ablegung einer 90-minütigen theoretischen Prüfung bei der örtlich zuständigen Industrie- und Handelskammer (IHK) nachgewiesen.

Der Antragsteller muss das 21. Lebensjahr vollendet haben. Eine Fahrerlaubnis muss für die Ablegung der beschleunigten Grundqualifikationsprüfung nicht vorliegen. Zur Schlüsseleintragung „95" in den Führerschein muss die Fahrerlaubnis erfolgreich absolviert worden sein.

### 3.3.3  Besitzstandsregelung

Altführerscheinbesitzer müssen keine Grundqualifikation ablegen. Entsprechend besteht keine Pflicht zur Grundqualifikation für Fahrer und Fahrerinnen, die

– im Güterverkehr eingesetzt werden und ihren Führerschein vor dem 10. September 2009 erworben haben, beziehungsweise

– im Personenverkehr eingesetzt werden und ihren Führerschein vor dem 10. September 2008 erworben haben.

## 3.4  Weiterbildung im Abstand von fünf Jahren

**Vorgeschriebene Fortbildung**

Fünf Jahre nach dem Erwerb der Grundqualifikation müssen die Kenntnisse durch die Teilnahme an einer Fortbildungsschulung aufgefrischt werden. Diese umfasst 35 Unterrichtsstunden zu je 60 Minuten. Es ist ausschließlich die Teilnahme am Lehrgang verpflichtend, eine Abschlussprüfung ist nicht vorgesehen.

Zum Eintritt der neuen Regelungen sind „Übergangspuffer" eingeführt worden, um den Weiterbildungsrhythmus und die Gültigkeit der Fahrerlaubnis aufeinander abzustimmen. Das heißt: Fahrerlaubnisinhaber, die keine Grundqualifikation absolvieren müssen, können die Fünfjahresfrist um bis zu zwei Jahre überschreiten und den Weiterbildungsnachweis dementsprechend bis zum

– 10. September 2015 (Personenbeförderung), beziehungsweise

– 10. September 2016 (Güterbeförderung) erbringen.

Diejenigen, die zur Grundqualifikation verpflichtet sind (Fahrerlaubniserwerb nach dem Stichtag) dürfen den ersten Weiterbildungsnachweis schon nach drei Jahren erbringen oder auch auf sieben Jahre strecken.

## 3.5 Dokumentation der Qualifikation

### Eintrag in den Führerschein

Die Grundqualifikation beziehungsweise die Weiterbildung werden durch den Eintrag im Führerschein dokumentiert. Hierzu ist mit der Richtlinie 2003/59/EG der Gemeinschaftscode „95" eingeführt worden. In Deutschland erfolgt hierzu eine Eintragung der Ziffer 95 in Verbindung mit einer Frist in Spalte 12 der Fahrerlaubnis (Beispiel: 95.01.01.2012). Indirekte Folge dieser Regelung ist, dass der Umtausch „alter Führerscheine" in neue Kartenführerscheine erforderlich wird.

## 3.6 Anerkannte Ausbildungsstätten

### Vorgaben für Ausbildungsstätten

Anerkannte Ausbildungsstätten für die beschleunigte Grundqualifikation und die Weiterbildung sind:

– Fahrschulen mit einer Fahrschulerlaubnis der Klassen CE oder DE nach § 10 Abs. 2 des Fahrlehrergesetzes,

– Fahrschulen und Fahrlehrerausbildungsstätten, die nach § 30 Abs. 3 des Fahrlehrergesetzes keiner Fahrschulerlaubnis und keiner Anerkennung bedürfen,

– Ausbildungsbetriebe, die eine Berufsausbildung in den Ausbildungsberufen „Berufskraftfahrer/Berufskraftfahrerin" oder „Fachkraft im Fahrbetrieb" durchführen,

– Bildungseinrichtungen, die eine Umschulung zum „Berufskraftfahrer/ Berufskraftfahrerin" oder zur „Fachkraft im Fahrbetrieb" durchführen.

– anerkannte staatliche Ausbildungsstellen.

## 3.7 Voraussetzungen für die Anerkennung als staatliche Ausbildungsstätte

**Bedingungen für die Anerkennung**

Ausbildungsstätten für die beschleunigte Grundqualifikation und Weiterbildung werden von der nach Landesrecht zuständigen Behörde staatlich anerkannt, wenn

– sie über die personellen und sachlichen Voraussetzungen für die Vermittlung der für die beschleunigte Grundqualifikation und Weiterbildung erforderlichen Kenntnisse und Fertigkeiten verfügen,

– sie im angemessenen Verhältnis zur Zahl der Aus- und Weiterbildungsteilnehmer ausreichendes Lehrpersonal beschäftigen,

– geeignete Schulungsräume sowie Lehrmittel für die theoretische Unterweisung vorhanden sind,

– eine fortlaufende Weiterbildung des Lehrpersonals nachgewiesen wird und keine Tatsachen vorliegen, die gegen die persönliche Zuverlässigkeit des Antragstellers sprechen.

Der Antrag auf Anerkennung einer Ausbildungsstätte für die beschleunigte Grundqualifikation und Weiterbildung ist schriftlich zu stellen. Dem Antrag sind die zur Prüfung der Anerkennungsvoraussetzungen erforderlichen Unterlagen beizufügen, insbesondere folgende

**Detailvorgaben**

a) das Ausbildungsprogramm, in dem die unterrichteten Themengebiete auf der Grundlage der vorgeschriebenen Kenntnisbereiche sowie die geplante Durchführung und die Unterrichtsmethoden näher darzustellen sind;

b) die Zahl, die Qualifikation und Tätigkeitsbereiche der Ausbilder und

Ausbilderinnen, einschließlich eines Nachweises ihrer didaktischen und pädagogischen Kenntnisse; Ausbilder und Ausbilderinnen im praktischen Teil müssen eine Berufserfahrung als Berufskraftfahrer oder Berufskraftfahrerin, als Fachkraft im Fahrbetrieb, als Kraftverkehrsmeister oder Kraftverkehrsmeisterin oder eine entsprechende Fahrererfahrung, insbesondere als Fahrlehrer für Lastkraftwagen oder Busse, nachweisen;

c) Angaben zu den Unterrichtsorten, zum Lehrmaterial, zu den für die praktische Ausbildung bereitgestellten Unterrichtsmitteln sowie zu eingesetzten Ausbildungsfahrzeugen;

d) die vorgesehene Teilnehmerzahl.

### Entziehung der Zulassung

Die Überwachung der Ausbildungsstätten und Tätigkeiten führen die nach Landesrecht zuständigen Behörden durch, die auch die Zulassung entziehen können, wenn kein ordnungsgemäßer Unterricht durchgeführt wird.

## 3.8 Ausbildungs- und Prüfungsort

### Grundqualifikation im Inland

Betroffene Fahrer und Fahrerinnen, die ihren ordentlichen Wohnsitz im Inland haben oder Inhaber einer im Inland erteilten Arbeitsgenehmigung oder eines Aufenthaltstitels sind, der erkennen lässt, dass die Erwerbstätigkeit erlaubt ist (§ 4 Absatz 2 des Aufenthaltsgesetzes), müssen die

– Grundqualifikation im Inland erwerben,

– die Weiterbildung im Inland oder in dem Mitgliedstaat der Europäischen Union oder eines anderen Vertragsstaates des Abkommens über den Europäischen Wirtschaftsraum abschließen, in dem sie beschäftigt sind.

## 3.9 Vorgegebene Prüfungsarten

### Mögliche Prüfungsarten

⇨ Grundqualifikation Kraftomnibus (KOM) ab 10. September 2008 bzw.

252

⇨ Grundqualifikation Lastkraftwagen (LKW) ab 10. September 2009

– jeweils eine Prüfung über 450 Min. (7,5 Stunden), Vorbereitungskurs ist nicht vorgeschrieben

**oder alternativ**

⇨ Beschleunigte Grundqualifikation Kraftomnibus (KOM) ab 10. September 2008 bzw.

⇨ Beschleunigte Grundqualifikation LKW ab 10. September 2009

– jeweils eine Prüfung über 90 Minuten (1,5 Stunden) nach einem Vorbereitungskurs von 140 Stunden à 60 Minuten bei anerkannter Ausbildungsstätte.

**Weitere mögliche Prüfungsarten**

⇨ Prüfung für Quereinsteiger Kraftomnibus – KOM- Grundqualifikation (reduzierte Prüfung für Fachkundeabsolventen nach dem Personenbeförderungsgesetz § 13 PBefG)

– 390 Minuten (6,5 Stunden),

⇨ Prüfung für Quereinsteiger Lastkraftwagen – LKW- Grundqualifikation (reduzierte Prüfung für Fachkundeabsolventen Güterkraftverkehrsgesetz § 3 GüKG)

– 390 Minuten (6,5 Stunden),

⇨ Prüfung für Quereinsteiger Kraftomnibus – KOM- beschleunigte Grundqualifikation (reduzierte Prüfung für Fachkundeabsolventen PBefG)

– 45 Minuten,

⇨ Prüfung für Quereinsteiger LKW beschleunigte Grundqualifikation (reduzierte Prüfung für Fachkundeabsolventen GüKG)

– 45 Minuten,

⇨ Prüfung für Umsteiger Kraftomnibus (KOM) auf LKW (reduzierte Prüfung)

– 60 Minuten,

⇨ Prüfung für Umsteiger LKW auf Kraftomnibus (KOM) (reduzierte Prüfung)

– 60 Minuten.

## 3.9.1 Prüfungsvorgaben

### Grundqualifikation

⇨ Die theoretische Prüfung besteht aus einer schriftlichen Prüfung zu jeweils gleichen Teilen aus

a) Multiple-Choice-Fragen,
b) Fragen mit direkter Antwort,
c) einer Erörterung von Praxissituationen.

Dauer: 240 Minuten/4 Stunden.

⇨ Die praktische Prüfung besteht aus

a) einer Fahrprüfung (120 Minuten),
b) einem praktischen Prüfungsteil (30 Minuten) und
c) der Bewältigung kritischer Fahrsituationen (60 Minuten).

*Fahrprüfung*
Ziel der Fahrprüfung ist die Bewertung der fahrpraktischen Fähigkeit des Bewerbers. Sie muss auf Straßen innerhalb und außerhalb geschlossener Ortschaften, auf Schnellstraßen und Autobahnen und in Situationen mit unterschiedlicher Verkehrsdichte stattfinden. Die Fahrzeit ist zu nutzen, um die Fähigkeit der Bewerberin oder des Bewerbers in allen Verkehrssituationen zu beurteilen.

*Praktischer Prüfungsteil*
Ziel des praktischen Prüfungsteils ist die Bewertung der Fähigkeit zur Gewährleistung der Sicherheit der Ladung unter Anwendung der Sicherheitsvorschriften und durch richtige Benutzung des Kraftfahrzeugs.

Dabei insbesondere: bei der Fahrt auf das Kraftfahrzeug wirkende Kräfte, Einsatz der Getriebeübersetzung entsprechend der Belastung des Kraftfahrzeugs und dem Fahrbahnprofil, Berechnung der Nutzlast eines Kraftfahrzeugs oder einer Fahrzeugkombination, Berechnung des Nutzvolumens, Verteilung der Ladung, Auswirkung der Überladung auf die Achse, Fahrzeugstabilität und Schwerpunkt, Arten von Verpackungen und Lastträgern, Kenntnisse über die wichtigsten Kategorien von Gütern, bei denen eine Ladungssicherung erforderlich ist, Feststell- und Verzurrtechniken, Verwendung der Zurrgurte, Überprüfung der Haltevorrichtungen, Einsatz des Umschlaggerätes, Abdeckung mit einer Plane und Entfernen der Plane.

### *Bewältigung kritischer Fahrsituationen*

Bei der Bewältigung kritischer Situationen wird insbesondere die Beherrschung des Kraftfahrzeugs bei unterschiedlichem Zustand der Fahrbahn je nach Witterungsverhältnissen sowie Tages- und Nachtzeit geprüft.

Dieser Prüfungsteil findet entweder auf einem besonderen Gelände oder in einem leistungsfähigen Simulator statt.

### Beschleunigte Grundqualifikation

⇨ Kann vor dem Erwerb der jeweiligen Fahrerlaubnis durchgeführt werden.

⇨ Vor der Prüfung ist der Unterrichtsnachweis über 140 Stunden à 60 Minuten zu erbringen.

⇨ Die Prüfung besteht aus einer schriftlichen Prüfung von 90 Minuten.

⇨ Die Prüfung wird bei der für den Wohnsitz des Bewerbers/in zuständigen Industrie- und Handelskammer (IHK) abgelegt, Verweisungen bzw. Zusammenlegungen an bzw. mit anderen Industrie- und Handelskammern sind möglich.

⇨ Nach erfolgreich abgelegter Prüfung stellt die jeweilige IHK eine Bescheinigung aus, mit deren Vorlage der Prüfling die Schlüsselnummer 95 in den Führerschein eintragen lässt.

## 3.10 Vorgeschriebene Kenntnisbereiche für die Aus- und Weiterbildung sowie der Prüfungen

**Inhaltsvorgaben**

*Verbesserung des rationalen Fahrverhaltens auf der Grundlage der Sicherheitsregeln*

Für Fahrerlaubnisklassen C1, C1E, C, CE, D1, D1E, D, DE (Güter- und Personenbeförderer)

a) Ziel: Kenntnis der Eigenschaften der kinematischen Kette für eine optimale Nutzung, Drehmomentkurve, Leistungskurven, spezifische Verbrauchskurven eines Motors, optimaler Nutzungsbereich des Drehzahlmessers, optimaler Drehzahlbereich beim Schalten.

b) Ziel: Kenntnis der technischen Merkmale und der Funktionsweise der Sicherheitsausstattung des Fahrzeugs, um es zu beherrschen, seinen Verschleiß möglichst gering zu halten und Fehlfunktionen vorzubeugen, insbesondere: Besonderheiten der Zweikreisbremsanlage mit pneumatischer Übertragungseinrichtung, Grenzen des Einsatzes der Bremsanlagen und der Dauerbremsanlagen, kombinierter Einsatz von Brems- und Dauerbremsanlagen, bestes Verhältnis zwischen Geschwindigkeit und Getriebeübersetzung, Einsatz der Trägheit des Kraftfahrzeugs, Einsatz der Bremsanlagen im Gefälle, Verhalten bei Defekten.

c) Ziel: Fähigkeit zur Optimierung des Kraftstoffverbrauchs, insbesondere: Optimierung des Kraftstoffverbrauchs durch Anwendung der Kenntnisse der Technik a) und b).

Für die Fahrerlaubnisklassen C1, C1E, C, CE (Güterbeförderer)

d) Ziel: Fähigkeit zur Gewährleistung der Sicherheit der Ladung unter Anwendung der Sicherheitsvorschriften und durch richtige Benutzung des Kraftfahrzeugs, insbesondere: bei der Fahrt auf das Kraftfahrzeug wirkende Kräfte, Einsatz der Getriebeübersetzung entsprechend der Belastung des Kraftfahrzeugs und dem Fahrbahnprofil, Berechnung der Nutzlast eines Kraftfahrzeugs oder einer Fahrzeugkombination, Berechnung des Nutzvolumens, Verteilung der Ladung, Auswirkung der Überladung auf die Achse, Fahrzeugstabilität und Schwerpunkt, Arten von Verpackungen und Lastträgern, Kenntnisse über die wichtigsten Kategorien von Gütern, bei denen eine Ladungssicherung erforderlich ist, Feststell- und Verzurrtechniken, Verwendung der Zurrgurte, Überprüfung der Haltevorrichtungen, Einsatz des Umschlaggerätes, Abdeckung mit einer Plane und Entfernen der Plane.

Für die Fahrerlaubnisklassen D1, D1E, D, DE (Personenbeförderer)

e) Ziel: Fähigkeit zur Gewährleistung der Sicherheit und des Komforts der Fahrgäste, insbesondere: richtige Einschätzung der Längs- und Seitwärtsbewegungen des Kraftomnibusses, rücksichtsvolles Verkehrsverhalten, Positionierung auf der Fahrbahn, sanftes Abbremsen, Beachtung der Überlänge, Nutzung spezifischer Infrastrukturen (öffentliche Verkehrsflächen, bestimmten Verkehrsteilnehmern vorbehaltene Verkehrswege), angemessene Prioritätensetzung im Hinblick auf die sichere Steuerung des Kraftomnibusses und die Erfüllung anderer Aufgaben, Umgang mit den Fahrgästen, Besonderheiten der Beförderung bestimmter Fahrgastgruppen (Behinderte, Kinder).

f) Ziel: Fähigkeit zur Gewährleistung der Sicherheit der Ladung unter Anwendung der Sicherheitsvorschriften und durch richtige Benutzung des Kraftomnibusses, insbesondere: bei der Fahrt auf den Kraftomnibus wirkende Kräfte, Einsatz der Getriebeübersetzung entsprechend der Belastung des Fahrzeugs und dem Fahrbahnprofil, Berechnung der Nutzlast eines Kraftomnibusses oder einer Kombination, Verteilung der Ladung, Auswirkung der Überladung auf die Achse, Fahrzeugstabilität und Schwerpunkt.


*Anwendung der Vorschriften*
Für die Fahrerlaubnisklassen C1, C1E, C, D1, D1E, D, DE (Güter- und Personenbeförderer)

a) Ziel: Kenntnis der sozialrechtlichen Rahmenbedingungen und Vorschriften für den Güterkraft- oder Personenverkehr, insbesondere: höchstzulässige Arbeitszeiten in der Verkehrsbranche; Grundsätze, Anwendung und Auswirkungen der Verordnungen (EWG) 3820/85 und 3821/85 (Lenk- und Ruhezeiten); Sanktionen für den Fall, dass der Fahrtenschreiber nicht benutzt, falsch benutzt oder verfälscht wird; Kenntnis der sozialrechtlichen Rahmenbedingungen für den Güterkraft- oder Personenverkehr; Rechte und Pflichten der Fahrerinnen und Fahrer von Kraftfahrzeugen im Bereich der Grundqualifikation und Weiterbildung.

Für die Fahrerlaubnisklassen C1, C1E, C, CE (Güterkraftverkehr)

b) Ziel: Kenntnis der Vorschriften für den Güterkraftverkehr, insbesondere: Beförderungsgenehmigungen, Verpflichtungen im Rahmen der Musterverträge für die Güterbeförderung, Erstellen von Beförderungsdokumenten, Genehmigungen im internationalen Verkehr, Verpflichtungen im Rahmen der CMR (Übereinkommen über den Beförderungsvertrag im internationalen Straßengüterverkehr), Erstellen des internationalen Frachtbriefs, Überschreiten der Grenzen, Verkehrskommissionäre, besondere Begleitdokumente für die Güter.

Für Fahrerlaubnisklassen D1, D1E, D, DE (Personenbeförderer)

c) Ziel: Kenntnis der Vorschriften für den Personenverkehr, insbesondere: Beförderung bestimmter Personengruppen, Sicherheitsausstattung in Kraftomnibusse, Sicherheitsgurte, Beladen des Kraftomnibusses.


*Gesundheit, Verkehrs- und Umweltsicherheit, Dienstleistung, Logistik*
Für Fahrerlaubnisklassen C1, C1E, C, CE, D1, D1E, D, DE (Güter- und Personenbeförderer)

a) Ziel: Bewusstseinsbildung für Risiken des Straßenverkehrs und Arbeitsunfälle, insbesondere: Typologie der Arbeitsunfälle in der Verkehrsbranche, Verkehrsunfallstatistiken, Beteiligung von Lastkraftwagen/Kraftomnibussen, menschliche, materielle und finanzielle Auswirkungen.

b) Ziel: Fähigkeit, der Kriminalität und der Schleusung illegaler Einwanderer vorzubeugen, insbesondere: allgemeine Information, Folgen für die Fahrerin oder Fahrer von Kraftfahrzeugen, Vorbeugungsmaßnahmen, Checkliste für Überprüfungen, Rechtsvorschriften, die die Verantwortung der Unternehmer betreffen.

258

c) Ziel: Fähigkeit, Gesundheitsschäden vorzubeugen, insbesondere: Grundsätze der Ergonomie: gesundheitsbedenkliche Bewegungen und Haltungen, physische Kondition, Übungen für den Umgang mit Lasten, individueller Schutz.

d) Ziel: Sensibilität für die Bedeutung einer guten körperlichen und geistigen Verfassung, insbesondere: Grundsätze einer gesunden und ausgewogenen Ernährung, Auswirkungen von Alkohol, Arzneimitteln oder jedem Stoff, der eine Änderung des Verhaltens bewirken kann, Symptome, Ursachen, Auswirkungen von Müdigkeit und Stress, grundlegende Rolle des Zyklus von Aktivität/Ruhezeit.

e) Ziel: Fähigkeit zu richtiger Einschätzung der Lage bei Notfällen, Verhalten in Notfällen: Einschätzung der Lage, Vermeidung von Nachfolgeunfällen, Verständigung der Hilfskräfte, Bergung von Verletzten und Leistung erster Hilfe, Reaktion bei Brand, Evakuierung von Bussen und Lastkraftwagen, Gewährleistung der Sicherheit aller Fahrgäste, Vorgehen bei Gewalttaten, Grundprinzipien der Erstellung einer einvernehmlichen Unfallmeldung.

f) Ziel: Fähigkeit zu einem Verhalten, das zu einem positiven Bild des Unternehmens in der Öffentlichkeit beiträgt, insbesondere: Verhalten des Fahrers und Ansehen des Unternehmens: Bedeutung der Qualität der Leistung der Fahrerin ein oder des Fahrers von Kraftfahrzeugen für das Unternehmen, unterschiedliche Rollen der Fahrerin oder des Fahrers von Kraftfahrzeugen, unterschiedliche Gesprächspartner der Fahrerin oder des Fahrers von Kraftfahrzeugen, Wartung des Fahrzeugs, Arbeitsorganisation, kommerzielle und finanzielle Konsequenzen eines Rechtsstreits.

Für Fahrerlaubnisklassen C1, C1E, C, CE (Güterkraftverkehr)

g) Ziel: Kenntnis des wirtschaftlichen Umfelds des Güterkraftverkehrs und der Marktordnung, insbesondere: Kraftverkehr im Verhältnis zu bestimmten Verkehrsmitteln (Wettbewerb, Verlader), unterschiedliche Tätigkeiten im Kraftverkehr (gewerblicher Güterkraftverkehr, Werkverkehr, Transporthilfstätigkeiten), Organisation der wichtigsten Arten von Verkehrsunternehmen oder Transporthilfstätigkeiten, unterschiedliche

Spezialisierungen (Tankwagen, Kühlwagen usw.), Weiterentwicklung der Branche (Ausweitung des Leistungsangebots, Huckepackverkehr, Subunternehmern usw.).

Für Fahrerlaubnisklassen D1, D1E, D, DE (Personenverkehr)

h) Ziel: Kenntnis des wirtschaftlichen Umfelds des Personenverkehrs und der Marktordnung, insbesondere: Personenverkehr im Verhältnis zu den verschiedenen Verkehrsmitteln zur Beförderung von Personen (Bahn, Personenkraftwagen), unterschiedliche Tätigkeiten im Personenverkehr, Überschreitung der Grenzen (internationaler Personenkraftverkehr), Organisation der wichtigsten Arten von Unternehmen im Personenverkehr.

# Haftungs- und Schadensminimierung

Ein Unfall des eigenen Lkw verursacht nicht nur offensichtliche Kosten, sondern auch sehr viele indirekte Kosten in der Verwaltung, im Ansehen und wegen der Ausfallzeiten. Daher stellt Haftungs- und Schadensminimierung ein nicht zu unterschätzendes Einsparpotenzial in jedem Unternehmen dar.

## 1. Fahrzeughalterpflichten

Entsprechend der gesetzlich vorgeschriebenen Halterpflicht und der Unfallverhütungsvorschriften ist das Fahrpersonal ausreichend zu schulen.

Dazu zählen

- die Gefahrgutfahrerausbildung,
- Verhalten bei Pannen oder Unfällen,
- Verkehrssicherheitstraining,
- Einweisung in neue Arbeitsgeräte/Fahrzeuge,
- Berechtigungsscheine für Arbeitsmaschinen wie Gabelstapler o. ä.,
- Schulung des Führungspersonals (Gefahrgutbeauftragtenschulung, technische Aus- und Weiterbildung usw.).

Ergänzend hierzu sind nachfolgend in einer Checkliste die Pflichten und die dadurch entstehenden Tätigkeiten der Kraftfahrzeughalter aufgeführt.

| generell | Konkrete Maßnahmen | Fahrer |
|---|---|---|
| **Halterhaftung gem. § 71 StVG** | **Entgegennahme der Fahrzeuge und der Fahrzeugpapiere** (Fahrzeugschein und teilweise ASU-Bescheinigung) | |
| **Delegierung der Halterpflichten** | **Auswahl geeigneter Fahrer** | → **persönliche Eignung zum Führen des Fahrzeugs** |
| auf | Kriterien: | → Mitteilung von Änderungn bzgl. der Fahrerlaubnis (Fahrverbot, Fahrerlaubnisentzug) an den Vorgesetzten |
| Vorgesetzte, | – Besitz einer gültigen Fahrerlaubnis (ggf. Gefahrgutführerschein erforderlich) | |
| Meister, | | |
| Mitarbeiter, | – gesundheitliche Eignung des Fahrers | → Selbstkontrolle (durch ärztliche Untersuchung/Sehtest) |
| Fahrer | | → gesetzlich vorgeschriebene Kontrollen (neue Führerscheinregelungen, Personenbeförderungsschein) |
| | – charakterliche Eignung (Fahrerauswahl, Prüfung bei der Einstellung) | → Beachtung der Vorschriften der StVO |
| | – fachlich/technische Eignung für Bedienungselemente des Fahrzeugs wie z. B. Ladekran, Seilwinde, Fräsen, Pumpen etc. (ggf. Fahrpraxis erforderlich) | → Beachtung von Besonderheiten bei – Fahrzeugen mit Sondereinrichtungen (s. linke Spalte) – jedem Fahrzeugwechsel – Gefahrgutbeförderung |
| | Besonderheiten bei Gefahrguttransporten | |
| | **Einweisung der Fahrer in die Bedienung des Fahrzeugs in fachlicher und technischer Hinsicht** (Aufklärung über die einschlägigen UVV) | |
| | **Aushändigung der Fahrzeugpapiere** (Fahrzeugschein, ASU-Bescheinigung) | → **Mitführen und Aufbewahren der Fahrzeugpapiere** |
| | **regelmäßige Durchführung folgender Kontrollen** Führerscheinüberprüfung (vierteljährlich) Fahrereignungsprüfung | |

| generell | Konkrete Maßnahmen | Fahrer |
|---|---|---|
| | (bei Auffälligkeiten; ansonsten gilt: Ein junger unerfahrener Fahrer wird häufiger zu kontrollieren sein als ein langjähriger, bewährter Kollege) | |
| **Regelmäßige Kontrollen** durch administrative u. organisatorische Maßnahmen evtl. mit Hilfe der EDV | **Termingerechte Durchführung** – der Fahrzeughauptuntersuchung – der Abgassonderuntersuchung – der Sicherheitsprüfung | |
| | **Kontrolle und Wartung der Fahrzeuge auf ihre Betriebs- und Verkehrssicherheit** – insbesondere betreffend Bremsen und Reifenprofil sowie Beleuchtung – zeitlich: immer bei konkreten Anlässen sonst vierteljährlich | **Kontrolle der Fahrzeuge vor Fahrtantritt auf** – Mängel – ordnungsgemäße Beladung – lichttechnische Einrichtungen – Bremsverhalten (bei Fahrzeugwechsel) **bei Feststellen von Mängeln:** – Entfernung des Fahrzeugs aus dem Verkehr (bei unterwegs auftretenden Mängeln) – Dokumentation des Mangels (Bordbuch, Mängelbericht) – Mitteilung an den Vorgesetzten |
| | **Meldung von Unfällen und Unfallschäden an Versicherer/ Versicherungsabteilung und gegenüber der Versicherung** | Mitteilung von Unfällen, Unfallschäden, Anzeigen und Bußgeldbescheiden an den Vorgesetzten |
| | **Bestellung von Kfz-Material** | |
| | **Vertretungsregelung** für den Fall krankheits- oder urlaubsbedingter Abwesenheit von mehr als 3 Tagen | |
| | **monatliche Fahrerbesprechungen** zur Sicherstellung der Erfüllung der Fahrer-Pflichten | |
| | **Dokumentation der Maßnahmen** | |

*Abbildung 30: Delegierung der Halterpflichten*

## 2. Unfallverhütung und Unfallbearbeitung

### 2.1 Verkehrsunfall

Ein *Verkehrsunfall* liegt immer vor, wenn durch ein Ereignis im Bereich des Straßenverkehrs ein Personenschaden oder ein Sachschaden über 20,– Euro entsteht.

*Unfallbeteiligte* sind alle Personen, durch deren Verhalten der Unfall (mit) verursacht worden sein *kann.* Dabei kommt es nicht auf die Schuldfrage an.

Alle Unfallbeteiligten sind verpflichtet, folgende Maßnahmen zu ergreifen:

– Sofort anhalten.
– Die Unfallstelle absichern. Zunächst muss zur Absicherung die Warnblinkanlage des Fahrzeugs eingeschaltet werden, dann müssen das Warndreieck und die Warnleuchte mindestens 100 Meter von der Unfallstelle, bei unübersichtlichen Stellen oder Fernstraßen 200 Meter, entfernt aufgestellt werden.
– Die Unfallfolgen sind nun festzustellen. Bei geringfügigem Schaden müssen die Unfallbeteiligten ihre Fahrzeuge unverzüglich zur Seite fahren.
– Sofern notwendig, Erste Hilfe leisten und den Rettungsdienst benachrichtigen.
– Den Unfall melden: **WAS** passiert ist, **WO** es passiert ist, **Wie viele Verletzte** es gibt, **WER** die Meldung gemacht hat.
– Bei Abwesenheit des Geschädigten auf den Geschädigten warten. Ist der Geschädigte an der Unfallstelle nicht erreichbar, muss an der Unfallstelle eine angemessene Zeit gewartet werden. Die Dauer der Wartezeit richtet sich nach den Umständen und darf auch bei kleineren Schäden nicht unter 30 Minuten betragen. Kommt der Geschädigte auch während der Wartezeit nicht, ist *unbedingt* die Polizei zu benachrichtigen und dem Unfallgegner an der Unfallstelle Name und Anschrift zu hinterlassen (Zettel hinter der Windschutzscheibe).

Bei Personenschäden und Sachschäden ab 2.000,– Euro sollte auf jeden Fall die Polizei benachrichtigt werden.

Der Fahrer von Nutzfahrzeugen im Güterverkehr muss noch zusätzlich:

– die Ladung vor Diebstahl sichern,
– den Unternehmer benachrichtigen,
– bei Frachtschäden den Havariekommissar verständigen.

Es ist richtig, dass dieses Verhalten bei der Führerscheinausbildung jedem beigebracht wird. Allerdings ist der Fuhrparkverantwortliche (Fahrzeughalter) verpflichtet, in regelmäßigen Abständen das Fahrpersonal auf das richtige Verhalten bei Unfällen hinzuweisen, um nicht in die Mithaftung für das Fehlverhalten des Fahrzeugführers zu kommen.

Dieser Verantwortung kann man gerecht werden, wenn eine entsprechende Verkehrsunfall-Dienstanweisung mit den oben aufgeführten Punkten zumindest einmal jährlich an das Fahrpersonal schriftlich, gegen Unterschrift, ausgehändigt wird.

Für das betriebliche Schadensmanagement genügen diese Unfallverhaltenshinweise nicht, es sollte noch eine schriftliche Dienstanweisung über die Meldung des Sachverhaltes an die Verwaltung erfolgen, um zum einen derartige künftige Schäden nach Möglichkeit zu vermeiden und zum anderen Versicherungsabwicklungen schneller vollziehen zu können.

Für beide Dienstanweisungen finden Sie im Anhang je ein Muster (Muster 4 und 5).

## 2.2  Bearbeitung von Fahrzeug-Totalschäden

Wenn bei einem Unfall mit hohem Sachschaden die Reparaturkosten in Höhe des Zeitwertes liegen, stellt sich die Frage, ob sich eine Reparatur noch lohnt.

Beachtet werden muss hierbei, dass bei einem geschädigten Fahrzeug für den Verkäufer Nachteile entstehen, vor allem, wenn es darum geht, das stark beschädigte Fahrzeug beim Kauf eines neuen Fahrzeugs in Zahlung zu geben, also dessen Zeitwert mit dem Kaufpreis des Ersatzfahrzeugs zu verrechnen.

Es kann durchaus empfehlenswert sein, das Fahrzeug auch dann reparieren zu lassen, wenn die Reparaturkosten den Zeitwert erreichen, um dann eventuell zu einem späteren Zeitpunkt das Fahrzeug beim Neukauf zu verrechnen.

Dieser Sachverhalt gilt vor allem dann, wenn entsprechende versicherungstechnische Absicherungen bestehen.

Was aber, wenn die Reparaturkosten den Zeitwert übersteigen?

Der Geschädigte kann auf die Reparatur bestehen, so die Rechtsprechung, wenn die Reparaturkosten den Zeitwert um bis zu 30 Prozent übersteigen.

Zu empfehlen ist es, gerade in solchen Fällen, einen eigenen Sachverständigen einzuschalten und sich nicht auf die Haussachverständigen der Haftpflichtversicherung des Schadensverursachers zu verlassen.

Denn wenn eine Reparatur noch möglich ist, kann bei der Neubeschaffung dieses reparierte Fahrzeug in Zahlung gegeben werden oder es auf dem privaten Markt verkauft werden, was mit Sicherheit einen höheren Verkaufspreis für das reparierte Fahrzeug zur Folge hat.

Was ist, wenn die tatsächlichen Kosten doch höher sind als die geschätzten 30 Prozent?

Auch dann muss die Versicherung zahlen, denn eine solche Fehleinschätzung des Sachverständigen gilt als so genannte adäquate Schadensfolge, die nicht dem Geschädigten angelastet werden darf. Voraussetzung ist natürlich, dass der Sachverständige ein öffentlich vereidigter Sachverständiger ist.

## 2.3 Fahrzeugverwertung nach Unfallschäden oder Aussonderung

### 2.3.1 Veräußerung von Fahrzeugen

Der Verkauf von ausgesonderten oder verunfallten Fahrzeugen bietet sich aus den folgenden Gründen, vor allem gegenüber Kunden osteuropäischer Staaten, an:

– Sicherheitsbestimmungen und technische Anforderungen an die Fahrzeuge sind in diesen Staaten nicht so hoch wie in Deutschland

– es fallen keine Verschrottungskosten an

Der Verkauf von ausgesonderten Fahrzeugen, vor allem bei einer hohen Anzahl (ab 10 Fahrzeuge), bietet sich in der Form einer Auktion oder mittels eines Rahmenvertrages mit einer Handels-/Verwertungsfirma bzw. einem Drittstaatenhandelshaus an.

Bei Einzelfahrzeugen bietet sich der Verkauf über
– Spezialhändler für Drittstaaten,
– die Belegschaft (Vorsicht – bei preiswertem Verkauf entsteht das Problem des geldwerten Vorteils),
– Inzahlungnahme bei Neukauf
an.

## 2.3.2  Das Recycling von Fahrzeugen

Recycling umfasst die Verwertung/Verschrottung von Fahrzeugen und Komponenten, die nicht mehr als verkehrs- und betriebssicher verkauft werden können und für Drittstaaten nicht geeignet sind.

Die dabei zu berücksichtigenden gesetzlichen Rahmenbedingungen und Vorschriften zur Verwertung von Altfahrzeugen bilden die Altfahrzeugverordnung sowie die freiwillige Selbstverpflichtung.

Die Vorschriften der Altfahrzeugverordnung regeln die Überlassungs- und Entsorgungspflichten. In ihnen ist festgelegt, dass der Fahrzeugbesitzer bei der Abmeldung eines Altfahrzeuges nachweisen muss, dass er das Fahrzeug einem zugelassenen Verwertungsbetrieb übergeben hat.

Mit der freiwilligen Selbstverpflichtung haben sich die Automobilindustrie und beteiligte Verbände verpflichtet, ein flächendeckendes Rücknahme- und Verwertungssystem für Altfahrzeuge aufzubauen.
Weiterhin umfasst die freiwillige Selbstverpflichtung die kostenlose Rücknahme von bis zu zwölf Jahre alten Fahrzeugen, die nach Inkrafttreten der Altfahrzeugverordnung erstmalig zugelassen wurden.
Diese freiwillige Verpflichtung wird im Rahmen der EU für die Fahrzeughersteller in eine Pflichtrücknahme umgewandelt, da einige Hersteller sich bislang geweigert haben, freiwillig mitzuwirken.

## 3. Die Methoden des Risk-Managements zur Reduzierung von kostenträchtigen Risiken des Fuhrparks

### Risk-Management

Die Unternehmens- und Fuhrparkleitung steht immer wieder vor der Frage, welche Risiken vom Fuhrpark, der Fracht und dem Personal ausgehen und wie diese betriebswirtschaftlich abgedeckt werden können.

Viele Fuhrparkverantwortliche sind der Meinung, dass – bis auf das betriebswirtschaftliche Risiko – nahezu jedes Risiko über entsprechende Versicherungen abgedeckt werden könnte und deshalb das Risk-Management entbehrlich sei.

Dies trifft in der Praxis nicht zu, denn zum einen deckt eine Versicherung den Tatbestand der groben Fahrlässigkeit nicht ab und zum anderen wäre eine umfassende Rundumabsicherung durch Versicherungen in der heutigen Zeit durch Erlöse nicht abzudecken.

Hinzu kommen noch steigende Versicherungsprämien bei hohem Schadensverlauf, was sich vor allem derzeit bei Frachtversicherungen extrem auswirkt.

Auch die Kunden sind wenig begeistert, wenn aufgrund von Schäden die Leistung nicht oder erst später erfüllt werden kann.

Deshalb sollte die Fuhrparkleitung mit Hilfe eines ausgeklügelten Risk-Managements ein Schadensminimum und das Versicherungsoptimum herausarbeiten.

### Ziele des Risk-Managements

Mit Hilfe des Risk-Managements soll die Fuhrparkleitung die Risikokosten optimieren und gleichzeitig die Geschäftsergebnisse gegen erhebliche Auswirkungen von größeren Schadensereignissen schützen.

## 3.1 Das Prinzip des Risk-Managements

Das Prinzip des Risk-Managements basiert auf der betriebswirtschaftlichen Kosten-Nutzenrechnung:

 **Wichtig:**
Führen potenzielle Risiken nicht zur Existenzbedrohung oder gibt es sonst keinen Zusatznutzen einer Absicherung durch Dritte, ist ihre Absicherung nur gerechtfertigt, wenn es betriebswirtschaftlich sinnvoll ist.

Eine klassische Methode, Risiken durch Dritte abzusichern, ist ein Abschluss einer Versicherungspolice mit einer Versicherungsgesellschaft. Es gibt aber auch andere Möglichkeiten der Risikobegrenzung, wie beispielsweise die verschiedenen Leasingmethoden, den Einsatz von Mietfahrzeugen bis zum Mieten von Lastkraftwagen inklusive aller Betriebskosten (Charterway).

Nachfolgend aufgezählt werden die Vorteile und die Nachteile, die durch entsprechende Risikoversicherungen entstehen:

**Vorteile einer Absicherung von betrieblichen Risiken durch Dritte**
- die Ausschaltung von unabsehbaren Risiken,
- gleichmäßige Verteilung der Kosten,
- gleichmäßige Kostenstruktur.

**Nachteile einer Absicherung von betrieblichen Risiken durch Dritte**
- hohe Kosten,
- erhöhter Anteil von Kosten, die produktionsunabhängig sind (fixe Kosten),
- geringere Rentabilität der Einsatzmittel (Fahrzeuge).

Um auf der einen Seite aus der Fixkosten-Falle der Absicherung durch Dritte und auf der anderen aus dem Problem der hohen Risiken des Fuhrparks herauszukommen, gibt es die Möglichkeit, durch organisatorische Maßnahmen einen Mittelweg zwischen den zwei Problembereichen mit dem so genannten Risk-Management zu vollziehen.

## 3.2 Die Methoden des Risk-Managements

### a) Analyse des Fuhrparks

Um genaue Daten über Umfang und Höhe von Schäden zu bekommen, muss zunächst der Kontenplan der Finanzbuchführung so gestaltet sein, dass alle Fahrzeuge und deren Kosten separat verbucht werden können. Dies ist natürlich nur möglich, wenn die Kostenerfassung für Betankung, Reparaturen und Wartung organisatorisch getrennt ist. Hinzu kommt, dass bei größeren Schäden von dem Verursacher bzw. Fahrer ein Unfallprotokoll erstellt werden muss, um die Ursachen besser zu dokumentieren.

Die erfassten Daten müssen natürlich in Bezug auf Einsatzintensität (Kilometerleistung) und Einsatzart (Kurz- oder Langstrecken, Straßen- oder Baustellenverkehr) betrachtet werden.
Die festgestellten Fahrzeugfolgekosten müssen, um eine Ursachenanalyse für die Kostenstruktur erstellen zu können, in drei große Blöcke aufgeteilt werden.

### 1. Kostenblock:

Schäden, Reparaturen und Wartungsarbeiten, die durch Verschleiß und Alterungsprozess entstehen.

### 2. Kostenblock:

Kosten, die betriebsbedingt entstehen, wie Treibstoffkosten, Reifenverschleiß, Kfz-Steuern usw.

### 3. Kostenblock:

Risikokosten, die durch fehlerhafte Wartung, unsachgemäßen Fahrzeugeinsatz, falsches Fahrverhalten und Unfälle entstehen.

*Maßnahmenanalyse*

Bei der Maßnahmenanalyse wird festgestellt, was bisher unternommen wurde, um die Kosten der einzelnen Blöcke zu reduzieren und/oder sie durch Versicherungen abzumildern.

## b) Maßnahmen

Es müssen nun Maßnahmen eingeleitet werden, um die durch die Analyse festgestellten Mängel zu beheben oder zumindest zu reduzieren. Unterteilt wird in

⇨ personalbezogene,
⇨ materielle/verwaltungsrelevante und
⇨ versicherungstechnische Maßnahmen.

*Personalbezogene Maßnahmen*

Personalbezogene Maßnahmen sind zum Beispiel:
– ein regelmäßiges Fahrsicherheitstraining des Fahrpersonals;
– Telefonierverbot während des Fahrens;
– Rauchverbot am Steuer;
– Prämien für unfallfreies Fahren;
– Mitnahmeverbot von betriebsfremden Beifahrern (Anhalter o. ä.);
– ein personenbezogenes Fahrtenbuch;
– die Übertragung der Verantwortung für Wartungsintervalle und Fahrzeugpflege auf das Fahrpersonal;
– absolutes Alkoholverbot des Fahrpersonals;
– eine gründliche Einweisung neuer Fahrer in deren Aufgaben und die Bedienung des Fahrzeugs;
– die jährliche Überprüfung von Dienstanweisungen auf deren Aktualität und Beachtung durch das Personal;
– die sofortige Meldepflicht von Mängeln und Schäden am Fahrzeug durch das Fahrpersonal;
– das Erstellen eines schriftlichen Protokolls bei Unfällen durch das Fahrpersonal, in dem Ursache, Hergang, Beteiligte und Maßnahmen dokumentiert sind;
– die ständige Aus- und Weiterbildung des eingesetzten Personals.

## Materielle und verwaltungsrelevante Maßnahmen

Materielle und verwaltungsrelevante Maßnahmen können sein:

- die Ausstattung der Fahrzeuge mit Feuerlöscher, Warnschutzweste, Winterreifen, Schneeketten, umfangreichem Werkzeug, windsicheren und wassergeschützten Handlampen, Radio für den Verkehrsfunk, vollwertigem Ersatzrad, aktuell und gut ausgestattete Erste-Hilfe-Kästen, Handschuhen, Ersatzkleinteilen (Sicherungen, Glühbirnen) und anderen notwendigen technischen Einrichtungen.
- Die Ausstattung der betriebseigenen Werkstatt mit qualitativ hochwertigem und passendem Werkzeug, die Vorratshaltung von Kleinteilen und den richtigen Schmier- und Pflegemitteln.
- Die Überprüfung von Beschaffungs- und Lagerkosten von Ersatzteilen.
- Die berechnungstechnische Überprüfung der Frage, welche Reparaturarbeiten in der eigenen oder fremden Werkstatt preisgünstiger durchgeführt werden können.
- Die Einrichtung von fahrzeugbezogenen Kostenstellen und Kostenträgern in der Buchführung für die Kostenkontrolle.
- Die Erstellung und ständige Aktualisierung von Dienstanweisungen für das Fahr- und Wartungspersonal.
- Das Führen und Pflegen von Statistiken wie beispielsweise der Unfall-, Reparatur- und Wartungsstatistik.

## Versicherungstechnische Maßnahmen

Idealerweise könnten nahezu alle Risiken mittels einer entsprechenden Versicherung abgedeckt werden. Die Versicherungskosten sind dann aber kaum betriebwirtschaftlich darstellbar.

Deshalb werden Absicherungen durch Dritte eingeteilt in

- vom Gesetzgeber vorgeschriebene Mindestversicherungen, wie zum Beispiel die Kfz-Haftpflichtversicherung oder die Frachtversicherung,
- Versicherungen, die betriebsbedrohende Risiken abdecken und
- Zusatzversicherungen, die alle anderen Risiken abdecken.

Bei einem sorgfältigen Vollzug des Risk-Managements kann die Fuhrparkleitung die Absicherung von Risiken durch Dritte (Versicherungen) auf die beiden ersten Punkte beschränken.

Sorgfältig müssen hierbei der Nutzen und die Kosten sowie die betrieblichen Notwendigkeiten in Erwägung gezogen werden: Unterm Strich sind hier große Kosteneinsparungen möglich. Zusätzlich ist es sinnvoll, ständig Versicherungsleistungen und Kosten zu überprüfen, wobei unabhängige Versicherungsmakler hierbei eine wertvolle Hilfe sein können.

Auch so genannte „all in" oder „Paketversicherungen" sind häufig günstiger als die Abdeckung von Risiken durch Einzelversicherungen.

### c) Erfolgskontrolle

Eine regelmäßig durchgeführte Erfolgskontrolle muss nun eingerichtet werden, um die eingeleiteten Maßnahmen auf ihre Wirkung hin zu überprüfen und um rechtzeitig steuernd einzugreifen, wenn das gewünschte Ergebnis nicht eintritt.

Die wichtigsten Instrumente der Erfolgskontrolle beim Risk-Management sind:

⇨ Statistiken, die Schadensverlauf, Kostenentwicklungen, Ausfallkostensummen und Versicherungskostenverlauf vergleichend darstellen.

⇨ Die betriebliche Buchführung, die betriebwirtschaftliche Auswertung, die Kostenträger- und Kostenstellenrechnung, die die Aufgabe haben, die Datenbasis für die vergleichenden Statistiken zu liefern.

⇨ Turnusgemäß durchgeführter Erfahrungsaustausch innerhalb der Firma mit anderen Abteilungen über die Ergebnisse des Risk-Managements.

⇨ Regelmäßiges Einholen von Konkurrenzangeboten der bestehenden Versicherungen.

⇨ Zumindest einmal jährlich die Versicherungsleistungen mit der Versicherungskostenentwicklung sowie dem Schadensverlauf vergleichen.

**Wichtig:**
Durch den permanenten Kreislauf von Bestandsaufnahme, Maßnahmen und Kontrollen verbessert sich die Wirtschaftlichkeit und die Sicherheit des Fuhrparks!

## 3.3 Absicherung durch Dritte (Versicherungen)

Bedingt durch gesetzliche Vorschriften in Deutschland muss jedes Fahrzeug, das mit eigenem Antrieb auf halböffentlichen oder öffentlichen Wegen oder Plätzen verwendet wird, mindestens haftpflichtversichert sein. Zusätzlich gibt es noch andere Pflichtversicherungen wie zum Beispiel die Unfallversicherung der Berufsgenossenschaft oder die Frachtversicherung für den gewerblichen Güterkraftverkehr.

### 3.3.1 Versicherungsmanagement

Das Versicherungsmanagement stellt sicher, dass für den gesamten Fuhrpark ein geeigneter und ausreichender Versicherungsschutz besteht. Insbesondere handelt es sich dabei um die Auswahl des Kraftfahrzeugversicherers.

Zu den Kraftfahrzeugversicherungen gehören die Haftpflichtversicherung, Teilkaskoversicherung, die Verkehrsrechtsschutzversicherung und die Vollkaskoversicherung.

Die Kraftfahrzeugversicherer bieten Abschläge für unfallfreies Fahren.

Durch Schadensfreiheitsprämien oder Prämien für unfallfreies Fahren durch den Arbeitgeber kann dieser Anreiz an die Fahrzeugnutzer weiter gegeben werden.

**Schadensmeldung**

Alle fremd- und eigenverschuldeten Schäden sind unverzüglich, das bedeutet zwei bis drei Tage nach Feststellung, anzumelden. Hierzu muss das Fahrpersonal per Dienstanweisung verpflichtet werden.

Gegenüber dem Versicherer sind umfassende Auskünfte über die Schadenshöhe und den Schadenshergang zu geben.

**Schadensbegutachtung**

Liegt der Schaden am Kraftfahrzeug vorrausichtlich über 600,– Euro, wird dieser in der Regel von einem unabhängigen Sachverständigen begutachtet.

Dies geschieht entweder in Eigenregie oder durch die Beauftragung eines Dritten.

Ein neutrales Gutachten zum Fahrzeugschaden dient der Beweissicherung, klärt Sachverhalte und hilft bei der Schadensregulierung. Es ist die Basis für die Sicherung der Ansprüche des Geschädigten.

Ein Schadensgutachten ermittelt die absehbaren Reparaturkosten, die Reparaturdauer und – soweit erforderlich – den Wiederbeschaffungswert, die Wiederbeschaffungsdauer und die Wertminderung des Fahrzeugs.

Bei größeren Frachtschäden muss ein Havariekommissar zur Begutachtung der Schäden herbeigerufen werden. Die Adressen können über die Versicherungen oder Industrie- und Handelskammern (IHK) abgerufen werden.

**Schadensabwicklung**

Alle an Fahrzeugen des Fuhrparks entstandenen Schäden werden dokumentiert und abgewickelt. Die mit den Schäden entstandenen Kosten werden mit dem Versicherer oder dem Schadensverursacher abgerechnet. Die Schadensabwicklung unterliegt der gesetzlich vorgeschriebenen Schadensminderungspflicht. Sie kann beispielsweise dadurch erfolgen, dass verschiedene Kostenvoranschläge zur Schadensbehebung erarbeitet und dann auf deren Grundlage entschieden wird.

## 3.3.2 Versicherungskonzepte

Seit 1. Januar 1994 können Versicherungstarife und Allgemeine Geschäftsbedingungen (AGB) mit den Versicherungen frei verhandelt werden. Allerdings kann auch der Versicherer nach Ablauf eines Jahres den Vertrag kündigen, wenn die Schadensquote zu hoch ist.

Statt der Betrachtung einzelner Risiken und deren Absicherung durch Versicherungen wird bei der Erarbeitung von Versicherungskonzepten die Gesamtheit der betrieblichen Risikovorsorge durch Versicherungen in Zusammenhang gebracht und verknüpft. Dies geschieht entweder durch Versicherungspakete für einzelne Bereiche oder durch eine betriebliche Komplettabsicherung der versicherbaren Risiken.

Der Vorteil liegt in der Regel bei den günstigeren Bedingungen oder/und dem Preis. Der Nachteil besteht häufig darin, dass einzelne Bereiche nicht so gut abgesichert sind wie bei Fachversicherern.

### Anbieter von Versicherungskonzepten

Versicherungskonzepte können vom Betrieb selber erarbeitet werden oder, wenn entsprechende Fachleute im Unternehmen nicht vorhanden sind, was in der Regel der Fall ist, durch Dritte wie zum Beispiel

⇨ Versicherungsgesellschaften

⇨ Versicherungsmakler

⇨ Flottenmanagementgesellschaften

⇨ Full-Service-Leasinggesellschaften

### Erarbeitung von Schadensminimierungskonzepten

Schadensminimierungskonzepte werden stufenweise erarbeitet, nachfolgend ist die Reihenfolge aufgelistet:

– Analyse der Ist-Situation (Schwachstellenanalyse)

– Aufzeichnung der Soll-Situation (Zielsetzung)

– Risk-Management-Konzept erarbeiten mit dem Grundsatz: immer mit dem Fahrpersonal, nie dagegen! Hierzu zählen unter anderem:

    ⇨ Selbstbeteiligungsmodelle (zum Beispiel Eigenbeteiligung bei Dienst-Pkw)

    ⇨ Fahrermotivationsmodelle (zum Beispiel Schadensfreiheitsprämien)

    ⇨ Fahrertrainings durch Anbieter wie TÜV, DEKRA oder ADAC

### Versicherungsmodule als Basis

Bei der Absicherung durch Versicherungsgesellschaften gibt es eine Vielzahl von einzelnen Modulen, aus denen dann ein Konzept „gestrickt" werden kann. Nachfolgend die Kurzbeschreibung der wichtigsten Module für den Fuhrpark:

## *Kraftfahrzeug-Haftpflichtversicherung*

- Gesetzliche Pflichtversicherung für Kfz (die Versicherer unterliegen einem Annahmezwang)
- Tarifierungsmöglichkeiten
    - ⇨ Einzeltarif (Zulassungsort und Schadensfreiheitsrabatt, SFR)
    - ⇨ Gruppentarifeinstufung (feste/flexible SFR möglich)
    - ⇨ Stückprämie
- Deckungssummen
    - ⇨ Objektschaden: unbegrenzt
    - ⇨ Personenschaden: 2.500.000,– bis 7.5000.000,– Euro pro Person
- Deckung innerhalb Europas nur mit grüner Deckungskarte

## *Teilkaskoversicherung*

- Versicherbare Risiken: Einbruch, Einbruchschäden, Diebstahl, Teildiebstahl, Haarwild, Glas- und Wasserschäden
- Selbstbeteiligung von 0 bis 1.000,– Euro
- Leistungen verknüpfbar mit Haftpflichtversicherung beziehungsweise Vollkaskoversicherung
- Tarifmöglichkeiten
    - ⇨ Einzeltarif (Zulassungsort und SFR)
    - ⇨ Gruppeneinstufung (feste/flexible SFR)
    - ⇨ Stückprämie

## *Vollkaskoversicherung*

- Versicherbare Risiken: alle
- Tarifierung: siehe Haftpflicht-/Teilkaskoversicherung
- Selbsbeteiligungsmodelle:
    - ⇨ 0 bis 5.000,– Euro
    - ⇨ Gewinnbeteiligung/Rückvergütung

### Insassen-Unfall-Versicherung

– bietet nur sehr selten Versicherungsschutz, davon ist deshalb abzuraten.

### Gruppen-Unfall-Versicherung

– 24 Stunden / 365 Tage weltweit gültig

– Beschränkungen auf Dienstfahrten möglich

– Ausdehnbar auf
  ⇨ private Fahrten mit dem Dienstfahrzeug
  ⇨ private Reisen jeglicher Art
  ⇨ alle dienstlichen Reisen
  ⇨ alle Reisen
  ⇨ ohne jegliche Beschränkung

– Tarifierung: unterschiedlich

### Gap-Versicherung

Deckt das Differenzrisiko beim Unfall/Untergang/Diebstahl zwischen Restbuchwert der Leasinggesellschaft und dem Marktwert (gap = Lücke). Tarifierung: je nach Anbieter.

### Frachtversicherung

Deckt Frachtschäden im gewerblichen Güterkraftverkehr

⇨ Ohne Vereinbarung: für Frachtschäden am Gut 8,33 Sonderziehungs-rechte – SZR (zirka 11,– Euro) je Kilogramm Rohgewicht der transportierten Ware (Gewicht ohne Transportverpackung);

⇨ Haftung für Verspätungsschäden: das Dreifache des Transportentgeltes (international: das einfache Transportentgelt).

⇨ Abweichungen von 2 SZR bis 40 SZR / Kilogramm sind mit dem Kunden möglich, müssen dann aber mit dem Versicherer vereinbart werden.

# 4. Ladungssicherung: Verantwortlichkeiten und Rechtsgrundlagen

Seitdem das Bundesamt für Güterverkehr bei der Ladungssicherung besonders genau hinsieht, hat eine Sensibilisierung des Transportgewerbes stattgefunden. Schon aus Kostensicht muss Ladungssicherung ein Thema für Fuhrparkverantwortliche sein: Die Strafen sind hoch, ebenso die Kosten von durch unzureichend gesicherter Ladung verursachte Schäden und die daraus folgenden Standzeiten.

## 4.1 Rechtsgrundlagen der Ladungssicherung

Die Rechtsbasis der Ladungssicherung, die jeden Kraftfahrer betrifft, ist in der StVO und StVZO zu finden. Diese Grundlagen werden dann noch ergänzt durch die GGVSE für Gefahrgutbeförderer und auch in den Unfallverhütungsvorschriften der Berufsgenossenschaft sind noch verpflichtende Regelungen eingebaut, die aus den nachfolgenden gesetzlichen Texten ersichtlich sind.

### § 22 StVO „Ladung"

„Die Ladung einschließlich Geräte zur Ladungssicherung sowie Ladeeinrichtungen sind so zu verstauen und zu sichern, dass sie selbst bei **Vollbremsung** oder **plötzlicher Ausweichbewegung** nicht verrutschen, umfallen, hin- und herrollen, herabfallen oder vermeidbaren Lärm erzeugen können. Dabei sind anerkannte Regeln der Technik zu beachten."

### § 23 StVO „Pflichten des Fahrzeugführers"

„Der Fahrzeugführer ist dafür verantwortlich, daß seine Sicht und sein Gehör nicht durch die Besetzung, Tiere, **Ladung**, Geräte oder den Zustand des Fahrzeugs beeinträchtigt werden. Er muß dafür sorgen, daß das Fahrzeug, der Zug, das Gespann sowie die Ladung und die Besetzung vorschriftsmäßig sind und daß die Verkehrssicherheit des Fahrzeugs durch die Ladung oder die Besetzung nicht leidet."

### § 30 (1) StVZO „Beschaffenheit des Fahrzeugs"

„(1) Fahrzeuge müssen so gebaut und ausgerüstet sein, daß
1. ihr verkehrsüblicher Betrieb niemanden schädigt oder mehr als unvermeidbar gefährdet, behindert oder belästigt,
2. die Insassen insbesondere bei Unfällen vor Verletzungen möglichst geschützt sind und das Ausmaß und die Folgen von Verletzungen möglichst gering bleiben."

### § 31 (2) StVZO „Verantwortung für den Betrieb der Fahrzeuge"

„Der Halter darf die Inbetriebnahme nicht anordnen oder zulassen, wenn ihm bekannt ist oder bekannt sein muß, daß der Führer nicht zur selbständigen Leitung geeignet oder das Fahrzeug, der Zug, das Gespann, die Ladung oder die Besetzung nicht vorschriftsmäßig ist oder daß die Verkehrssicherheit des Fahrzeugs durch die Ladung oder die Besetzung leidet."

### GGVSE § 9 (13)

„Der Verlader und der Fahrzeugführer haben im Straßenverkehr die Vorschriften über die Beladung und die Handhabung nach Kapitel 7.5 ADR zu beachten."

### ADR 7.5.7.1 „Handhabung und Verstauung"

„Die **einzelnen Teile** einer **Ladung mit gefährlichen Gütern** müssen auf dem Fahrzeug oder im Container so verstaut oder durch geeignete Mittel gesichert sein, dass sie Ihre Lage zueinander sowie zu den Wänden des Fahrzeugs oder Containers nur geringfügig verändern können. Die Ladung kann z. B. durch Zurrgurte, Klemmbalken, Transportschutzkissen, rutschhemmende Unterlagen gesichert werden. Eine ausreichende Ladungssicherung im Sinne des ersten Satzes liegt auch vor, wenn die gesamte Ladefläche in jeder Lage mit Versandstücken vollständig ausgefüllt ist."

## Berufsgenossenschaft für Fahrzeughaltungen

### § 37 BGV D 29 „Fahrzeuge"

„(1) Fahrzeuge dürfen nur so beladen werden, dass die zulässigen Werte für

1. Gesamtgewicht,

2. Achsenlasten,

3. statistische Stützlast und

4. Sattellast

Nicht überschritten werden. Die Ladungsverteilung hat so zu erfolgen, dass das Fahrverhalten des Fahrzeugs nicht über das unvermeidbare Maß hinaus beeinträchtigt wird.

…

(4) Die Ladung ist so zu verstauen und bei Bedarf zu sichern, dass bei üblichen

Verkehrsbedingungen eine Gefährdung von Personen ausgeschlossen ist."

Bei der gewerblichen Güterbeförderung ist, seit der Frachtrechtsreform, das Handelsgesetzbuch (HGB) die zentrale Rechtsgrundlage. Nachfolgend aufgeführt sind die wichtigsten Regelungen für die Ladungssicherung durch das HGB.

### § 412 HGB Verladen und Entladen

(1) Soweit sich aus den Umständen oder der Verkehrssitte nicht etwas anderes ergibt, hat der *Absender das Gut beförderungssicher zu laden, zu stauen und zu befestigen (verladen) sowie zu entladen.*
*Der Frachtführer hat für die betriebssichere Verladung zu sorgen.*

### § 414 Verschuldensunabhängige Haftung des Absenders in besonderen Fällen.

(1) Der *Absender* hat, auch wenn ihn *kein Verschulden* trifft, dem Frachtführer Schäden und Aufwendungen zu ersetzen, die verursacht werden durch

1. ungenügende Verpackung oder Kennzeichnung

2. Unrichtigkeit oder Unvollständigkeit der in den Frachtbrief aufgenommen Angaben
3. Unterlassen der Mitteilung über die Gefährlichkeit des Gutes

### § 427 Besondere Haftungsausschlussgründe

„(1) Der Frachtführer ist von seiner Haftung befreit, soweit der Verlust, die Beschädigung oder die Überschreitung der Lieferfrist auf eine der folgende Gefahren zurückzuführen ist:

…

2. ungenügende Verpackung durch den Absender;
3. Behandeln, Verladen oder Entladen des Gutes durch den Absender oder Empfänger;

…

5. ungenügende Kennzeichnung der Frachtstücke durch den Absender;

… "

### § 428 Haftung für andere

„Der Frachtführer hat Handlungen und Unterlassungen seiner Leute in gleichem Umfange zu vertreten wie eigene Handlungen und Unterlassungen, wenn die Leute in Ausübung ihrer Verrichtungen handeln. *Gleiches gilt für Handlungen und Unterlassungen anderer Personen, deren er sich bei Ausführung der Beförderung bedient."*

Die Empfehlungen des VDI für die Umsetzung der Rechtgrundlagen gehen detailliert auf spezifische Problemlösungen bei der Ladungssicherung ein. Nachfolgend ist exemplarisch eine Auswahl der VDI-Richtlinien aufgelistet.

### Empfehlungen zur Ladungssicherung – VDI-Richtlinien und Normen

VDI 2700 „Ladungssicherung auf Straßenfahrzeugen"

       2700 1    Ausbildungsnachweis LaSi
       2700 2    Zurrkräfte
       2700 4    Lastverteilungsplan
       2700 8    Sicherung auf Autotransportern
       2700 9    LaSi von Papierrollen

2700 11 LaSi Betonfertigteile (iV)

VDI 2701 Zurrmittel

VDI 2702 Zurrkräfte

VDI 2703 Ladungssicherungshilfsmittel

E VDI 2704 Ladungssicherung auf Straßenfahrzeugen;

**DIN EN Normen** (z. B. Zurrgurte 12 195-2, Zurrketten 12 195-3)

## 4.2 Verantwortlichkeiten bei der Be- und Entladung

Bei der gewerblichen Güterbeförderung werden durch das Handelsgesetzbuch (HGB) nachfolgende Verantwortungen dem Absender, der in der Regel Auftraggeber des Transportauftrages ist, und dem Frachtführer (Transportunternehmer) übertragen. Verantwortung bedeutet hierbei nicht, dass dieser die Tätigkeit selbst verrichten muss.

**Absender** ⇨ **Beförderungssichere Verladung**

– Beförderungssichere Umverpackung und Transportverpackung,

– Information über die Eigenschaften des Gutes,

– Befestigung und Verladeart,

– Sichern gegen Umfallen, Verschieben, Herabfallen des Transportgutes.

**Frachtführer** ⇨ **Betriebssichere Verladung**

– Technische Sicherheit des Fahrzeugs (Ausrüstung, Ausstattung usw.)

– Überladung (z. B. der Achsen und des Fahrzeugs)

– Fahrzeugabmessungen

– Belastung der Ladefläche

– Baulicher Zustand des Fahrzeugs

In diesem Zusammenhang muss der Frachtführer seinen Fahrer auf folgende Tätigkeitsmerkmale und Pflichten hinweisen, um seiner Verantwortung gerecht werden zu können:

**Der Fahrer/Fahrzeugführer als Erfüllungsgehilfe des Frachtführers**

⇨ überwacht/überprüft die zugelassene Nutzlast mit dem Ladegewicht der Fracht;

⇨ überprüft bei der Abfahrt zur Ladestelle, ob die nötigen bzw. vereinbarten Ladungssicherungsmittel an Bord sind;

⇨ kontrolliert die Ladungssicherung bzw. führt die Sicherung selbst durch;

⇨ überprüft die Begleitpapiere auf den richtigen Inhalt sowie die Fracht auf Menge und Unversehrtheit vor dem Abzeichnen der Papiere;

⇨ folgt den Weisungen in Bezug auf Ladungssicherung des Absenders/Verladers;

⇨ kann/muss die Weiterfahrt bei mangelhafter Ladungssicherung verweigern;

⇨ ist für die technische Sicherheit des Fahrzeugs verantwortlich.

Muster **„Checkliste Ladungssicherung"**
Copyright by Siegfried W. Kerler

Standort: _____

Kfz-Nr.: _____ Ladepapier/Lieferschein/Frachtbrief - Nr.: _____

Absender: _____

Frachtführer/Fuhrunternehmer: _____

Fahrzeugführer/Fahrer: _____

Verladetag: _____ Uhrzeit: _____

Kontrolleur: _____

## Kontrolle vor der Verladung

|  | Ja | Nein |
|---|---|---|
| Wagenboden unbeschädigt | | |
| Besenreiner Wagenboden | | |
| Stirnwand unbeschädigt | | |
| Planenaufbau/Kofferaufbau unbeschädigt | | |
| Rungen, Steckbretter aus Alu vollzählig vorhanden und unbeschädigt | | |
| Bei Verschiebeplanen Lkw: Fußleiste (Bordwandersatz vorhanden) | | |
| Anti-Rutschmatten in ausreichender Zahl vorhanden | | |
| Querklemmbretter/Sperrbalken/Klemmstangen vorhanden | | |
| Lastenverteilungsplan für das Kfz und Hänger/Auflieger vorhanden | | |
| Lastenverteilung wurde vom Fahrer vorgegeben | | |
| **Verladung kann durchgeführt werden** | ☐ | ☐ |

Bemerkungen:

_____          _____
Verlader                                        Fahrer

*Abbildung 31: Muster-Checkliste „Vor der Verladung"*

Muster „**Checkliste Ladungssicherung**"
Copyright by Siegfried W. Kerler

Standort: _____

Kfz-Nr.: _____ Ladepapier/Lieferschein/Frachtbrief - Nr.: _____

Absender: _____

Frachtführer/Fuhrunternehmer: _____

Fahrzeugführer/Fahrer: _____

Verladetag: _____ Uhrzeit: _____

Kontrolleur: _____

## Kontrolle nach der Verladung

|  | Ja | Nein |
|---|---|---|
| Formschluss nach vorne |  |  |
| Formschluss rechts |  |  |
| Formschluss links |  |  |
| Formschluss hinten |  |  |
| ausreichende Sicherung durch Gurte |  |  |
| Ladungsteile sind nicht Kippgefährdet |  |  |
| Allein stehende Paletten durch Antirutschmatten gesichert (4 Ecken) |  |  |
| Querklemmbretter/Sperrbalken/Klemmstangen nach hinten befestigt |  |  |
| Verbindung zwischen Paletten und Ware vorhanden (Folie/Bänder) |  |  |
| maximale Zuladung beachtet |  |  |
| **Transport wird freigegeben** | ☐ | ☐ |

Bemerkungen:


_____                    _____
Verlader                                   Fahrer

*Abbildung 32: Muster-Checkliste „Nach der Verladung"*

## 4.3 Grundprinzipien bei der Umsetzung der Ladungs-sicherungsvorschriften in die Praxis

**Leitsatz für die Ladungssicherung:**

*Ladungssicherung* hat den Zweck, Bewegungen der Ladegüter durch Rutschen, Kippen, Rollen oder Wandern auf der Ladefläche zu verhindern und so die *Arbeits- und Verkehrssicherheit* zu erhöhen!

Ein entscheidendes Merkmal für eine ordnungsgemäße Ladungssicherung ist das richtige Stauen der Ladung auf dem Fahrzeug.

**Stauen:** Unter der Stauung versteht man die Anordnung der Ladung und der Ladegüter auf der Ladefläche und im Laderaum.

Ziel des Stauens ist der schadensfreie Transport der Ladung. Nachfolgend aufgelistet sind die wichtigsten Grundregeln für die Stauung.

⇨ Gesamtgewicht und Lastenverteilungsplan beachten.

⇨ Gesamtschwerpunkt sollte möglichst niedrig liegen.

⇨ Ladebordwände, Türen dürfen nicht belastet werden.

⇨ Nur unbeschädigte Ladegüter stauen.

⇨ Schwere, stabile, standfeste Güter unten anordnen, empfindliche, flexible Packungen darüber.

⇨ Auf zerbrechliche Güter keine anderen Verpackungen stapeln.

⇨ Konträre Güter nicht zusammen laden (feuchte/feuchtigkeitsempfindliche).

⇨ Zusammenladeverbote beachten (Gefahrgüter).

Das Ziel der Ladungssicherung muss sein, dass sich die Ladegüter nicht bewegen können! Um dieses Ziel zu erreichen, sollten nachfolgende Grundprinzipien beachtet werden:

– Ladungssicherung soll effektiv und kostengünstig sein.

– Zur Ladungssicherung gehören das richtige Kfz und die richtigen Ladungssicherungsmittel.

– Sachgerechtes und sicheres Beladen führt zur Ladungssicherung.

– Die Informationen über ein geeignetes Fahrzeug und die mitzuführenden Ladungssicherungsmittel müssen mit der Auftragsvergabe an den Frachtführer weitergegeben werden.

- Gut gestaut ist halb gesichert! Formschlüssiges Stauen ist die einfachste Ladungssicherung.
- Formschlüssiges Ausfüllen der Ladefläche hat Vorrang vor dem Stapeln.
- Formschluss ist besser als Kraftschluss.
- Laderaum möglichst in gleicher Höhe füllen.
- Lücken zwischen Ladegütern vermeiden, unvermeidliche Lücken ausfüllen.
- Kippgefährdung bei Gütern mit schmaler Standfläche beachten.
- Außermittigen Schwerpunkt beachten.
- Ladegüter müssen nach Möglichkeit auch ohne angelegte Anschlag- und Zurrmittel sicher stehen.
- Beim Öffnen von Bordwänden oder Türen dürfen keine Güter herabfallen oder kippen.
- Gem. VDI-Richtlinie 2700 muss
    - nach vorne mit dem 0,8-fachen der Gewichtskraft der Ladung und
    - nach hinten und auf den Seiten mit dem 0,5-fachen der Gewichtskraft der Ladung gesichert werden.

  Beispiel: eine Gitterbox mit 1.000 kg nach vorn mit 800, zu beiden Seiten und zum Heck mit 500 Deka-Newton gesichert sein.

Letztendlich gibt es für die Praxis aufgrund der Eigenschaften der unterschiedlichen Güter und Beförderungsmittel keine Regelung, die auf alles zutreffen kann. Deshalb sollten alle Beteiligten ständig bemüht sein das jeweilige Optimum zu finden, das natürlich auch wirtschaftlich realisierbar sein muss. Die folgende Liste mit **Praxis-Literatur** bietet erprobte Mittel und Wege zur richtigen Ladungssicherung:

- Bundesverband Güterkraftverkehr Logistik und Entsorgung (BGL) e.V., Berufsgenossenschaft für Fahrzeughaltungen (BGF) (Hrsg.): Praxishandbuch Laden und Sichern, Band 1-3. Verlag Heinrich Vogel, München.

- Berufsgenossenschaft für Fahrzeughaltungen (BGF): BGI 649 – Ladungssicherung auf Fahrzeugen. GSV, Berlin.

- Dipl.-Ing. Rudolf Sander: Ladungssicherung leicht gemacht. Lehrbuch für Schulung und Studium. Verlag Heinrich Vogel, München.

- Oliver Rompf: Kosten runter bei der Ladungssicherung. Verlag Heinrich Vogel, München.

# Muster 1: Dienstanweisung für den Einsatz von Pkw in Unternehmen mit großem Pkw-Fuhrpark

## Richtlinie für den Einsatz von Pkw als Dienstfahrzeuge

Gültig ab:

## 1. Beschaffung, Verwaltung und Kontrolle von Dienstfahrzeugen

### Beschaffung

Basierend auf dem von der Hauptverwaltung entwickelten Rahmenvertrag mit den Herstellern übernimmt die Fuhrparkverwaltung die Beschaffung aller Neufahrzeuge. Budgetführende Abteilung ist der Bereich Fuhrparkbeschaffung der Fuhrparkverwaltung, die auch für die Einhaltung der Fahrzeugklassen-Zuteilung verantwortlich ist.

Fahrzeugneubeschaffungen für Mitarbeiter können jeweils nur im Rahmen des vor Beginn des Geschäftsjahres erstellten Budgets berücksichtigt werden. Vor Zusage eines Neuwagens an diesen Personenkreis ist unbedingt Rücksprache mit dem Bereich Fuhrparkbeschaffung zu nehmen.

### Fuhrparkverwaltung

Die Abteilung Fuhrparkverwaltung übernimmt die Verantwortung im Pkw-Bereich für folgende Aufgaben:
– Budgeterstellung und -kontrolle
– Entscheidung zwischen Kauf oder Leasing oder anderen Finanzierungsformen
– Bezahlung von Reparaturrechnungen
– Pünktliche Überweisung der Kfz-Steuer
– Meldung neuer Fahrzeuge an die Abteilung Hauptverwaltung zwecks Erstellung von Statistiken
– Bezahlung Kfz-Versicherung
– An- und Abmeldungskontrolle von Fahrzeugen

## Rechnungskontrolle

Die Kontrolle sämtlicher Rechnungen erfolgt durch die Fuhrparkleitung. Für die Bezahlung freigegeben werden die Rechnungen erst durch Gegenzeichnung des Fuhrparkleiters oder seines Stellvertreters.

## Dienstwagenzuordnung

Folgende Dienstfahrzeugtypen können bestellt werden:

Die unten aufgelistete Einteilung der Fahrzeuge nach Klassen ist an eine Fassung der Autovermietungsfirmen angelehnt.

| Fahrzeugtypen | Fahrzeuggruppe | Mitarbeiterklassfizierung |
|---|---|---|
| VW Lupo / Opel Corsa / Fiat Punto / Renault Clio / Nissan Micra / Suzuki Wagon | A | |
| Fiat Brava / VW Lupo 4-türig / Audi A2 / Renault Megane / Nissan Almera | B | |
| VW Golf / VW Variant / Audi A3 / Nissan Almera / Opel Astra / Opel Caravan / Renault Scenic / Alfa 146 / Suzuki Liana | C | |
| VW Passat / Audi A4 / Opel Vectra / Ford Mondeo / Alfa 156 / Renault Laguna / Nissan Primera / Fiat Marea / Toyota Avensis | D | |
| Opel Omega / BMW 3er / MB C 180 / Audi A6 1,9 | E | |
| Mercedes C 240 / Mercedes E 200 / Audi A6 2,4 / BMW 520/523 | F | |
| MB 240-320 / BMW 5er / Audi A6 2,8 | G | |
| Mercedes S-Klasse / BMW 7er / Audi A8 | H | |
| Großraumfahrzeuge VW Caddy / Ranault Berlingo / Opel | I | |
| VW Sharan / Opel Sintra / VW Multivan | K | |

Die Wahlmöglichkeit richtet sich nach:

- Budget
- Nettolistenpreis
- Aufgabenbereich
- Stellung im Unternehmen
- Kilometerleistung

## Sonderausstattungen / -modelle

Von den Automobilfirmen werden gelegentlich Fahrzeuge als Sondermodelle mit günstiger bzw. kostenloser Sonderausstattung angeboten. Die Wahl eines solchen Fahrzeuges ist ebenfalls abhängig von der Zustimmung der Fuhrparkleitung.

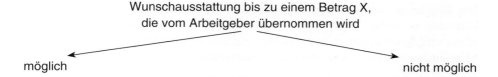

Wunschausstattung bis zu einem Betrag X,
die vom Arbeitgeber übernommen wird

möglich

nicht möglich

Ausstattung darüber hinaus:
Mehrkosten können individuell abgerechnet werden (z. B. Einmalzahlung des Mitarbeiters).

## Standardausstattung

Zur Standardausstattung der Dienstfahrzeuge gehören:

- Pannen-Dreieck
- Verbandskasten
- Warnkleidung (Warnweste DIN 30711 Typ B)
- Airbag für Fahrer und Beifahrer
- Servolenkung
- Zentralverriegelung
- Antiblockiersystem (ABS)
- Wegfahrsperre
- Sicherheitsnetz im Laderaum bei Kombis
- Klimaanlage
- Telefonvorbereitung für ein Handy nur mit Freisprechanlage

- Radio
- für die Winterzeit Winterreifen

## Übergabe von Dienstfahrzeugen

Berechtigte Mitarbeiter richten die Anforderung eines Dienstfahrzeuges auf dem Formular an die zuständige Stelle. Das Fahrzeug wird am Firmensitz zugelassen, nur in Ausnahmefällen am Wohnsitz des Mitarbeiters.

Mit der Anforderung des Fahrzeuges wird diese Vereinbarung über die „Stellung und Nutzung des Dienstfahrzeuges" vom Mitarbeiter unterzeichnet und dem Vorgesetzten ausgehändigt. Soweit die Anlagen zu diesem Vertrag noch nicht komplettiert werden können, sind die Informationen nach Übergabe des Fahrzeuges unverzüglich an die zuständige Fuhrparkverwaltung zu übermitteln.

Der Mitarbeiter hat das Fahrzeug persönlich zu übernehmen. Das Fahrzeug ist sorgfältig zu prüfen. Erkennbare Abweichungen von dem vertragsmäßigen Zustand sind sofort schriftlich festzuhalten und dem Lieferanten mitzuteilen. Etwaige Meinungsunterschiede sind der Fuhrparkverwaltung sofort mitzuteilen.

Wird das Fahrzeug über eine Leasingfirma bezogen, ist der Mitarbeiter verpflichtet, die ihn betreffenden Vorschriften der Auto-Leasingfirma zu beachten, die der Mitarbeiter bei Überlassung des Fahrzeuges erhält. Die Fuhrparkverwaltung ist berechtigt, die Einhaltung dieser Pflichten jederzeit zu überprüfen.

Dienstfahrzeuge werden den Mitarbeitern jeweils durch die Fuhrparkverwaltung übergeben.

Bei der Fahrzeugübergabe erhält der Mitarbeiter neben dem KFZ-Schein und dem Autoschlüssel diese Dienstfahrzeugrichtlinien sowie alle notwendigen Unterlagen, die zum Betrieb des Fahrzeuges notwendig sind. Gleichzeitig wird vom Übergeber ein Übergabeprotokoll erstellt und vom Mitarbeiter gegengezeichnet. Der Übergeber prüft ebenso, ob der Dienstfahrzeugbesitzer in Besitz eines gültigen Führerscheins ist. Die Übergabe ohne Vorlage der Fahrerlaubnis ist nicht statthaft.

Der Entzug des Führerscheins ist vom Mitarbeiter sofort schriftlich der Fuhrparkverwaltung zu melden.

## Verantwortlichkeiten für übergebene Dienstfahrzeuge

### a) Betriebssicherheit

Für die Betriebssicherheit und einwandfreien Zustand des übergebenen Dienstfahrzeuges ist der jeweilige Benutzer des Fahrzeuges bzw. bei Fahrzeugen, die einer Abteilung zugewiesen wurden, der Abteilungsleiter verantwortlich. Zur Gewährleistung der Betriebssicherheit gehört auch, dass jegliche technischen Veränderungen am Fahrzeug (Motor, Fahrwerk, Lenkung, Bremsen, Reifen, Felgen, Beleuchtung und Auspuff etc.) zu unterbleiben haben, insbesondere solche, die zu einem Erlöschen der Betriebserlaubnis führen.

### b) Überlassung an Dritte

Die Überlassung des Fahrzeuges an Dritte bzw. seine Führung durch Dritte, insbesondere ein Vermieten und ein Verleihen, ist unzulässig. Ausgenommen sind in beiden Fällen Mitarbeiter (bei Dienstfahrten) sowie Familienangehörige/Lebensgefährte/-in, die mit dem Mitarbeiter ständig in häuslicher Gemeinschaft leben. Eine Überlassung an Familienangehörige bzw. Betriebsangehörige darf nur erfolgen, wenn sich der Arbeitnehmer von einer ausreichenden Fahrpraxis des Betreffenden überzeugt hat. Vor der Überlassung des Fahrzeuges an eine der genannten Personen hat sich der Arbeitnehmer davon zu überzeugen, dass der Benutzer in Besitz einer gültigen Fahrererlaubnis ist.

## Ausnahmen:

Notfälle in der Familie, die ein schnelles Handeln erfordern bzw. der Dienstwagenbenutzer kann das Fahrzeug aufgrund von Krankheit etc. nicht steuern und ist Beifahrer.

### c) Wartung, Pflege und Tanken

Für die Wartung und Pflege ist in erster Linie der Dienstwagenbenutzer verantwortlich. Jeder Dienstwagenfahrer erhält eine Tankkarte, die nach Möglichkeit zu benutzen ist. Die Nutzung der Tankkarte ist erlaubt für: Tankung, Wagenpflege, Schmierstoffe, Kleinteile, Frostschutz und Scheibenreinigung.

**Ausgeschlossen von der Tankkartennutzung ist jeglicher privater Einkauf!**

Verlust oder Diebstahl der Tankkarte ist dem Kartenherausgeber sofort schriftlich zu melden.

Pflege- und Wartungsintervalle sind entsprechend den Vorschriften des Herstell-werkes durchzuführen. Die Fälligkeit der von Hersteller zu Hersteller verschie-denen Inspektionsintervalle sind dem im Fahrzeug vorhandenen Scheckheft zu entnehmen und/oder werden dem Dienstwagenfahrer im Display bzw. durch den Bordcomputer angezeigt. Die Sorgfaltspflicht bleibt aber in jedem Fall beim Dienst-wagenbenutzer.

Bei Bedarf einer Inspektion bzw. Reparatur ist vom Benutzer grundsätzlich eine vom jeweiligen KFZ-Hersteller autorisierte Vertragswerkstatt in Anspruch zu neh-men.

Rechnungen von Tankstellen oder nicht vom Hersteller autorisierter Werkstätten werden nur in Ausnahmefällen und nur mit schriftlicher Begründung durch den Dienstfahrzeugbenutzer von der Fuhrparkverwaltung anerkannt. Eine Abrechnung über Spesenbericht ist nicht möglich.

Reparaturen bis 100,– Euro kann der Dienstfahrzeugbenutzer sofort und selbstän-dig bei einer jeweils autorisierten Vertragswerkstatt in Auftrag geben. Bei Auftrags-erteilung ist darauf hinzuweisen, dass evtl. der Firma als Wagenparkbesitzer ein Ersatzteilrabatt zu gewähren ist.

Die Regulierung dieser Rechnungen kann vom Mitarbeiter selbst vorgenommen werden und über den Arbeitgeber abgerechnet werden.

Stellt sich im Verlauf der Reparatur bzw. Inspektion heraus, dass eine Auftragser-weiterung erforderlich ist, so ist vor Durchführung in jedem Fall die Fuhrparkver-waltung zu informieren und die Genehmigung evtl. fernmündlich einzuholen.

Reklamationen wegen mangelhaft ausgeführter Reparaturen müssen der betref-fenden Werkstatt unverzüglich angezeigt werden.

## Kosten- und Auslagenerstattung

Der Arbeitgeber übernimmt folgende Kosten:
a) Kraft-, Schmier- und Betriebsstoffe auf Dienst- und ggf. Privatfahrten
b) Angemessene Kosten für Selbstbedienungs-Wagenpflege
c) Reifeneinlagerung, Reifenersatz sowie das Montieren der Reifen, soweit diese Kosten nicht von dem Leasinggeber übernommen werden

## Sorgfaltspflichten

### a) Vorführung beim Technischen Überwachungsverein (TÜV) und jährliche Abgassonderuntersuchung

Für die Einhaltung der gesetzlichen Termine (TÜV und Abgassonderuntersuchung) ist der jeweilige Fahrzeugbenutzer verantwortlich.

### b) Anbringen von Klebefolien

Das Anbringen von Klebefolien auf Fahrzeugen, insbesondere solche, die parteipolitische Werbung oder Produktwerbung für andere, nicht firmenbezogene Erzeugnisse beinhalten, ist untersagt. Alle Schäden, die sich durch das Ablösen der ohne Genehmigung der Fuhrparkleitung aufgebrachten Folien ergeben, werden dem betreffenden Mitarbeiter in Rechnung gestellt.

## Rückgabe und Austausch von Dienstfahrzeugen

### a) Rückgabe

Entfällt die Berechtigung der Fahrzeugüberlassung, so ist das Fahrzeug unverzüglich zurückzugeben. Nachteile, die dem Unternehmen aus einer verspäteten Rückgabe entstehen, sind in voller Höhe vom Arbeitnehmer zu tragen.

Endet oder ruht das Arbeitsverhältnis, so endet zugleich auch das Benutzungsrecht für das überlassene Fahrzeug, ohne dass es dazu noch einer ausdrücklichen zusätzlichen Erklärung bedarf.

Das Fahrzeug ist in optisch und technisch einwandfreiem Zustand zurückzugeben. Der Zustand des Fahrzeuges wird in dem vom Arbeitnehmer zu unterzeichnenden Rückgabeprotokoll festgehalten. Schäden am Fahrzeug, die über den üblichen Verschleiß hinausgehen, werden uneingeschränkt vom Arbeitnehmer übernommen. In Zweifelsfällen kann ein anerkannter Sachverständiger herbeigezogen werden. Die Kosten hierfür sind von demjenigen zu tragen, der auch die Kosten der Schadensbeseitigung zu tragen hat.

Bei der Fahrzeugrückgabe gibt der Mitarbeiter neben dem KFZ-Schein und den Autoschlüsseln auch alle zum Betrieb notwendigen Unterlagen (z. B. Tankkarte, Service-Karte der Leasinggesellschaft, Radio-Code-Karte) unverzüglich zurück.

## b) Austausch

Beim Austausch von Dienstfahrzeugen ist zu unterscheiden, ob das Dienstfahrzeug gekauft oder geleast ist.

### 1. Kauf

Für den Austausch muss grundsätzlich eine der folgenden zwei Voraussetzungen bei der Budgeterstellung für das Folgejahr erfüllt sein:
- Das Dienstfahrzeug ist mindestens 48 Monate alt.
- Es müssen mindestens 150.000 km gefahren sein.

Der Austausch des Fahrzeuges erfolgt im Folgejahr. Bei sehr hohen jährlichen Laufleistungen kann ein Dienstfahrzeug bereits vor Ablauf von 36 Monaten ausgetauscht werden. Eine rechtzeitige Abstimmung mit der Fuhrparkleitung ist erforderlich. Die Budgeterstellung erfolgt im Juni/Juli für das Folgejahr.

Wird ein Mitarbeiter in eine Position befördert, die dazu berechtigt, ein Fahrzeug einer höheren Klasse zu fahren, muss das derzeitige Dienstfahrzeug mindestens 2 Jahre ab Erstzulassung gefahren werden oder so lange, bis eine sinnvolle Nutzung für dieses Fahrzeug gefunden wird. Sollte ihm ein gebrauchtes Fahrzeug der höheren Klasse zu Verfügung stehen, kann der Mitarbeiter dieses auf Wunsch sofort erhalten.

### 2. Leasing

Aufgrund der Laufzeit von Leasingverträgen für Kraftfahrzeuge (mind. 36 Monate) ergibt sich automatisch, wann geleaste Dienstfahrzeuge ausgetauscht werden. Die Fuhrparkverwaltung stimmt sich jeweils rechtzeitig mit dem Dienstfahrzeugbenutzer über ein neues Fahrzeug ab.

## Kfz-Versicherung

Die Anschrift unseres Kfz-Haftpflichtversicherers lautet:
Adresse
Ansprechpartner
Telefonnummer
Vers.-Nr.

Die Fahrzeuge werden wie folgt versichert:

* Vollkaskoversicherung mit Euro 600,– Selbstbehalt oder
* Teilkaskoversicherung mit Euro 300,– Selbstbehalt.

Die Teilkaskoversicherung erstreckt sich auf Diebstahl-, Feuer-, Glas-, Hagel-, Sturm-, Hochwasser und Haarwildschäden. Im Fahrzeug mitgenommene Gegenstände wie z. B. Werkzeugkoffer, Radios, die nicht fest eingebaut sind, Wertgegenstände usw. sind nicht versichert.

Vergütungen seitens der Versicherung für unfallfreies Fahren gehen grundsätzlich an die Firma. Abtretungen bei Ausscheiden eines Mitarbeiters aus der Firma an andere Versicherungen sind demzufolge nicht möglich.

Ausnahme:

Mitarbeiter, die ihren bereits bestehenden privat erworbenen Rabatt in die Firma einbringen, erhalten diesen nach Ausscheiden aus der Firma zurück. Einzelheiten hierzu sind mit der Fuhrparkverwaltung abzustimmen.

## Ordnungsgemäßes Führen von Dienstfahrzeugen

Der Arbeitnehmer verpflichtet sich, bei der Benutzung des Fahrzeuges die Straßenverkehrsordnung und alle sonstigen Vorschriften zur Teilnahme am Straßenverkehr sorgfältig zu beachten.

Verwarnungs- und Bußgelder sowie Geldstrafen sind vom Arbeitnehmer zu tragen. Wird das Unternehmen in der Eigenschaft als Halter in Anspruch genommen (z. B. Parkverstöße), so ist der Arbeitnehmer verpflichtet, das Unternehmen im Innenverhältnis von einer Inanspruchnahme freizustellen.

Der Arbeitnehmer verpflichtet sich, das Fahrzeug nur in einem körperlich und geistig einwandfreiem Zustand zu fahren. Alkohol- und Drogenmissbrauch sind strikt zu unterlassen!

## Verhalten bei Unfall-, Diebstahl- und Kaskoschäden

### a) Unfallschäden

Jeder Unfall, ob Eigen- oder Fremdverschulden sowie Bagatellschäden sind sofort dem Vorgesetzten und der Fuhrparkverwaltung zu melden. Außerdem muss in jedem Fall die Polizei verständigt werden. Alle aus dem Unfall resultierenden Maßnahmen – wie Gutachten, Reparaturaufträge, Verkaufsschätzungen etc. – werden nur durch den Fuhrparkleiter oder seinen Stellvertreter veranlasst.

Abtretungserklärungen an Dritte dürfen auf keinen Fall abgegeben werden. Innerhalb von zwei Arbeitstagen nach dem Unfall ist die unterschriebene Kfz-Schadenanzeige an die Fuhrparkverwaltung zu senden. In dieser Schadenanzeige sind alle für die Beurteilung des Unfalls wichtigen Umstände anzugeben. Dies sind insbesondere:

– Namen und Adressen von Zeugen sowie aller am Unfall beteiligten Personen
– Autokennzeichen und Versicherung des Unfallgegners (inkl. Versicherungsnummer)
– Skizze vom Unfallort und zum Unfallhergang
– besondere Umstände, die zum Unfall führten, wie z. B. Glatteis, Nebel etc.
– gebührenpflichtige Verwarnung
– Protokoll einer Polizeidienststelle

Eine Diskussion am Unfallort über Schuldfragen ist auf jeden Fall zu vermeiden. Keinesfalls darf ein mündliches oder schriftliches Schuldanerkenntnis abgegeben werden (Verlust der Versicherungshaftung). Bei größeren Unfallschäden, z. B. Totalschäden, ist der Fuhrparkverwaltung umgehend Standort und Kilometerstand des Fahrzeuges anzugeben. Diese entscheidet dann über die weitere Verwendung des Fahrzeuges.

Bei Unfällen unter Alkohol- und Drogeneinfluss hat der Mitarbeiter die Kosten zu tragen, wenn nach den von der höchstrichterlichen Rechtsprechung entwickelten Grundsätzen nicht ausgeschlossen werden kann, dass sich der Alkohol- bzw. Drogengenuss unfallverursachend ausgewirkt hat. Im Übrigen gelten die gesetzlichen Vorschriften.


### b) Diebstahl- und Kaskoschäden

Bei Diebstahl des Dienstfahrzeuges oder Teilen des Dienstfahrzeuges ist unverzüglich bei der nächsten Polizeidienststelle Anzeige zu erstatten.

Die Fuhrparkleitung ist vom Diebstahl telefonisch oder fernschriftlich zu unterrichten. Anschließend ist die ausgefüllte und unterschriebene Schadensanzeige unverzüglich der Fuhrparkverwaltung zuzuleiten.

Von der Staatsanwaltschaft verfügte Einstellungsbescheide der Strafanzeige sind der Fuhrparkverwaltung in Kopie zuzuleiten.

Bei Spiegel-, Glas-, Feuer-, Hagel-, Sturm-, Haarwild- und Hochwasserschäden ist ebenfalls unverzüglich die ausgefüllte und unterschriebene Schadensanzeige an die Fuhrparkverwaltung zu senden.

## Steuerregelungen

Für die Finanzverwaltung stellt die Nutzung eines Dienstfahrzeuges einen geldwerten Vorteil dar. Dies bedeutet, dass dem Benutzer des Dienstfahrzeuges monatlich 1 % vom Bruttolistenpreis des Neufahrzeuges als Sachbezug berechnet werden.

Beispiel:   Bruttolistenpreis 30.000,– Euro
            Sachbezug monatlich 300,– Euro

Zusätzlich sind für die Fahrten zwischen Wohnung und Arbeitsstätte monatlich 0,03 % des Bruttolistenpreises pro Entfernungskilometer als Sachbezug zu versteuern.

Beispiel:   Entfernung Wohnung – Arbeitsstätte = 10 km
            Bruttolistenpreis        30.000,– Euro
            Berechnung: 10 x 9 = 90,– Euro

Bei dem oben erwähnten Beispiel sind insgesamt für die Nutzung des Dienstfahrzeuges pro Monat zu versteuern:
            300,– Euro + 90,– Euro = 390,– Euro

In der Einkommensteuer-Erklärung/Lohnsteuer-Jahresausgleich können für die Fahrten zwischen Wohnung und Arbeitsstätte 0,36 Euro pro Kilometer bis 10 Kilometer Entfernung und für jeden weiteren Entfernungskilometer mit 0,40 Euro in Ansatz gebracht werden.

Alternativ zur oben beschriebenen „1%-Regel" kann die Sachbezugsversteuerung auf Basis eines Fahrtenbuches erfolgen. Diese Regelung ist bei einem geringeren Anteil von Privatfahrten (zu denen auch die Fahrten zwischen Wohnung und Arbeitsstätte zählen) vorteilhaft. Einzelheiten hierzu können mit der Fuhrparkverwaltung besprochen werden.

## Sonstiges

In Dienstfahrzeugen dürfen auf keinen Fall "Anhalter" mitgenommen werden.

## Fahrtraining

Der Mitarbeiter verpflichtet sich, alle drei Jahre am Fahrtraining zur defensiven Fahrweise teilzunehmen. Dieses Training wird vom Arbeitgeber und der ADAC/ Dekra/TÜV angeboten. Die Kosten für das Fahrertraining werden üblicherweise von der Berufsgenossenschaft getragen.

## Regressansprüche

Verletzt ein Mitarbeiter die ihm auferlegte Sorgfaltspflicht oder handelt er grob fahrlässig, indem er die aufgeführten Vorschriften nicht beachtet, so kann er zum Ersatz der daraus entstehenden Schäden verpflichtet werden.

## Salvatorische Klausel

Sollten Teile dieser Richtlinien rechtsunwirksam sein und werden, so wird die Wirksamkeit der übrigen Bestimmungen nicht berührt. Die unwirksame Bestimmung ist durch eine wirksame zu ersetzen, die dem mit der unwirksamen Bestimmung ursprünglich verfolgten, wirtschaftlichen Zweck am nächsten kommt.

Änderungen und Ergänzungen dieser Vereinbarung bedürfen der Schriftform.

Alle etwaigen früheren Vereinbarungen verlieren mit Unterzeichnung dieser „Richtlinie für Dienstfahrzeuge" ihre Gültigkeit.

Diese Dienstfahrzeugrichtlinien gelten ab...

Gelesen und zur Kenntnis genommen

Unterschriften:

# Muster 2: Dienstwagenvereinbarung

## Dienstwagen-Überlassungsvertrag mit privater Nutzungsmöglichkeit

| | | |
|---|---|---|
| Zwischen | OT – Omnibus-Touristik<br>Inh.: Theo Cholerik<br>Leisetreterweg 12<br>86352 Brüllstadt | Arbeitgeber |
| und | Hubertus Hechel<br>Tatterichst. 47<br>86777 Broilerdorf | Mitarbeiter |

wird folgender Kraftfahrzeug-Überlassungsvertrag abgeschlossen:

## § 1 Vertragsgegenstand

Der Arbeitgeber überlässt, bis zum Widerruf, dem Mitarbeiter den Pkw des Typs Hobel der Marke Rostfinger mit dem amtlichen Kennzeichen **BR – AL 23** zur dienstlichen und privaten Nutzung.

## § 2 Vertragsbeginn

Der Mitarbeiter ist mit Wirkung 01.01.2008 berechtigt, das nach § 1 benannte Fahrzeug zu nutzen.

## § 3 Nutzungsvereinbarungen

a) Die lohnsteuerliche Abrechnung der privaten Nutzung richtet sich nach den jeweils geltenden steuerrechtlichen Vorschriften.

b) Es ist z.Zt. vom Bruttolistenpreis am Tag der Erstzulassung in Höhe von € 26.000,– monatlich ein Prozent in Höhe von € 260,–, plus für Fahrten zwischen Wohnung und Arbeitstätte 0,03 Prozent des Bruttolistenpreises mal Entfernungskilometer, in Höhe von € 173,– anzusetzen.

c) Sofern steuerpflichtige Familienfahrten bei doppelter Haushaltsführung anfallen sollten, erhöht sich das zu versteuernde Einkommen entsprechend.

d) Der Mitarbeiter teilt jeweils zum Monatsende den aktuellen Kilometerstand des Fahrzeugs unaufgefordert mit.

e) Der Mitarbeiter verpflichtet sich, bei einem Führerscheinentzug bzw. der Ungültigkeit seiner Fahrerlaubnis den Arbeitgeber unverzüglich zu verständigen.

f) Der Mitarbeiter legt dem Arbeitgeber jeweils zum 1. Arbeitstag des Jahres seine Fahrerlaubnis zur Einsicht vor.

## § 4 Fahrzeugpflege/Fahrzeugkosten

a) Der Mitarbeiter verpflichtet sich, dafür zu sorgen, dass der Pkw rechtzeitig und ordnungsgemäß gepflegt und gewartet wird.

b) Die Firma übernimmt die Kosten des Fahrzeugbetriebes einschließlich der Kosten für Wartung und Reparaturen sowie der Treibstoffkosten.

c) Bei Betankungen des Kfz bei betriebsfremden Tankstellen trägt der Mitarbeiter die Kosten selbst.

d) Alle Kundendienstarbeiten und Reparaturen sind von der betriebseigenen Werkstätte durchzuführen.

e) Bei notwendigen Reparaturen außerhalb des Betriebssitzes müssen Reparaturen bei einer autorisierten Werkstatt des Fahrzeugherstellers vorgenommen werden.

## § 5 Haftungsvereinbarungen

a) Der Mitarbeiter haftet für Schäden am Auto, die durch unsachgemäße Behandlung entstehen und aus so genannten Betriebsschäden von der Kaskoversicherung ausgenommen sind (z. B. Motorschäden wegen fehlenden Motoröls).

b) Ferner hat der Mitarbeiter die Firma von allen Haftpflichtansprüchen freizustellen, die wegen seines Verhaltens durch die Kfz-Haftpflichtversicherung nicht gedeckt sind (z. B. bei Fahrerflucht).

c) Entstehen Schäden durch unsachgemäße Reparaturen durch eine nicht autorisierte Werkstatt oder Person, haftet der Mitarbeiter selbst.

## § 6 Überlassung an Dritte/Mitfahrer

a) Bei dienstlichen Fahrten ist die Mitnahme betriebsfremder Personen nur bei schriftlicher Bestätigung durch die Firmenleitung gestattet.

b) Die Überlassung des Fahrzeugs oder seine Führung durch Dritte ist unzulässig, dies gilt insbesondere für das Vermieten oder Verleihen.

c) An Familienangehörige darf der Mitarbeiter das Kfz zur Nutzung überlassen.

## § 7 Kündigung

a) Der Überlassungsvertrag ist an das bestehende Arbeitsverhältnis gebunden und endet automatisch nach der Beendigung des Arbeitsverhältnisses.

b) Die Firma behält sich vor, bei Kündigung bzw. der Freistellung des Mitarbeiters die Fahrzeugnutzung zu untersagen.

c) Sollte die Gültigkeit der Fahrerlaubnis des Mitarbeiters vorübergehend oder für immer nichtig werden, so ruht die Nutzungserlaubnis für diesen Zeitraum.

## § 8 Salvatorische Klausel

a) Änderungen des Vertrages sind nur in schriftlicher Form gültig.

b) Sollte ein Vertragsbestandteil gegen geltendes Recht verstoßen, so gilt als vereinbart, dass der Rest des Vertrages weiterhin Gültigkeit hat. Der ungültige Vertragsbestandteil wird in einen gleichwertigen gültigen umgewandelt.

Brüllstadt, den 06.11.2007

Unterschriften:

Arbeitgeber                       Mitarbeiter

# Muster 3: Arbeitsvertrag mit einem Kraftfahrer

## Anstellungsvertrag

| | | |
|---|---|---|
| zwischen | Herrn Paul Pilsnelke geb. 13.03.1965<br>Dachpappenstraße 7<br>86777 Motzhausen | Mitarbeiter |
| und | Spedition & Logistik<br>Edi Protzwald KG<br>Plattweg 12<br>90815 Diätenstadt | Arbeitgeber |

wird folgender Arbeitsvertrag geschlossen:

### § 1 Beginn des Arbeitsverhältnisses

Das Arbeitsverhältnis beginnt am 01.01.2008.
Bis zum Arbeitsbeginn ist eine ordentliche Kündigung ausgeschlossen.

### § 2 Probezeit

Die Probezeit beginnt am 01.01.2008 und endet am 31.05.2008

### § 3 Dauer des Arbeitsverhältnisses

Das Arbeitsverhältnis wird befristet abgeschlossen und endet am 31.12.2009.

### § 4 Art und Umfang der Tätigkeit

a   Der Mitarbeiter wird als Kraftfahrer eingestellt.
b) Der Mitarbeiter trägt die Verantwortung für
  – die sicherheitstechnische Sichtung des Fahrzeugs vor Antritt der Fahrt und bei Beendigung der Fahrt;
  – die regelmäßige Reinigung des ihm anvertrauten Fahrzeugs, innen und außen;
  – die unverzügliche Meldung von technischen Mängeln am Fahrzeug gegenüber dem Fuhrparkleiter bzw. dessen Vertreter;

- die beförderungssichere Beladung des Fahrzeugs;
- die Be- und Entladung nach Weisung des Versenders bzw. Empfängers;
- den sorgfältigen Umgang mit den Transportbegleitpapieren.

c) Der Mitarbeiter verpflichtet sich, die gesetzlichen Lenk- und Ruhezeiten einzuhalten.

d) Der Mitarbeiter erklärt sich bereit nach Bedarf alle Tätigkeiten rund um die Be- und Entladung durchzuführen.

e) Der Mitarbeiter kann zu andauernden anderen Tätigkeiten verpflichtet werden.

## § 5 Arbeitszeit

a) Die regelmäßige Arbeitzeit beträgt 40 Stunden wöchentlich.

b) Der Mitarbeiter erklärt sich bereit, soweit es betrieblich notwendig ist, Überstunden zu leisten.

c) Im vereinbarten Entgelt sind 10 Überstunden pro Monat ohne besondere Vergütung enthalten. Darüber hinaus gehende Überstunden müssen grundsätzlich durch Freizeit ausgeglichen werden.

## § 6 Vergütung

Das monatliche Entgelt beträgt Euro 1.600,– brutto.
Der Nettobetrag wird bis zum 5. des jeweils folgenden Monats auf das Konto Nr. 4711 der Sparkasse Nimsweghausen mit der BLZ 3700 34 überwiesen.

## § 7 Leistungsprämien

Zusätzlich zum Entgelt werden folgende Leistungsprämien vergütet:
- Eine Anwesenheitsprämie von Euro 200,– brutto, sofern der Mitarbeiter keine Fehlzeiten im Bezugsmonat hatte. Die gesetzlichen Urlaubsansprüche werden nicht als Fehlzeiten gewertet.
- Eine Schadensfreiheitsprämie von Euro 200,– brutto, sofern im Bezugsmonat weder am Fahrzeug noch an der Ladung Schäden entstehen.

## § 8 Sondervergütungen

Alle Sondervergütungen wie beispielsweise Leistungsprämien, Urlaubs- oder Weihnachtsgelder sind als freiwillige Zahlungen zu betrachten, auf die kein andauernder Anspruch besteht. Die Bezahlung erfolgt unter dem Vorbehalt der jederzeitigen Widerrufbarkeit.

## § 9 Dienstverhinderung

a) Jede Dienstverhinderung, deren voraussichtliche Dauer und der Grund sind dem Arbeitgeber sofort anzuzeigen.

b) Bei Dienstverhinderung des Mitarbeiters wegen Krankheit richtet sich die Lohnfortzahlung nach dem Lohnfortzahlungsgesetz.

c) Bei Schadensersatzansprüchen des Mitarbeiters gegenüber Dritten wegen Verdienstausfalls, welcher ihm durch die Arbeitsunfähigkeit entsteht, tritt er diese hiermit an den Arbeitgeber ab, soweit sich dieser Arbeitslohn auf die Zeit der Dienstverhinderung bezieht.

d) Der Mitarbeiter muss gemäß Lohnfortzahlungsgesetz dem Arbeitgeber alle notwendigen Angaben zur Durchsetzung des Schadensersatzanspruchs unverzüglich bekannt geben.

e) Der Mitarbeiter wird darauf hingewiesen, dass der Arbeitgeber berechtigt ist, die Lohnfortzahlung zu verweigern, wenn er seiner Verpflichtung nach § 9 a) bis d) dieses Vertrages nicht nachkommt.

## § 10 Urlaub

a) Der Urlaubsanspruch des Arbeitnehmers richtet sich nach den gesetzlichen Regelungen.

b) Der Urlaubsantrag muss mindestens 14 Tage vor Antritt des Urlaubs schriftlich an die Geschäftsleitung erfolgen und muss mit der jeweiligen Vertretung abgestimmt werden.

## § 11 Beendigung des Arbeitsverhältnisses

a) Die Kündigungsfristen richten sich nach den Vorschriften des Kündigungsfristengesetz. Eine Kündigung innerhalb des befristeten Arbeitsverhältnisses ist möglich.

b) Bei Beendigung des Arbeitsverhältnisses sind am letzten Tätigkeitstag alle Unterlagen und Gegenstände, die im Eigentum der Firma sind bzw. Bezug zur Firma haben, abzugeben.

c) Spätestens nach einer Frist von vier Wochen nach Ausscheiden des Mitarbeiters sind alle bis dahin nicht schriftlich geltend gemachten Ansprüche gegen den Arbeitgeber hinfällig.

## § 12 Verschwiegenheitspflicht

Die Mitarbeiter ist verpflichtet, über alle geschäftlichen Angelegenheiten während und auch nach Beendigung des Dienstverhältnisses Verschwiegenheit zu bewahren.

## § 13 Nebenbeschäftigung

a) Zu jeder Nebenbeschäftigung ist die vorherige schriftliche Zustimmung des Arbeitgebers erforderlich.

b) Insbesondere verpflichtet sich der Mitarbeiter, während des Bestehens des Arbeitsverhältnisses nicht in die Dienste eines Konkurrenzunternehmens zu treten, sich daran zu beteiligen oder in anderer Weise zu unterstützen.

## § 14 Bewerbungs- und Personalbogen

Der vor der Einstellung der Mitarbeiters ausgefüllte Bewerbungs- und Personalbogen ist wesentlicher Bestandteil des Arbeitsvertrages. Bei Feststellung von unrichtigen Angaben des Mitarbeiters kann der Arbeitgeber, freibleibend von Schadenersatzansprüchen, eine fristlose Kündigung aussprechen bzw. den Arbeitsvertrag für nichtig erklären.

## § 15 Fahrerlaubnisregelung

a) Der Mitarbeiter verpflichtet sich, seinen Führerschein dem Arbeitgeber unaufgefordert jeweils zum 01.01. und 01.07. des Jahres zur Kontrolle vorzulegen.

b) Der Mitarbeiter hat dem Arbeitgeber unverzüglich Mitteilung zu machen, wenn sein Führerschein ungültig ist oder eingezogen wird.

c) Der Mitarbeiter verpflichtet sich, die jeweils fälligen Verlängerungen des Führerscheins selbständig durchzuführen und dem Arbeitgeber den Vollzug zu melden.

## § 16 Abschlussvereinbarungen

a) Änderungen und Nebenabreden sind nur wirksam, wenn sie schriftlich erfolgen.

b) Sollten einzelne Vertragsbestimmungen unwirksam sein, so sind sich die Vertragsparteien bereits jetzt darüber einig, dass der Vertrag im Übrigen wirksam bleibt.

90815 Diätenstadt, den 26.11.2007

Unterschriften:

für den Arbeitgeber        Mitarbeiter
Rudolf Leisetreter
(Geschäftsführer)

# Muster 4: Dienstanweisung für Unfallschäden

## Dienstanweisung Unfallschäden bei Verkehrsunfällen

1. Jeder Unfall, ob Eigen- oder Fremdverschulden, sowie Bagatellschäden sind sofort dem Vorgesetzten und dem Fuhrparkleiter zu melden.
   Außerdem muss in jedem Fall die Polizei verständigt werden.

2. Alle aus dem Unfall resultierenden Maßnahmen – wie Gutachten, Reparaturaufträge, Verkaufsschätzungen etc. – werden durch den Fuhrparkleiter veranlasst.

3. Abtretungserklärungen an Dritte dürfen auf keinen Fall abgegeben werden.

4. Innerhalb von zwei Arbeitstagen nach dem Unfall ist die unterschriebene Kfz-Schadensanzeige an die Fuhrparkleitung zu senden.
   In dieser Schadensanzeige sind alle für die Beurteilung des Unfalls wichtigen Umstände anzugeben. Dies sind insbesondere:
   – Namen und Adressen von Zeugen sowie aller am Unfall beteiligten Personen;
   – Autokennzeichen und Versicherung des Unfallgegners (inkl. Versicherungsnummer);
   – Skizze vom Unfallort und zum Unfallhergang;
   – besondere Umstände, die zum Unfall führten, wie zum Beispiel: Glatteis, Nebel etc.;
   – wer eine gebührenpflichtige Verwarnung erhalten hat oder wenn durch eine Polizeidienststelle ein Protokoll aufgenommen wurde.

5. Eine Diskussion am Unfallort über Schuldfragen ist auf jeden Fall zu vermeiden.

6. Keinesfalls darf ein mündliches oder schriftliches Schuldanerkenntnis abgegeben werden (Verlust der Versicherungshaftung droht).

7. Bei größeren Unfallschäden, z. B. Totalschäden, ist der Fuhrparkleitung umgehend Standort und Kilometerstand des Fahrzeugs anzugeben. Diese entscheidet dann über die weitere Verwendung des Fahrzeuges.

8. Bei Unfällen unter Alkohol- und Drogeneinfluss hat der Mitarbeiter die Kosten zu tragen, wenn nach den von der höchstrichterlichen Rechtsprechung entwickelten Grundsätzen nicht ausgeschlossen werden kann, dass sich der Alkohol- bzw. Drogengenuss unfallverursachend ausgewirkt hat. Im Übrigen gelten die gesetzlichen Vorschriften.

Gelesen und zur Kenntnis genommen:

Name:                           Datum:                         Unterschrift:

# Muster 5: Dienstanweisung für Diebstahl- und Kaskoschäden

## Dienstanweisung für Diebstahl- und Kaskoschäden

1. Bei Diebstahl des Dienstfahrzeuges oder Teilen des Dienstfahrzeuges ist unverzüglich bei der nächsten Polizeidienststelle Anzeige zu erstatten.

2. Der Fuhrparkleiter ist vom Diebstahl telefonisch oder fernschriftlich (per Fax) zu unterrichten. Anschließend ist die ausgefüllte und unterschriebene Schadensanzeige unverzüglich der Fuhrparkverwaltung zuzuleiten.

3. Von der Staatsanwaltschaft verfügte Einstellungsbescheide der Strafanzeige sind der Fuhrparkverwaltung in Kopie zuzuleiten.

4. Bei Spiegel-, Glas-, Feuer-, Hagel-, Sturm-, Haarwild- und Hochwasserschäden ist ebenfalls unverzüglich die ausgefüllte und unterschriebene Schadensanzeige an die Fuhrparkverwaltung zu senden.


Gelesen und zur Kenntnis genommen:


Name:                    Datum:                    Unterschrift:

# F

## Stichwortverzeichnis

# G

## Abbildungsverzeichnis

# Tachoauswertung leicht gemacht!

**DAS AUSLESEN UND ARCHIVIEREN DER TACHO-DATEN IST GESETZLICH VORGESCHRIEBEN!**

## cargo support [tacho] Auswertungssoftware für das digitale Kontrollgerät

Jetzt können Sie die Daten Ihres digitalen Tachografen kinderleicht auslesen, archivieren und verwalten.

## Die Vorteile von cargo support [tacho]

→ Manuelle Korrekturen können in der Software vermerkt und bei der Verstoßauswertung berücksichtigt werden
(Die Tachodaten werden dabei nicht verändert!)

→ Verstoßübersicht in praktischer Kalenderfunktion

→ Wartung und Service für 1 Jahr inklusive

→ Faires Preismodell, das sich lediglich nach der Anzahl der Lkw richtet

→ erfüllt alle rechtlich notwendigen Voraussetzungen

## Bestellen Sie jetzt!

**cargo support [tacho]**
**Auswertungssoftware für das digitale Kontrollgerät***
(Basisversion für 1 Lkw mit digitalem Kontrollgerät)
Software auf CD-ROM, Bestellnummer: 33033
**340,00 EUR (404,60 EUR inkl. MwSt.)**
*Die Nachlizenzierung auf bis zu 200 Lkw mit digitalem Kontrollgerät ist
gegen Aufpreis bei Registrierung für den Lizenzschlüssel jederzeit möglich.

**Tel: 0180/526 26 18 (0,14 EUR/Min)* | Fax: 0180/599 11 55 (0,14 EUR/Min)**
**eMail: vertriebsservice@springer.com | eShop: www.heinrich-vogel-shop.de**
* aus dem dt. Festnetz/ Mobilfunk abweichend

**cargo support**
Software für Transport & Logistik

**VOGEL**
VERLAG HEINRICH VOGEL

Verlag Heinrich Vogel | Springer Transport Media GmbH | Neumarkter Str. 18 | 81673 München